미셔널 처치

선교적 교회의 도전

선교적 교회의 도전

미셔널 처치

최동규

대한기독교서회

미셔널 처치
-선교적 교회의 도전

© 최동규 2017

2017년 9월 20일 초판 1쇄
2023년 12월 10일 초판 4쇄

지은이 최동규
펴낸이 서진한
펴낸곳 대한기독교서회

등록 1967년 8월 26일 제1967-000002호
주소 서울시 강남구 테헤란로103길 14(삼성동)
전화 출판국 (02) 553-0873~4 영업국 (02) 553-3343
팩스 출판국 (02) 3453-1639 영업국 (02) 555-7721
e-mail editor@clsk.org
https://www.clsk.org
facebook.com/clskbooks
instagram.com/clsk1890

책번호 2235
ISBN 978-89-511-1902-6 93230

The Christian Literature Society of Korea, Seoul
Printed in Korea

* 책값은 뒤표지에 있습니다.

문을 열며

　요즘 우리나라에서 싱크홀sink hole이 심각한 사회적 문제로 대두되고 있다. 싱크홀은 말 그대로 가라앉아 생기는 구멍을 말하는데, 도로에 갑자기 생기는 이런 큰 구멍 때문에 지나가던 차량이나 사람이 빠져 다치거나 죽을 수 있기 때문에 사회적 문제가 되고 있다. 싱크홀이 발생하는 데에는 여러 가지 이유가 있는 것으로 알려져 있다. 자연 상태에서도 싱크홀이 발생할 수 있는데, 주로 석회암 지역에서 석회암의 주성분인 탄산칼슘이 지하수에 녹으면서 싱크홀이 생겨난다고 한다. 그런데 더 큰 문제는 개발에 의해 생기는 싱크홀이다. 도로나 주거지에도 나타날 수 있는 이런 싱크홀은 무리한 토목 공사와 지하수 개발과 같은 인위적인 이유로 발생한다고 한다. 언제 어디에서 갑자기 땅이 꺼질지 모른다는 사실은 사람들을 두려움에 빠지게 만든다. 한마디로 우리 사회의 안전에 적신호가 켜진 것이다.

　싱크홀…. 무서운 얘기이다. 그런데 한국교회에도 이런 싱크홀이 곳곳에 생기고 있지 않은가? 한국은 그동안 개발에 초점을 둔 덕분에 세계에서 유례를 찾기 어려울 정도로 빠른 성장을 구가해왔지만 그에 못지않게 부작용도 만만치 않다. 마찬가지로 한국교회는 지금까지 양적 성장에 초점을 맞춰왔고 그 결과로 큰 외적 성장을 이루었다. 하지만 그에 못지않게 교계 이곳저곳에 싱크홀과 같은 문제점들이 생겨나고 있다. 복음과 삶을 이원화하고 신앙을 단지 기복적인 관점으로 축소함으로써 사회 곳곳에 기독'교인'은 많지만 진정한 예수의 제자들은 찾아보기 어려운 형편이다. 교회마다 물질을 앞세운 다양한 선교 활동을 펼치고 있지만 그것이 하나님의 나라와 선교에 역행하는 결과를 낳는 경우도 많다. 결국 한국 사회에는 교회도 많고 기독'교인'도 많지만 복음의 능력은 제대로 나타나지 않고 있다. 개발이나 성장도 좋지만 이제는 개발에 앞서 수맥과 지질 환경 등 다양한 요소를 충분히 따져봐야 하는 것처럼 한국교회 역시 좀 더 본질적인 요소에 집중할 때가 되었다.

얼마 전 통계청이 발표한 "2015 인구주택총조사 종교인구 표본집계"는 종교계에 큰 이슈로 떠올랐다. 발표 결과에 대해서 특히 개신교인들이 기뻐했는데 이유는 크게 두 가지이다. 하나는 지난 2005년 조사 때 14만여 명이 감소해서 개신교가 쇠퇴 국면에 접어들었다는 부정적인 의견이 지배적이었는데 이번 조사에서 불교와 천주교 인구가 감소했음에도 불구하고 개신교 인구는 123만 명이나 증가한 결과가 나왔기 때문이며, 다른 하나는 그동안 한국에서 계속 1위 자리를 지켜온 불교가 2위로 내려앉고 대신 개신교가 1위 종교가 되었기 때문이다. 이런 결과에 대해서 많은 개신교인들은 개신교와 각 교회들의 성장을 자축하고 있다. 드디어 개신교가 한국에서 가장 큰 종교가 되었다고 기뻐한다.

그러나 나의 생각은 좀 다르다. 기쁨보다는 오히려 염려가 앞선다. 이번 조사 결과가 개신교인들의 판단을 흐리게 만들까 봐 두렵기도 하다. 사실 이번 조사를 분석하고 평가할 때 우리가 유의해서 봐야 할 부분은 단순한 수치의 증감에 있지 않다. 오히려 전체적으로 종교 인구가 줄었다고 하는 점을 더 주목해 봐야 한다. 사람들은 점점 더 종교에 관심을 갖지 않고 있다. 게다가 많은 개신교인들이 이번 통계 결과에 대해서 고개를 갸우뚱하고 있다. 왜냐하면 개신교 인구가 늘었다고 하는 사실을 체감할 수 없기 때문이다. 그렇다면 통계와 현실과의 간격은 어떻게 설명할 수 있단 말인가? 여러 종교사회학자들은 소위 '가나안 신자'에 주목해야 한다고 말한다. 신앙은 있지만 교회에 나가지 않는 사람들이 늘어난 것으로 봐야 한다는 것이다.

어쨌든 전반적으로 한국 사회에서 개신교의 위상과 전망이 그리 밝지 않은 것이 사실이다. 왜 이렇게 되었을까? 문제의 근원과 해결책에 관해서 다양한 학자와 목회자들이 목소리를 내고 있지만 여전히 우리는 안갯속을 헤매고 있다. 나는 이런 상황에서 본질을 생각하고 교회마다 그것을 회복하기 위해 노력하는 것이야말로 우리가 할 수 있는 최선의 선택이라고 믿는다. 본질을 말하는 것은 언제나 더디고 느려 보인다. 실용주의자들에게는 본질을 말하는 것이 산적해 있는 현실의 문제를 도외시하고 추상적인 사변에 치우치는 것처럼 보일 수 있다. 그러나 본질을 중시하는 태도를 그렇게 부정적인 시각으로 매도해서는 안 된다. 비록 겉으로 보기에는 느리고 어리석은 선택인 것처럼 보이지만 전체적인 시각에서 볼 때 그것이 가장 빠른 지름길인 경우가 많다. 이는 길고 긴 역사의 파노라마 속에서 이미 많은 사례를 통해서 입증된 바 있다. 내가 선교적 교회론을 연구하고 말하는 이유가 바로 여기에 있다.

흔히 현대 선교적 교회론은 20세기 중후반에 활동한 영국의 선교학자 레슬리 뉴비긴Lesslie Newbigin으로부터 시작되었고, 그 후 미국의 GOCN Gospel and Our Culture Network 그룹에 의해 발전된 것으로 본다. 그러나 엄밀하게 말해서 선교적 교회에 관한 담론은 그전부터 있어왔다. 사실 교회론에 관한 담론 자체가 교회의 선교적 본질을 다루고 있기 때문에 현대 선교적 교회론이라고 해서 그것이 아주 창의적이고 새로운 그 무엇이라고 보기는 어렵다. 그렇다고 해서 현대 선교적 교회론이 그저 과거의 교회론을 그대로 답습하는 것도 아니다.

현대 선교적 교회론은 근대문화의 환경에서 교회와 선교에 관한 왜곡된 인식과 관습이 확산되면서 교회와 선교의 개념을 재검토하고 오늘의 상황에 맞게 새롭게 재해석한 결과로 생겨났다. 레슬리 뉴비긴은 뒤틀린 근대문화가 교회와 그리스도인들의 삶에 끼친 해악을 걷어내고, 성경적이고 신학적으로 올바른 교회 개념과 그것의 선교적 본질을 따라 실천해야 한다고 주장하였다. 그 후 그의 선교적 교회론은 의식이 있는 여러 학자들의 진지한 토론을 거쳐 새롭게 피어나게 되었고, 급기야 그 담론들은 한국에까지 전파되어 한국교회의 미래를 책임질 촉매 역할을 하게 된 것이다.

한국에서는 최근 영국과 미국에서 공부하고 돌아온 젊은 학자들과 이에 관심을 가진 기존의 학자들을 중심으로 선교적 교회론에 관한 논의가 활발하게 일어나고 있다. 학자들이란 태생적으로 현실에 안주하기를 싫어하고 본질적이고 진정한 것을 붙들고 관철하려는 성향이 강한 사람들이다. 어쩌면 한국교회가 만들어낸 싱크홀이 이들에게는 남들보다 더 크게 보였을 것이고, 선교적 교회론과 같이 교회의 본질을 회복하려는 신학적 담론은 문제를 해결할 수 있는 근본적인 처방으로 인식되었을 것이다.

그들에 의해 출간된 번역서와 저서들은 이에 대한 학문적 관심을 가지고 있는 사람들에게 큰 도움이 되고 있다. 나도 학계에 기여하고자 몇 권의 책을 번역하였다. 한국교회가 처한 현실에서 선교적 교회라는 주제가 어떻게 구현될 수 있는지에 관한 논의는 여러 그룹에 의해 이루어졌다. 그중에서 가장 대표적인 연구 실적으로는 선교적 교회론을 특집으로 다룬 두 개의 학술지를 들 수 있는데, 하나는 장로회신학대학교 학술지인 「선교와 신학」 제30집이고, 다른 하나는 한국선교신학회의 학술지인 「선교신학」 제36집이라고 말할 수 있다. 「선교와 신학」 제30집(2012년 가을호)에는 선교적 교회론에 관한 논문이 모두 6편, 「선교신학」 제36집(2014)에는 모두 15편이 수록되어 있다.

선교적 교회론에 관해 한국인이 쓴 저서로는 네 권의 책을 대표적으로 꼽을 수 있다. 먼저 내가 한국선교신학회 편집장으로 있는 동안 선교적 교회론을 소개할 목적으로 여러 학자들의 글을 모아 출간한 『선교적 교회론과 한국교회』가 한국에서의 저변 확대에 크게 기여하였다. 이 책은 앞에서 언급한 「선교신학」 제36집에 수록된 논문들 중 다수와 새로 추가된 논문들을 합쳐서 구성한 것이다. 최근에 출간된 이상훈 박사의 『처치 시프트』 역시 선교적 교회의 흐름과 담론을 소개하는 입문서의 기능을 하고 있다. 여러 학자들의 글이 실린 『선교적 교회의 오늘과 내일』, 한국일 교수의 『선교적 교회의 이론과 실제』의 출간도 담론 형성에 큰 도움을 주고 있다.

하지만 학자들의 노력에도 불구하고 대다수의 기존 목회자들은 선교적 교회론에 관해서 잘 모르는 것 같다. 현장에서 만난 목회자들과 대화해보면 그들은 '선교적 교회'라는 말을 들어보지 못했거나 들어보았더라도 그 말이 무엇을 뜻하는지를 모르는 경우가 허다하였다. 어떤 사람들의 경우는 선교적 교회론을 마치 실험적인 목회를 위한 논의로 오해하기도 한다. 실제로 선교적 교회론을 현장에 접목하려는 노력이 대부분 실험적인 목회를 추구하는 분들에 의해 이루어지고 있는 것이 사실이다. 여러 목회 관련 잡지들이 선교적 교회론을 소개하고 사례를 다룰 때 주로 특수한 사역, 실험적인 목회와 관련된 사례들을 소개하는 것도 이런 현상을 부추기는 데 한몫을 하고 있는 것 같다. 물론 선교적 교회가 이머징 교회 the emerging church 와 같이 실험적인 목회에도 적용될 수 있는 것은 사실이다. 하지만 그렇다고 해서 선교적 교회론이 전통적인 목회 영역에는 적용될 수 없는 특별한 신학적 사고라고 말할 수는 없다.

나는 선교적 교회에 관한 논의가 기존 교회에서 일어나야 한다고 생각한다. 그래야만 한국교회에 진정한 갱신이 가능하다고 본다. 한국교회의 주축을 이루고 있는 기존 교회들을 포기하고 실험적인 교회 모델만을 주장하는 것은 진정한 개혁론자의 자세가 아니라고 생각한다. 나는 지금까지 여러 편의 논문을 쓰면서 계속 이 점을 염두에 두었다. 한국에서 어떤 학자들과 실천적 목회자들은 선교적 교회론을 마을 만들기 운동, 사회적 기업과 협동조합 운동 등과 연계하여 연구하기도 하고, 심지어 어떤 경우에는 생태계 보존 운동과 같이 사회 참여적 차원에서 접근하기도 한다. 하지만 나는 가급적 목회적 차원에서 선교적 교회론의 주제들을 선택하였고, 보통의 목회자들과 평신도들이 쉽게 이해하고 수용할 수 있는 수준에서 논의를 전개하고자 하였다.

이 책은 바로 그렇게 논의해온 글들을 하나로 묶은 것이다.

이 책의 대부분은 이미 논문으로 발표된 글을 수정하고 보완한 것들이다. 글이 게재된 출처를 밝히면 다음과 같다.

- 제1장 선교적 교회론이 걸어온 길

  "GOCN의 선교적 교회론과 교회성장학적 평가," 「선교신학」 제25집 (2010): 232-261.

- 제2장 선교적 교회론은 참된 교회로 거듭나게 한다

  "참된 교회의 성장을 위한 선교적 교회론의 기초," 「복음과 실천신학」 제23권 (2011): 275-300.

- 제3장 "여러분 자신이 선교적 교회입니다!"

  "선교적 교회의 관점에서 본 교회," 「선교신학」 제36집 (2014): 327-353.

- 제4장 교회는 성품의 공동체가 되어야 한다

  "성품 공동체로서의 선교적 교회," 「장신논단」 vol. 48, no. 4 (2016): 311-337.

- 제5장 '미셔널'의 의미는 생각보다 넓고 풍부하다

  "통전적 관점에서 본 'missional'의 의미," 「선교신학」 제39집 (2015): 319-358.

- 제6장 선교적 교회를 세우기 위한 올바른 '프락시스'는 무엇인가

  "선교적 실천의 작용구조와 방식," 「선교신학」 제37집 (2014): 371-406.

- 제7장 진정한 교회를 꿈꾸는 자는 공동체에 집중한다

  "선교적 교회의 내적 동력으로서의 공동체성," 「선교신학」 제44집 (2016): 409-443.

- 제8장 성육신적 사역은 미래의 새로운 사역 방향을 제시한다

  "선교적 교회의 평신도를 위한 사도직 이해," 「선교신학」 제41집 (2016): 453-490.

- 제9장 성직주의를 걷어낸 자리에 사도직을 세워야 한다
  "성육신의 관점에서 본 선교적 교회의 상황화," 「선교신학」제42집 (2016): 287-322.

전체적으로 이 책은 선교적 교회론을 목회 상황에 적용하는 것을 목표로 삼고 있다. 신학적 관점에서 말하자면 복음주의에 적합한 선교적 교회론을 구성하는 것이 나의 의도이다. 제1장과 제2장은 선교적 교회론에 관한 개괄적인 이해를 돕기 위해서 쓰였다. 제1장에서는 선교적 교회론이 어떻게 생겨나고 발전되었는지를 역사적으로 또는 인물별로 다루었으며, 제2장에서는 복음주의적 관점에서 교회성장 운동과 선교적 교회 운동의 학문적 연관성을 짚어보았다. 제3장부터 본격적으로 내가 생각하는 선교적 교회론의 핵심적인 주제들을 다루었는데, 모든 작업을 끝마치고 보니 아쉬움도 많다. 몇 가지 더 연구하고 싶은 주제들이 있었지만 시간과 여건상 다룰 수 없었다. 그것들은 증보판에서나 가능할 것 같다.

아무쪼록 부족한 책이지만 이 책이 선교적 교회에 관해 이해하고 실천하려는 분들에게 조금이나마 도움이 되기를 원한다. 나는 이 책에서 구체적인 현장에서 사용될 매뉴얼이 아니라 각자 자신의 상황에 맞게 적용할 수 있는 근본적인 원리를 제시하고자 하였다. 따라서 독자들은 이 책을 통해 선교적 교회의 성경적·신학적 개념을 이해하고 오늘의 목회 현장에 필요한 실천적 주제와 원리를 올바르게 파악해야 할 것이다. 다양한 현장에서 하나님이 원하시는 선교적 교회를 세우기 위해 몸부림치는 하나님의 선교적 그리스도인들이 이 책을 통해서 새로운 실천의 가능성을 발견하고 용기를 얻을 수 있기를 바란다.

2017년 8월
최동규

CONTENTS

제1장

/

선교적 교회론이
걸어온 길

MISSIONAL
CHURCH

최근 한국에서 '선교적 교회'the missional church라는 용어를 사용하는 사람들이 많아졌다. 10여 년 전만 해도 기껏해야 학자들 몇 사람만 이것에 관해 말하곤 했지만, 이제는 다양한 부류의 사람들이 선교적 교회에 관해 말하고 있다. 이는 매우 고무적인 현상이 아닐 수 없다. 하지만 주의해야 할 점은 이 용어가 본래의 진정한 의미를 잃어버린 채 사용자들의 왜곡된 생각을 정당화하는 데 사용될 수도 있다는 사실이다.

독자들은 이와 비슷한 문제가 '선교적 교회'와도 깊이 연결되어 있는 '이머징 교회'the emerging church라는 용어에도 나타났었다는 사실에 주목해야 한다. 이머징 교회에 관해서는 글의 흐름상 여기에서 자세히 다룰 수 없다.[1] 다만 여기에서는 '선교적 교회'보다 조금 앞서 한국에 소개된 '이머징 교회'라는 용어가 한국에서 제대로 피어나지도 못한 채 금방 사그라졌다는 사실만을 언급하고자 한다. 이머징 교회는 간단히 말해서 성경에 나타난 본질적인 교회의 가치를 오늘의 세계, 특히 포스트모던 문화의 세계 속에서 구현하려는 노력이라고 말할 수 있을 것이다.

그런 점에서 이머징 교회는 선교적 교회와 매우 유사한 점이 많다. 서구에서 생겨난 이 용어는 2000년대 초반에 한국에 소개되면서 기존 교회의 한계를 극복하고 위기에 처한 한국교회의 미래를 모색하려는 그리스도인들에게 매우 풍부한 통찰을 제공해 주었다. 그런데 편견에 사로잡힌 일부 출판인들과 율법주의적인 신앙을 가진 목회자들의 거센 비판과 저항 때문에 그것은 처음부터 이단에 가까운 위험한 운동인 것처럼 여겨졌다. 이런 분위기에서 '이머징 교회'라는 용어는 한국에서 싹도 제대로 틔워보지 못한 채 역사의 흐름 속에 묻혀버리고 말았다.

이런 문제는 '선교적 교회'라는 용어에도 똑같이 나타날 수 있다. 나는 종종 목회자들을 대상으로 한 세미나에 강사로 초청을 받곤 한다. 그곳에

---

1 최동규, "이머징 교회와 그것의 한국적 전개 가능성에 대한 비판적 고찰," 「신학과 실천」 제 32호 (2012): 73-103을 참조하라.

서 휴식 시간이나 세미나가 끝난 뒤에 찾아와 자신이 선교적 교회에 관해서 많은 관심을 가지고 있다거나 자신이 목회하는 교회가 선교적 교회라고 말하는 목회자들을 만나기도 한다. 그런데 그들의 말을 가만히 들어보면 그들은 선교적 교회를 주로 해외에 선교사를 많이 파송하고, 국내외 여러 기관에 선교비를 많이 보내는 교회로 인식하고 있다는 것을 알 수 있다. 물론 선교적 교회의 개념과 정체성을 곡해하는 부류는 이들 외에도 많이 있다. 어떤 경우에는 신학적으로 대척점에 있는 사람들이 이런 문제를 야기하기도 한다. 그 부류들이 누구든지 간에, 내가 보기에 한국에서 이런 현상들이 더 확산되면 위에서 말한 이머징 교회 개념처럼 선교적 교회 개념도 얼마 못 가 엉뚱한 개념으로 왜곡될 수 있겠다는 생각이 든다.

따라서 진정한 선교적 교회 운동을 한국에 꽃피우기 위해서는 지금 시점에서 선교적 교회가 무엇이고, 어떻게 실천하는 것인지 한국 그리스도인들에게 분명하게 알려주어야 한다. 이 책의 목적이 바로 여기에 있다. 그런데 이 책은 선교적 교회의 구체적인 사역들보다는 원리적인 측면에서 선교적 교회를 올바르게 이해하는 데 초점을 맞추고 있다. 좀 더 구체적인 사역들과, 전통적 교회에서 선교적 교회로 이해하는 과정에 관한 설명은 다음 기회로 미루고자 한다.

그렇다면 선교적 교회란 무엇인가? 이 질문에 대한 구체적인 답변은 3장에서 할 예정인데, 이 장에서는 그것에 앞서 선교적 교회론에 관한 역사적 논의와 최근에 학문적으로 가장 활발하게 활동하고 있는 미국의 '복음과 우리 문화 네트워크'Gospel and Our Culture Network, 이하 GOCN으로 약칭에 속한 학자들의 견해를 정리하고 그들의 논의에 노출된 약점들을 비판적으로 검토하고자 한다. GOCN 학자들에 의해 활발하게 전개되고 있는 선교적 교회론은 세상 속에서, 또는 적어도 지역사회 안에서 복음에 기초하여 참되고 역동적인 교회 공동체를 일궈나가려고 하는 사람들에게 매우 신선한 도전이 되고 있다. 비록 이들 GOCN의 논의가 아주 독창적인 것은 아니지만 이 단체에 의해 출간된 여러 저서들은 오늘 이 시대에 우리의 교회들이 나아갈 방향에 대해 중요한 아이디어들을 제공해주고 있는 것이 사실이다.

1. 선교적 교회론은 어떻게 형성되었을까

선교적 교회론, 교회의 본질을 씨앗삼아 태어나다

선교는 교회가 감당하는 것보다 교회 밖의 선교기관이나 선교회가 더 잘 감당할 수 있다는 생각이 한때 편만했던 적이 있었다.[2] 그런 생각은 교회의 가장 중요한 사역은 외부적인 활동이 아니라 교회 내의 신자들을 돌보는 것이라는 왜곡된 인식에 의해 생겨난 것이었다. 선교를 정치적으로 활용할 뿐만 아니라 자율적인 선교 활동에 걸림돌이 되는 유럽의 국가교회들도 그런 생각을 낳는 데 일조하였다. 그 결과 교회 밖에 설립된 선교단체나 선교회를 통해 선교 활동이 활발하게 이루어진 반면 교회는 점차 활력을 잃어가는 기현상이 생기고 말았다.

그러나 20세기 중반을 지나면서 선교는 본질적으로 교회의 일이라는 생각이 강하게 일어나기 시작했다. 이러한 생각을 기반으로 하여 교회와 선교의 긴밀한 관계에 관한 학문적 논의가 활발하게 전개되었다. 그 논의의 핵심에는 '교회란 본질적으로 선교적 공동체'라는 인식이 자리를 잡고 있었다. 성경은 하나님께서 잃어버린 영혼들을 다시 찾기를 간절히 원하고 계시며, 그 일을 위해서 교회 공동체를 창조하시고 세상으로 파송하셨음을 말하고 있다.

그 후 신학의 여러 영역에서 교회의 선교적 본질에 관한 탐구가 활발하게 이루어졌다. 그 결과, 선교란 근본적으로 어떤 선교적 활동들이 아니며, 그것이 교회의 본질로부터 나온다는 점이 해명되었고, 여기에서부터 선교적 교회론 missional ecclesiology 은 학문적인 영역을 구축하며 자리매김하기 시작했다.

---

2 Johannes H. Bavinck, *An Introduction to the Science of Missions*, trans. David H. Freeman (Phillipsburg, NJ: The Presbyterian and Reformed Publishing Company, 1960), 59.

'선교적 교회론'이라는 용어는 일반적으로 교회와 선교의 관계성을 논의하는 학문적 분야를 말하며, 종종 '선교학적 교회론' missiological ecclesiology이라는 용어로 사용되기도 한다. 넓게 말하자면, 그것은 일반적으로 선교학과 교회론이 만나는 학문 영역을 가리키며, '교회는 본질적으로 선교적이다.' The church is essentially missional 라는 기본 명제에 기초하여 교회의 조직, 사역의 구성, 실천을 탐구하는 모든 노력을 가리킨다.

그것은 모든 목회 활동과 신앙생활이 교회의 본질을 구현하려는 목표와 일치해야 한다는 전제로부터 출발한다. 특히 그것은 교회의 본질 가운데 선교적 속성에 주목하고자 한다. 예수 그리스도의 교회는 진공 속에 존재하는 것이 아니라 일정한 사회문화적 환경 속에 존재하며, 더 나아가 그 사회문화적 환경 안에서 복음전파, 하나님 나라의 확산체로서 살아가도록 보내심을 받았다. 이런 점에서 교회가 자신이 속한 일정한 사회문화적 환경 안에서 선교적 공동체로서 살아가는 것은 지극히 당연한 일이라 할 수 있다.

선교적 교회론이란 꽃을 피우기 위해

조직신학에서는 주로 사도성 또는 사도직을 중심으로 교회의 선교적 본질에 대해 다룬다. 이런 논의 자체를 선교적 교회론으로 인정한다면 선교적 교회론의 역사는 조직신학의 교회론이 형성되고 발전해온 만큼이나 오래되었다고 볼 수 있다. 하지만 지금까지 조직신학 분야에서 다루는 교회론은 주로 교리적인 필요에 따라 정리한 것에 불과하기 때문에 좀 더 심층적인 차원에서 연구되지 못했다. 그러던 차에 20세기에 들어서 교회론을 선교학적인 관점에서 다루는 연구 방법론이 새롭게 등장하였다. 이때부터 교회와 선교의 관계성을 규명하려는 논의가 선교학계를 중심으로 활발하게 이루어졌으며, 복음전파와 관련된 사명이 교회가 본질적으로 가진 고유한 특성 가운데 하나라는 점이 강조되었다.

그런데 선교적 교회에 관한 신학적 논의는 애당초 복음주의 진영보다는

에큐메니컬 진영에서 먼저 시작하였다. 1962년, 국제선교협의회IMC와 세계
교회협의회WCC의 공동기구인 선교연구분과 실행위원회의 위탁으로 요하네
스 블라우Johannes Blauw가 저술한『교회의 선교적 본질』The Missionary Nature
of the Church은 책 제목과 같이 교회의 선교적 본질에 대한 관심을 불러일으킨
초기 선교학적 교회론 분야의 대표적인 저서가 되었다. 그는 이 책에서 "세상
으로 보냄을 받은 교회 이외에 다른 교회는 없으며, 그리스도의 교회의 선교
이외에 다른 선교도 없다."[3]라고 천명하였다. 특별히 선교의 성경적 근거를
다루고 있는 이 책은 에큐메니컬 진영의 학자가 저술했음에도 불구하고 복
음주의 진영에서도 인정할 만큼 탁월한 저서로 평가된다. 또한 이 책은 지리
적 관점과 행위의 관점에서 이해하던 선교의 개념을 비판하고 진정한 교회됨
은 세상을 향해 보내심을 받은 본질적 사명으로부터 이해된다는 점을 분명
하게 밝히고 있다.

그러나 블라우 이후 선교적 교회에 관한 에큐메니컬 진영의 논의는 창조
신학을 중심으로 전개되는 경향을 보였다. 이 진영에 속한 학자들은 하나님
의 선교missio Dei 개념을 하나님께서 창조하신 모든 세계에서 하나님의 뜻을
찾고 그분의 활동에 참여하는 것으로 이해하였고, 선교는 쉽게 이웃의 고통을
덜어주고 사회의 부정의를 극복하려는 노력으로 여겼다. 그들에게 교회는 이
런 선교적 노력을 위한 수단으로 인식되었다. 이와 같은 에큐메니컬 진영의 선
교적 교회론을 대표하는 책이 1960년대에 두 권 출간되었는데, 하나는 1966
년에 출간된 요하네스 호켄다이크Johannes C. Hoekendijk의『흩어지는 교회』The
Church Inside Out이고, 다른 하나는 1968년 WCC 복음전도 연구분과에서 나
온 두 개의 보고서를 담은『타자를 위한 교회』The Church for Others이다.[4]

---

3 Johannes Blauw, *The Missionary Nature of the Church: A Survey of the Biblical
Theology of Mission* (London: Lutterworth, 1962), 121.
4 Johannes C. Hoekendijk, *The Church Inside Out*, trans. L. A. Hoedemaker and
Pieter Tijmes, eds. Isaac C. Rottenberg (Philadelphia, PA: Westminster, 1966),
40. [Original: De Kerk Binnenste Buiten, W. Ten Have N. V., Amsterdam, 1964];

선교적 교회에 관한 복음주의 진영의 논의는 에큐메니컬 진영에 비해 다소 늦게 이루어졌다. 에큐메니컬 진영에서 사회참여에 초점을 맞춘 선교에 주력하는 동안 복음주의 진영은 도널드 맥가브란Donald A. McGavran에 의해 시작된 교회성장 운동에 매료되어 있었기 때문에 선교적 교회론이 눈에 들어오지 않았다. 복음주의 진영의 선교적 교회론은 1981년 찰스 밴 엥겐Charles Van Engen이 자신의 박사학위 논문『참된 교회의 성장』The Growth of the True Church[5]을 출간하면서 본격적으로 논의되기 시작하였다.

밴 엥겐은 기본적으로 교회와 선교의 관계를 탐구했지만, 그의 연구는 우선적으로 참된 교회의 관점에서 교회성장학의 교회론을 분석하고 평가하는 작업을 통해 이루어졌다. 그는 자신의 박사학위 논문에서 수적 성장을 열망하는 것을 참된 교회의 표지로 추가해야 한다는 획기적인 주장을 내놓았다. 그의 연구는 도널드 맥가브란의 교회성장학이 피터 와그너C. Peter Wagner 식의 가벼운 실용주의로 넘어가기에 앞서서 먼저 선교적 교회론의 지원을 받아야 건전한 방향성을 유지할 수 있음을 깨닫게 해주었다는 데 의의가 있다.

박사학위 논문을 쓴 뒤 10년이 지난 1991년에 밴 엥겐은 지역교회의 관점에서 교회의 선교적 본질을 탐구한 탁월한 저서『하나님의 선교적 백성』God's Missionary People[6]을 출간함으로써 자신의 선교적 교회론을 한층 더 발전시켰다. 그는 이 책에서 "만일 우리가 세상에서 선교적 교회를 세우려 한다면 먼저 교회와 선교의 관계를 주의 깊게 고려해야 한다. 예수 그리스도의 교회는 선교적 백성으로서의 본질을 삶에서 구현해낼 때에만 세상과 올바른 관계를 맺으며 하나님 나라의 참모습을 드러낼 수 있다."[7]라고 하였다. 선

WCC, *The Church for Others and the Church for the World* (Geneva: World Council of Churches, 1968).

5 Charles Van Engen, *The Growth of the True Church* (Amsterdam: Rodopi, 1981).

6 Charles Van Engen, *God's Missionary People: Rethinking the Purpose of the Local Church* (Grand Rapids, MI: Baker, 1991).

7 Ibid., 27.

교적 교회론을 중시하는 그는 최근까지도 풀러신학교에서 교회성장신학을 가르쳤는데, 이런 사실은 풀러신학교의 교회성장학이 무조건 실용주의적 방향을 추구했다는 편견을 불식하는 데 도움이 된다. 어떤 의미에서 그는 맥가브란으로부터 내려오는 교회성장학에 올바른 신학적 근거를 제공하기 위해 교회성장학과 선교적 교회론을 결합하는 작업을 했다고도 볼 수 있다. 그러나 밴 엥겐 이후에 이렇다 할 후속 작업이 나타나지 않아서 선교적 교회론에 기초한 교회성장신학의 맥은 더 이상 이어지지 않았다.

시간이 지나면서 현대 선교적 교회론은 또 다른 부류를 통해서 활발하게 연구되었다. 1998년 데럴 구더 Darrell L. Guder가 편집한 『선교적 교회』 Missional Church[8]—부제는 "북미교회의 보냄을 위한 비전"—라는 책이 출간되면서 선교적 교회론은 새로운 전기를 맞게 된다. 이 책의 기고자들은 앞에서도 언급한 GOCN 그룹에 속한 학자들인데, 북미 사회가 직면하고 있는 선교적 위기를 진단하고 해결책을 제시하려는 목적으로 쓰인 이 책은 선교학계와 실천신학계에 신선한 도전을 주었다. 다소 압축적으로 이 책의 요점을 말하라고 하면 목회와 선교 분야에서 직면하고 있는 다양한 문제의 근본적인 해결책이 방법론적 차원에 있지 않고 교회에 대한 선교학적 인식 자체에 있다는 점을 지적할 수 있을 것이다.

그런데 GOCN의 선교적 교회론은 하늘에서 무언가가 떨어지듯이 갑자기 생겨난 것이 아니었다. 그 모임 자체는 이미 영국의 선교신학자 레슬리 뉴비긴에 의해 시작된 '복음과 우리 문화 사이의 대화' Gospel and Our Culture Conversation 로 알려진 운동으로부터 영향을 받고 있었다.

---

8 Darrell L. Guder, ed., *Missional Church : A Vision for the Sending of the Church in North America* (Grand Rapids, MI : Eerdmans, 1998). 이 책은 1980년대 후반, 북미에서 조직된 GOCN의 두 번째 연구 결과물이다. 첫 번째 결과물은 George R. Hunsberger and Craig van Gelder, eds., *Church between Gospel and Culture : The Emerging Mission in North America* (Grand Rapids, MI : Eerdmans, 1996)로, 이 책은 북미교회가 직면하고 있는 문화적 이슈들을 분석하면서 선교적 교회론을 본격적으로 다루지는 않았다.

여기에서 뉴비긴이 살아온 삶의 여정을 언급하는 것이 좋겠다. 1936년부터 1974년까지 인도에서 38년 동안 선교사역을 감당하고 돌아온 그는 영국 사회가 자신이 선교사로 떠날 때와는 달리 선교지로 변해버린 사실을 발견하고 깜짝 놀라게 된다. 이런 상황에서 그는 문제의 원인이 어디에 있는지 찾기 위해 연구를 시작하였으며, 그 결과 문제의 근원이 영국을 포함한 서구의 기독교가 공적 세계와 사적 세계의 이분법적 구도 속에서 종교의 사사화 privatization 를 조장하는 근대적 사회문화에 있다는 사실을 발견하였다. 그리고 그는 이런 근대적 세계 속에서 어떻게 교회가 선교적 본질을 드러내고 복음의 공적 진리성을 드러낼 수 있는지를 선지자적인 어조로 설파하였다.

북미의 GOCN은 이와 같이 뉴비긴의 선교신학에 바탕을 두고 조직되었으며, 현재 여러 학자들이 이 조직을 중심으로 활발한 연구 활동을 펼치고 있다. 대표적인 학자로는 프린스턴신학교의 데럴 구더 Darrell L. Guder, 루터신학교의 크레이그 밴 겔더 Graig Van Gelder, 웨스턴신학교의 조지 헌스버거 George R. Hunsberger, 앨렐론 선교적 지도자 네트워크 Allelon Missional Leadership Network 의 책임자 앨런 록스버그 Alan J. Roxburgh 등이 있다. 이들은 교회의 선교적 본질을 회복하기 위해서 포스트모던 문화 비판의 방법을 활용한다.

간단히 말하자면, 이들은 오늘날의 교회가 질서, 효과, 진보, 성장의 근대적 이데올로기, 더 나아가 종교적 소비주의에 사로잡혀 있다는 점에 주목하고 교회가 세상 속에서 진정으로 선교적 공동체로 존재하기 위해서는 이런 왜곡된 이데올로기적 가치들의 외피를 벗겨내야 한다고 생각한다. 이때 이들이 중시하는 비판의 도구는 복음 자체이다.

결과론적인 생각이긴 하지만, GOCN 그룹이 없었다면 뉴비긴의 신학적 작업은 빛을 보지 못하고 자칫 역사의 뒤편으로 사라졌을지도 모른다. 그의 신학과 사상은 GOCN 그룹에 속한 학자들이 그를 재발견하고 지속적인 논의와 연구들을 통해 발전시킴으로써 가치를 인정받을 수 있게 된 것이다. 어찌 보면 선교적 교회론은 GOCN 그룹의 출현과 소속 학자들에 의해 꽃피워졌다고 말할 수 있다.

따라서 현대 선교적 교회론의 발전은 GOCN 그룹 이전과 이후로 구분해 볼 수 있다. 본격적인 선교적 교회론의 주제들을 다루기 이전에 그 주제들이 어떤 신학적 맥락에서 출현했고 어떤 과정에서 전개되었는지를 알기 위해서 좀 더 구체적으로 선교적 교회론의 발전 과정을 들여다봐야 한다. 이를 위해서는 대표적인 학자들의 신학적 견해를 살펴보는 것이 유익할 것이다.

2. GOCN 이전의 선교적 교회론

아래에서 GOCN 이전에 활동한 네 명의 대표적인 학자들을 소개하고자 한다. 그들 중 먼저 요하네스 호켄다이크와 도널드 맥가브란은 세상에 대한 책임과 복음전도 중에서 어느 한쪽만을 중시하는, 다소 극단적인 입장을 보인 사람들이다. 이들의 학문적 결과는 WCC와 복음주의 또는 진보주의와 보수주의로 첨예하게 대립하던 이원적 진영 논리에 기초하고 있다. 따라서 이들의 신학은 선교적 교회론을 구성하는 여러 영역 가운데 어느 특정한 영역만을 강조하는 경향을 보였다.

반면에 레슬리 뉴비긴과 찰스 밴 엥겐은 통합적이고 균형 잡힌 선교적 교회론을 제시하려고 노력했던 인물들이었다. 복음주의의 범위를 넓게 설정하고 뉴비긴의 신학과 밴 엥겐의 신학을 조심스럽게 평가한다면, 전자는 복음주의 좌파에 해당하고 후자는 복음주의 우파에 해당한다고도 볼 수 있다.

'세상을 위한 교회', 사회적 선교의 지평을 확장하다

요하네스 호켄다이크는 20세기 중반에 진보주의 선교신학을 이끈 대표적인 인물 가운데 한 사람이다. 교회와 선교에 관한 그의 신학적 입장은 그의 대표적인 저서 『흩어지는 교회』에 잘 드러나 있는데, 이 책에서 그는 과거의 선교를 이끌어온 "교회 중심적 사고"를 강하게 비판하였다. 그에 따르면

"'교회는 선교의 출발점이요 목표다.'라고 말하는 것은 단지 현상학적 진술일 뿐이다."[9] 이런 생각을 가지고 있었기에 그는 1938년 인도 마드라스 근교 탐바람에서 개최된 국제선교협의회 International Missionary Council 이후 선교사들이 현장에서 당연하게 여겨온 교회 중심적 선교를 극복하고자 하였다. 그는 선교란 세상에 임하시는 하나님의 주권적인 능력에 달려 있기 때문에 결코 교회의 활동에 의해 제한되지 않는다고 주장하였다.

그의 생각은 많은 그리스도인들에게 큰 도전을 주었으며 선교의 지평을 확장하는 데 크게 기여하였다. 사실 그가 교회 중심적 선교 모델을 부정한 이유는 과거의 선교 활동들이 주로 "전도의 목적을 교회개척으로 해석하는…완고한 전통"에 기초해 있었기 때문이다.[10] 그는 과거의 선교 모델을 비판하고, 대안으로서 종말론적 메시아 공동체 안에서 발견되는 진정한 교회의 원형을 새로운 선교 모델로 제시하였다. 그는 또한 교회를 결코 제도적 구조나 위계질서에 의한 성직 체계로 인식해서는 안 된다고 보았으며, 교회의 존재와 사역은 오직 하나님의 종말론적 계획을 수행하는 사도직의 관점에 의해서만 설명될 수 있다고 생각하였다.

그의 비판은 단지 성직 체계에만 머물지 않았다. 호켄다이크는 오늘날 대부분의 개신교 교단이 채택하고 있는 전통적인 교구 체계를 강하게 비판하였다. 이런 비판은 그가 과거와는 다른 방식으로 교회를 이해하고자 했기 때문에 생겨난 것이었다. 그는 교회를 사도직의 관점에서 이해해야 한다고 생각하였다. 선교의 개념은 바로 이러한 관점에 의해 바르게 정립될 수 있다고 보았던 것이다.

교회가 사도직의 한 기능이고 교회의 존재 근거가 세상에 대한 하나님 나라의

---

9 Ibid., *The Church Inside Out*, 40.
10 Johannes C. Hoekendijk, "The Call to Evangelism," in *The Eye of the Storm*, ed. Donald A. McGavran (Waco, TX : Word, 1972), 49.

선포에 있다는 사실을 아는 교회는 개별적인 선교 활동 missions에 사로잡히지 않으며 오히려 교회 **자체**가 선교 mission가 된다. 다시 말해서 교회는 세상을 향한 하나님의 생생한 활동 the living outreach이 된다. 이것이 바로 선교 없는 교회가 모순인 이유이다. [11]

사도직의 관점에서 교회를 이해하고 그것으로부터 교회의 선교를 해명하려고 했던 그의 신학적 노력은 현대 선교적 교회론의 형성에 중요한 밑거름이 되었다. 지나치게 교회 중심적인 선교 관념에 의해 선교의 지평이 축소되고 있던 당시의 상황에서 교회를 하나님의 선교에 종속시킨 그의 신학적 발언은 매우 예언자적인 선언이 아닐 수 없었다. 그에 따르면 교회는 결코 목적 자체가 될 수 없으며 오직 "이 세상에서 행하시는 하나님의 구속 행위의 도구"일 뿐이다. [12] 그는 "하나님-교회-세상"이라고 하는 기존의 도식을 "하나님-세상-교회"의 순으로 재배열함으로써 교회가 세상 안에서 감당해야 할 선교적 책무에 대한 관심을 새롭게 불러일으켰다. [13] 새로운 선교 이해를 제시하기 위해 기존의 선교 활동에 고착된 낡은 사고의 문제점을 분명하게 드러낸 것은 그가 선교적 교회론의 발전에 끼친 공로임에 틀림이 없다.

그러나 이런 공헌에도 불구하고 그의 신학은 몇 가지 심각한 문제점을 노출하고 있었다. 그중 하나는 그가 세상 가운데서 역사하시는 하나님의 주권적인 행위를 지나치게 강조함으로써 교회의 역할과 기능을 축소시킨 점이다. 하나님의 주권이 교회의 역할과 대립하는 개념이 아님에도 불구하고, 그는 자신의 신학적 진술 속에서 단지 하나님과 세상의 관계만 강조함으로써 교회가 하나님의 선교를 위해 일정한 역할을 할 수 있는 여지를 거의 남겨놓지 않았다. 심하게 말하자면, 그는 자신이 의도했건 의도하지 않았건 간

---

11 Johannes C. Hoekendijk, *The Church Inside Out*, 43.
12 Ibid., 24.
13 Ibid., 71.

에 선교가 실제로 이루어지고 있는 현장에서 교회의 기능을 모두 제거한 것처럼 보인다. 한 예로 그는 "하나님 나라-사도직-오이쿠메네 oikoumene, 온 세상의 맥락에는 교회가 끼어들 자리가 없다. 교회론은 여기에 어울리지 않는다."[14]라고 말했다.

호켄다이크가 이처럼 교회보다 세상을 더 강조한 이유는 그가 기본적으로 구속신학보다도 창조신학의 관점을 취하였기 때문인 것으로 보인다. 세상을 창조하신 하나님께서는 그 세상 가운데 계시며 활동하신다. 이런 생각 자체가 틀린 것은 아니지만 창조신학이 구속신학의 관점으로부터 조명되지 않을 때 하나님께서 본래 세상을 창조하신 의도와 목적을 잃어버릴 수도 있다.

밴 엥겐은 호켄다이크의 사상이 베이비부머 세대로 하여금 교회와 선교에 관해서 잘못된 생각을 갖게 만들었다고 비판하였다. "호켄다이크의 사상을 따라 그들[베이비부머 세대]은 교회 없는 선교를 원하였으며 단지 그들이 **선교**로 간주하는 정치적·사회적 활동을 하는 교회만 진정한 **교회**로 인정하였다."[15] 결국 호켄다이크는 '교회의 본질'이라는 관점에서 교회개척이나 전도와 같은 선교 행위에만 초점을 맞추는 전통적인 교회와 선교를 비판하고 새로운 대안을 제시하였지만, 선교를 세상에서의 선한 행위로 대치함으로써 스스로 교회의 본질에 대한 사고로부터 이탈하고 말았다.

또한 호켄다이크는 선교를 세상과 동일시할 뿐만 아니라 선교를 세상 안에 용해함으로써 선교 개념을 희석하는 결과를 낳았다.[16] 신학적으로 호켄다이크와 대립 관계에 있었던 맥가브란은 그가 하나님의 선교 개념을 교회가 세상에서 행하는 모든 활동으로 수정했다고 비판하였다. 호켄다이크의 신학에서 "선교하는 교회 the church-in-mission 는 활동하는 교회 the church-

---

14 Ibid., 40.
15 Charles Van Engen, *God's Missionary People*, 31.
16 Johannes C. Hoekendijk, *The Church Inside Out*, 43.

in-motion가 된다."[17] 하지만 스티븐 닐 Stephen Neill 이 지적한 바와 같이 "만일 모든 것이 선교라면 그 어떤 것도 선교가 아니다."[18] 세상에서 행하는 선한 행위 자체는 귀한 것이지만 그것 자체가 선교와 동일시될 수는 없다. 선교는 반드시 구원과 복음의 관점에서 평가되어야 한다.

요약해서 말하자면, 호켄다이크의 신학은 전통적인 교회관과 선교관이 가지고 있던 한계를 뛰어넘어 사회적 선교의 지평을 확장하는 데 크게 기여 하였다. 그의 신학적 견해는 훗날 교회와 선교의 진정한 개념을 이해하고 그 둘의 상호관계를 규명하려고 하는 후학들에게 많은 지혜와 통찰을 주었 다. 그러나 그는 세상에서의 활동을 지나치게 강조함으로써 교회의 존재 의 미와 위상을 크게 약화하는 결과를 초래하고 말았다. 게다가 그의 선교적 교회론이 교회가 복음전도와 교회개척에 힘을 쏟을 필요가 없다는 오해를 만들어내는 데 일조했다는 점도 심각한 문제로 보인다. 그는 복음으로 불 신자들을 설득하는 적극적인 전도 방식을 거부하였으며, 교회는 오직 세상 속에서 자신의 현존 presence 에 의해서만 선교적 책무를 감당할 수 있다고 주장하였다.[19] 그러나 그의 주장처럼 우리가 "개종의 권유"를 포기해야 한 다면[20] 교회는 결국 무기력해지고 세상에 아무런 영향도 끼칠 수 없을 것이 다. 더 나아가 만일 복음이 그의 주장처럼 단지 샬롬 shalom 에 불과하다면 교회는 기껏해야 전 세계적인 사회복지기관의 하나로 전락하고 말 것이다.

'복음을 위한 교회', 선교의 본질적인 요소들을 재확인하다

현대 선교적 교회론에 익숙한 사람이라면 선교적 교회론의 발전 과정을

---

17 Donald A. McGavran, "Crisis of Identity for Some Missionary Societies," in *Crucial Issues in Mission Tomorrow*, ed. Donald A. McGavran (Chicago: Moody, 1972), 189.
18 Stephen C. Neill, *Creative Tension* (London: Edinburgh House, 1959), 81.
19 Johannes C. Hoekendijk, *The Church Inside Out*, 22.
20 Ibid., 46.

설명하는 자리에 도널드 맥가브란을 삽입한 것에 대해서 의아하게 생각할 수도 있을 것이다. 물론 도널드 맥가브란 자신이 선교적 교회론을 역설한 것도 아니고, 현대 선교적 교회론의 아버지와도 같은 레슬리 뉴비긴—이렇게 부르는 것이 적절하다고 생각한다—의 신학 사상과 유사하지도 않다. 오히려 뉴비긴은 맥가브란의 교회성장신학에 대해서 매우 비판적인 입장을 취했다.[21] 맥가브란의 선교 개념이 현실적이고 실용주의적이라는 것이다. 이런 비판에 관해서는 나중에 충분히 재고해야 하겠지만, 뉴비긴의 비판은 어느 정도 일리가 있는 것이 사실이다.

그러나 이런 비판과는 별개로 그의 신학은 복음주의적인 선교적 교회론의 발전에 일정한 역할을 했다고 봐야 한다. 그가 활동하던 시대에는 다양한 신학적 사상이 교회와 선교 현장에 제시되었으며, 그것들은 긍정적인 면과 부정적인 면에서 서로 상호작용하면서 제각기 선교적 교회론의 형성과 발전 과정에 기여하였다. 선교적 교회론과 관련해서 맥가브란의 신학도 이런 관점에서 봐야 한다. 그는 당대의 호켄다이크와는 달리 복음주의적인 관점에서 교회와 선교의 관계를 다루었으며, 이런 그의 신학은 훗날 그의 제자인 찰스 밴 엥겐에게 영향을 미쳐 복음주의적인 선교적 교회론을 형성하는 데 기초를 제공하였던 것이다. 또한 그의 신학은 복음주의적인 선교적 교회론의 한 축인 로잔신학의 형성에도 크게 기여하였다.

호켄다이크와는 달리 맥가브란은 기본적으로 교회는 사회참여보다 복음전도를 더 중시해야 한다고 생각하였다. 그는 하나님께서 이 세상에서 진정으로 원하시는 것은 사회적 삶의 환경이 개선되고 발전하는 것이 아니라 예수 그리스도를 통해 거듭나고 변화된 삶을 사는 사람들이 더 많아지는 것이라고 확신하였다. 그는 당시 유행하던 인본주의 선교신학에서 근대 선교의 위험성을 보았다. 전통적인 선교는 비기독교 세계에 복음을 선포하고 그

---

21 Lesslie Newbigin, *Open Secret: An Introduction to the Theology of Mission*, revised edition (Grand Rapids, MI: Eerdmans, 1995), 124-159.

곳에 교회들을 설립하는 데 초점을 맞춰온 반면, 인본주의 선교는 그런 방법들을 배척하고 단지 사회참여를 통한 복지 향상에 초점을 맞추고 있었다. 맥가브란은 인본주의 선교가 전통적인 선교 개념을 포기하고 새로운 개념을 주장함으로써 선교 개념을 이해하는 데 혼란을 초래하였으며, 더 나아가 근본적인 선교의 위기를 낳았다고 비판하였다.

맥가브란에 따르면 교회의 일차적인 관심은 무엇보다도 아직 복음을 듣지 못한 사람들뿐만 아니라 아직 예수 그리스도를 영접하지 않은 사람들까지도 구원하려는 하나님의 선교적 의지를 실행하는 것이 되어야 한다. 이것이야말로 교회의 본질을 구성하는 가장 중요한 요소이다. 그의 선교신학은 바로 이러한 생각에 기초하여 형성되었다. 맥가브란은 선교를, 잃은 민족들을 하나님께로 인도하는 것으로 생각하였다. 사카리 피놀라 Sakari Pinola 는 그의 선교 개념을 다음과 같이 적절하게 평가하였다.

> 맥가브란의 비전이 낳은 결과는 선교를 전도로 생각하는 것, 타문화권에서 과감하게 전도하고 교회를 개척하는 것, 미전도 종족들에 의해 주어진 선교의 도전에 반응하는 것이다. 맥가브란에게 이것들은 '판타 테 에쓰네' panta ta ethne, 지상의 모든 인간, 민족을 제자화하는 데 꼭 필요한 조건들이다. [22]

이런 선교 목적을 성취하기 위해서는 다양한 방법이 강구되어야 한다. 문제는 그 방법들이 성경적이면서 동시에 효과적이냐는 데 있다. 요약해서 말하자면, 맥가브란은 선교란 근본적으로 복음전도의 특성을 띠어야 하고, 그렇게 될 때에만 효과적인 선교가 가능하다고 생각하였다. 그런데 이런 좁은 의미의 선교 개념은 1983년을 기점으로 넓어졌다. 이때부터 사회적 활동에 대해 관대한 입장을 보인 것이다. 좀 더 구체적으로 말하면, 전도를, 선교

---

22 Sakari Pinola, Church *Growth: Principles and Praxis of Donald A. McGavran's Missiology* (Åbo, Finland: Åbo Akademis Förlag-Åbo Akademi University Press, 1995), 14.

를 위한 사회적 활동의 한 유형으로 여긴 것이다.[23] 내용적으로는 다소 아쉬운 점이 있지만, 이렇게 수정된 선교 개념은 훗날 그의 동료들과 제자들이 복음주의적인 선교적 교회론을 형성하는 데 필요한 신학적 틀을 제공하였다.

사실 맥가브란은 선교에 관한 논의에 많은 노력을 기울였지만 교회의 본질, 교회의 책무 등과 같은 전통적인 교회론의 주제들을 논의하는 데에는 그렇게 많은 열정을 쏟지 않았다. 왜냐하면 그의 연구가 대부분 추상적인 이론의 개발보다 주로 선교 현장에서 구체적으로 적용할 수 있는 실천적이고 경험적인 논의에 초점이 맞춰져 있었기 때문이다. 그러나 그렇다고 해서 그의 선교신학에서 교회에 관한 논의를 찾을 수 없는 것은 아니다. 비록 그의 신학이 실용주의적인 입장을 취하고 있기는 했지만 교회성장이라고 하는 자신의 학문적 주제 자체가 교회를 기반으로 삼고 있는 만큼 그는 처음부터 교회의 존재를 강조하였으며, 교회의 성장과 확산을 선교의 중요한 부분으로 강조하였다.

맥가브란의 선교신학에서 교회는 단순히 선교의 수단 이상의 그 무엇을 의미하였다. 그는 교회를 "기계적인 방식으로 또는 단지 인간적인 관점에서" 이해하려고 하는 모든 시도를 거부하였다. 그에게 "하나님의 새 질서의 한 부분"인 교회는 모든 인간을 향한 하나님의 거대한 구속 활동에서 중심적인 역할을 할 뿐만 아니라 그것을 가능케 하는 역동적 에너지를 지닌 살아 있는 유기체이기도 하다. 그에 따르면 "교회는 신적인 기관이요, 실제로 그리스도의 몸이요, 그분의 사랑과 능력 안에서 새로운 피조물이 된 구속받은 사람들로 구성된다."[24] 이런 맥가브란의 견해는 대체로 고교회高敎會, High Church[25])의 신학적 입장을 반영하고 있다.

---

23 Ibid., 148.
24 Donald A. McGavran, "Evangelism and Church Growth," in *Church Growth Bulletin* V (6): 378.
25 성공회와 루터교회 중에서 교회의 권위, 직제, 성사(聖事) 등 전통성을 강조하는 경향을 지닌 교회를 가리킨다.

교회의 본질에 관한 그의 입장은 그가 '민족들의 빛'Lumen Gentium이라는 바티칸공의회(1964)의 교회헌장에 나타난 선교신학을 분석하고 비판한 글에 잘 나타나 있다. 이 글에서 그는 로마 가톨릭교회의 배타성과 교황에 대한 우상화를 반대하면서도 가톨릭교회가 가지고 있는 고교회의 입장에 대해서는 동의하였다. 그는 교회란 결코 "하나님께서 좀 더 정의롭고, 조화롭고, 평화로운 세상을 만들기 위해 가끔 사용하는 많은 수단들 중의 하나"가 아니라고 말했다.[26] 오히려 그는 교회란 하나님의 영원한 구원 계획 가운데서 필수적이고 본질적인 요소라고 주장하였다. 교회는 결코 사회적 활동을 위한 인도주의적 기관이 아니라는 것이다. 교회는 반드시 하나님의 기관으로 여겨야만 한다. 왜냐하면 그것은 구원받고 세례 받은 사람들 가운데 세워지고 형성되는 그리스도의 몸이기 때문이다.

또한 맥가브란은 고교회의 관점에서 교회 밖의 구원은 불가능하다고 생각하였다. 그는 가톨릭교회의 선교신학을 비판한 또 다른 글에서 웨스트민스터 신앙고백을 인용하여 "교회 밖에서는 그 어떤 정상적인 구원도 가능하지 않다."라고 분명하게 밝혔다.[27] 교회에 관한 그의 이런 절대적인 확신에 비추어볼 때 그가 왜 교회개척과 교회확장을 선교의 핵심 영역으로 생각했는지, 그리고 전체적으로 볼 때 기독교 안에 수많은 선교단체들이 있었음에도 불구하고 왜 교회 중심의 선교를 강조했는지를 이해할 수 있게 된다.

교회의 정체성에 대한 보수적인 입장을 가지고 있던 맥가브란에게 교회의 책무는 매우 자명할 수밖에 없었다. 그는 선교적 관점에서 교회의 주된 과제는 복음전도를 통해 구원의 메시지를 전하는 것이어야 한다고 보았다. 시간

---

26 Donald A. McGavran, "Official Roman Catholic Theology of Mission: Lumen Gentium," in *Contemporary Theologies of Mission*, written by Arthur F. Glasser and Donald A. McGavran (Grand Rapids, MI: Baker, 1983), 195.

27 Donald A. McGavran, "Official Roman Catholic Theology of Mission: Ad Gentes," in *Contemporary Theologies of Mission*, written by Arthur F. Glasser and Donald A. McGavran (Grand Rapids, MI: Baker, 1983), 186-187.

이 많이 지난 뒤에 그의 신학적 입장은 교회가 삶의 질을 향상하기 위한 다양한 사회적 이슈에도 관심을 가져야 한다는 쪽으로 달라지긴 했지만, 복음전도가 선교의 우선순위가 되어야 한다는 그의 확고한 입장은 처음부터 끝까지 유지되었다.

현재뿐만 아니라 앞으로도 계속해서 기독교 선교의 중심 과제는 복음을 선포하고 이 땅에 살아가는 수많은 사람들을 '교회로 이끌어 들이는 일'churching 또는 그들을 제자화하는 일discipling이 될 것이다. 교회의 적절한 확장은 필연적으로 사람들을 제자화하는 일에 의해 이루어진다. 신자들을 거룩한 교회에 들이기 위해 말씀과 행위로 복음을 선포하는 일은 선교에서 가장 중심적이고 우선적인 요소이다.[28]

이와 관련해서 맥가브란이 '선교'mission와 교회의 '의무'duties를 구분했다는 사실을 언급하는 것이 중요하다. 여기에서 의무란 복음 선포와 상관없는 사회정의와 경제적 평등을 실현하기 위한 사회 활동들을 뜻한다. 그는, 교회는 자신에게 주어진 의무를 수행해야 하지만 그것을 위한 사회 활동들 자체는 결코 선교가 아니라고 주장하였다. "교회의 선교는 하나이며, 교회의 의무는 선교 이외의 영역에 속한다. 교회의 선교는 항상—현재뿐만 아니라 앞으로도 계속해서—복음을 선포하는 일과 '모든 사람을 그리스도와 전적으로 연합하게 만드는 일'이 될 것이다."[29] 이런 맥가브란의 언급은 그가 그의 신학 여정 후반기에 삶의 질을 향상하기 위한 사회적 활동을 수용하는 듯한 발언들을 했지만 근본적으로는 시종일관 선교를 복음전도와 교회개척과 같은 직접적인 활동으로 제한하고 있었음을 입증해준다.

---

28 Donald A. McGavran, "Official Roman Catholic Theology of Mission: Lumen Gentium," 200.
29 Ibid., 204.

결론적으로, 도널드 맥가브란의 선교적 교회론은 복음전도와 교회개척과 같이 전통적으로 강조되어온 요소들을 중심으로 전개되었다고 말할 수 있다. 그의 이런 신학적 입장은 당시에 확산되고 있었던 자유주의적 선교관에 대해 반발하면서 형성되었다. 이런 이유로 그의 신학은 교회가 놓치지 말아야 할 본질적인 선교의 요소들을 재확인해 주고 있으며 오늘날에도 복음에서 이탈한 무분별한 선교 활동들에 경각심을 불러일으키는 긍정적인 기능을 한다. 하지만 교회의 선교와 의무를 이원론적으로 구분함으로써 교회가 세상 안에서 감당해야 할 선한 일들을 평가 절하한 것은 아쉬운 점으로 남는다. 그 결과, 그의 신학에서 선교는 지나치게 축소되는 부정적인 결과를 초래하고 말았다. 사실 엄밀하게 말하자면, 호켄다이크와 맥가브란의 신학에서는 교회와 선교의 본질에 관한 균형 잡힌 논의를 기대하기 어렵다. 그런 논의는 레슬리 뉴비긴에게서 본격적으로 시작된다고 봐야 한다.

'복음의 유일한 해석자 회중', 선교적 실천은 세상 속으로 확대되어야 한다

레슬리 뉴비긴은 미국의 GOCN 그룹을 비롯하여 현대의 많은 선교적 교회론자들에게 지대한 영향을 미치고 있는 인물이다. 실제로 그는 앞서 다루었던 두 학자보다 교회론에 훨씬 더 많은 비중을 두고 신학적 작업을 하였다. 뉴비긴 역시 호켄다이크와 비슷하게 현실에 존재하는 교회에 대해 비판적인 시각을 가지고 있었지만 그보다 훨씬 더 교회의 본질에 관한 성찰에 기초하여 논의를 전개하였다. 또한 그는 지역교회의 중요성을 간과하였던 호켄다이크와는 달리 문화적 맥락에서 지역교회의 선교적 정체성을 강조하였으며, 보수적이고 실용적인 관점에서 선교의 이슈들을 다룸으로써 종국에는 선교의 개념을 축소시켜버린 맥가브란의 신학적 태도를 비판하고 모든 선교 사업은 삼위일체 하나님의 선교에 종속되어야 한다고 주장하였다. 따라서 현대 선교적 교회론은 어떤 의미에서 뉴비긴에게서 본격적으로 시작되었다고 볼 수 있다.

그렇다면 뉴비긴은 교회를 어떻게 이해하고 있었는가? 학문적인 경향을 볼 때 뉴비긴은 교회 자체에 대한 추상적이고 이론적인 교리 논쟁보다는 선교적 관점에서 교회를 이해하는 데 더 많은 관심을 가진 사람이었다. 어찌 보면 그의 교회론은 기존의 논의에서 크게 벗어나지 않는다는 점에서 새로울 것이 없어 보인다. 그에 따르면 "교회는 동일한 성령의 능력 안에서 사람들을 하나님께 화해시키는 등 예수께서 이 세상에 오셔서 하신 일을 계속 수행하도록 세상으로 보냄 받은 공동체이다."[30] 교회에 대한 이런 정의定義는 사실 기존의 것들과 비교했을 때 별반 다르지 않다. 하지만 그가 이 정의에서 사용하고 있는 용어와 표현은 그리 간단하게 취급할 수 없는 심오한 의미들을 담고 있다. 그가 사용하는 '화해'라는 단어는 단순히 영혼 구원만을 뜻하지 않으며 하나님의 창조와 섭리를 깨닫고 그것을 이루기 위해 실천하는, 온전히 새로운 실재 new reality 를 가리킨다.

그는 교회와 선교의 상호 관계에 관한 깊은 통찰을 바탕으로 교회란 기본적으로 선교의 관점에서 해명되어야 한다고 보았다. 이런 점에서 교회는 하나님께서 세상을 향한 자신의 계획을 성취하기 위해 선택한 공동체이다. 선택과 부르심은 사명을 감당하기 위한 보내심과 맞물려 있다. 따라서 "교회는 그리스도의 이름으로 땅끝으로 보냄을 받은 원정대로서의 기관이 아니라 성부 하나님으로부터 시작된 그리스도의 선교가 계속 이어지는 그 무엇, 다시 말해서 세상으로 보내심을 받은 그 무엇이다."[31] 뉴비긴은 이런 이해를 전제로 교회를 다음과 같이 정의하였다.

교회는 열방을 향해 하나님의 나라와 그분의 통치와 주권을 선포하는 복음을 지닌 공동체이다. 교회는 모든 이들에게 다른 권세를 따르는 잘못된 충성을 회

---

30 Lesslie Newbigin, *The Gospel in a Pluralist Society* (Grand Rapids, MI: Eerdmans, 1989), 230.

31 Lesslie Newbigin, *Trinitarian Doctrine for Today's Mission* (Cumbria, UK: Paternoster, 1998), 194. [Original: Edinburgh House, 1963]

개하고, 유일하게 참된 주권자를 믿을 뿐만 아니라, 합력하여 모든 자연과 모든 나라와 모든 인간을 다스리시는 단 한 분 곧 참되고 살아 계신 하나님의 주권을 가리키는 표징 sign이요 도구 instrument요 맛보기 foretaste가 될 것을 요구한다.[32]

하나님께서 자신의 백성들을 선택하신 것은 결코 특권을 누리는 데 초점이 있지 않고 오히려 이웃과 세상, 민족들을 향한 책임을 다하는 데 초점이 있다. 그 책임은 "고난을 통해 자신을 아버지께 완전히 드림으로써, 한 공동체 곧 하나님의 통치를 구현하고 그것을 선포하는 공동체를 창조하여 아버지께로부터 받은 자신의 성품과 행위를 계속 이어가게 하려는" 주님의 의도와 직결되어 있다.[33] 여기에서 중요한 것은 성품이다. 그리스도인들 또는 그들의 공동체가 드러내는 성품은 그들의 정체성을 파악할 수 있는 준거가 된다. 한마디로 말하자면 성품이 행위를 결정한다. 따라서 "지역의 회중들은 교인이 아닌 자들에게, 모든 사회적 삶에 미치는 하나님의 구속의 은혜를 보여주는 표징, 도구, 맛보기가 되어야 한다."[34] 그렇게 함으로써 교회는 자신의 존재와 성품으로써 가장 강력한 선교적 능력을 이 세상에서 발휘할 수 있다. 교회의 존재와 성품에 초점을 둔 뉴비긴의 이 같은 사상은 훗날 선교적 교회론을 대중화하는 데 기여한 GOCN의 구성원들에게 깊은 영향을 끼쳤다.

뉴비긴의 선교신학은 교회 안에서 그리스도의 제자가 되는 과정을 무시하지 않았다는 점에서 호켄다이크의 그것과 구분된다. 교회는 하나님 나라 안에서 성취해야 할 어떤 궁극적인 목적을 지니고 있으며, 이 세상에서 왜곡된 삶을 살아가는 사람들에게 복음을 선포하고, 그들을 회개시키며, 최종적으로는 예수 그리스도께로 인도하는 도구적 활동을 통해 하나님 나

---

32 Lesslie Newbigin, *Foolishness to the Greek: The Gospel and Western Culture* (Grand Rapids, MI: Eerdmans, 1986), 124.

33 Lesslie Newbigin, *The Gospel in a Pluralist Society*, 134.

34 Ibid., 233.

라의 징표를 드러낸다.

그러면 뉴비긴은 선교를 어떻게 이해하고 있었는가? 앞에서 뉴비긴의 교회 이해를 설명하면서 자연스럽게 드러나기도 했지만, 좀 더 구체적으로 살펴보자. 뉴비긴의 선교신학은 특별히 교회와 선교의 상호 관계를 중시한다. 따라서 그는 이 두 가지 곧 교회와 선교를 이분법적으로 구분하려는 시도에 대해서 비판적인 입장을 취했다. 그러나 기존의 논의가 주로 교회의 내적 사역에 초점을 맞추고 있고, 선교를 기껏해야 교회가 행하는 외적 사업이나 행위로 간주하고 있는 현실을 비판하고, 교회의 존재 자체가 선교적 본질을 지닌다는 사실을 밝힌 점은 그의 탁월한 신학적 공헌이 아닐 수 없다. 선교란 결코 "교회의 외적인 활동" 또는 "다른 어딘가에서 수행되는 활동"으로 이해될 수 없으며, 오히려 "교회 자체가 선교"라고 말해야 한다.[35] 선교는 교회의 본질을 구성하는 요소이기 때문에 결코 특정한 활동이나 사업 또는 프로그램으로 변질될 수 없다.

이렇게 선교를 교회의 본질로부터 분리해서 이해하려는 어떤 시도도 거부하는 뉴비긴은 다음과 같은 말로 그 당시 많은 교회가 수용하고 있던 왜곡된 선교 개념을 비판하였다. "그들은[그 교회들은], 선교의 의무란 교회의 내적 필요를 충족시킨 **다음에** 수행할 일이라는 생각, 현장으로 나가기 전에 먼저 기존의 이득을 공고히 해야 한다는 생각, 범세계적인 교회는 기업체를 운영할 때와 똑같이 자원과 비용을 신중하게 계산하면서 세워야 한다는 생각을 당연하게 여긴다."[36] 이와 같이 이해득실을 따지는 선교는 지극히 인간적이고 이기적일 수밖에 없다. 이런 사고방식은 교회가 가진 선교적 본질을 간과하는 오류를 범하게 만든다.

그러나 뉴비긴은 여기에 머물지 않고 좀 더 균형 잡힌 선교 이해를 추구

---

35 Lesslie Newbigin, *Open Secret*, 1-2.
36 Lesslie Newbigin, *The Household of God* (Cumbria, UK : Paternoster, 1998), 195.
   [Original : London, SCM, 1953]

하였다. WCC의 입장이 반영된 그의 선교신학에서 선교의 영역은 그리스도 인들이 세속사회에서 성취해야 할 그 무엇으로 확장된다. 그것은 단순히 불신자들을 교회의 신자로 만드는 차원을 뛰어넘는다. 다시 말해서 선교는 "각 개인을 단지 사적이고, 자신에게 익숙한 삶의 영역에만 관심을 가지는 기독교 제자로 만드는 것"[37] 또는 "교회확장"church extension[38]으로 축소될 수 없다고 본 것이다. 뉴비긴은 제자도의 중요성을 인정했음에도 불구하고 교회성장학파와 롤랜드 앨런Roland Allen의 신학에 대해서 비판적인 입장을 취했다.[39] 전자는 수적 성장을 강조함으로써 선교의 개념을 왜곡시켰으며, 후자는 선교를 단지 교회들을 세우는 설립하는 과정으로만 규정함으로써 선교 자체의 개념을 축소시켰다는 것이다.

정리하자면, 뉴비긴의 관점에서 선교는 복음전도와 교회개척에 머물지 않고 오히려 세상 안에서 뚜렷하게 복음의 능력과 하나님 나라의 징표를 드러내는 것으로 확대되어야 한다. 뉴비긴의 신학에서 이런 생각들이 가능했던 것은 그가 하나님의 선교 개념을 선교 이해의 인식론적 근거로 삼았기 때문이다. 하나님의 선교 개념을 올바르게 이해하기 위해서 뉴비긴은 구속신학의 관점뿐만 아니라 창조신학의 관점도 함께 사용하고 있다. 따라서 그는 하나님의 선교를 올바르게 수행하기 위해서 교회와 문화 사이의 관계를 정확히 파악해야 한다고 믿었다. 세상을 창조하시고 다스리시는 하나님은 교회 안에만 머무르시지 않고 신자들과 불신자들이 함께 뒤섞여 살아가는 세상 곧 그들의 사회와 문화 속에서 활동하시고 역사하신다. 따라서 선교는 세상 가운데서 그런 하나님의 의도와 계획이 반영되고 드러나는 방식으로 수행되는 것이 당연하다.

더 나아가 뉴비긴의 선교적 교회론에서 지역교회의 중요성이 매우 크게

---

37 Ibid., 222.
38 Lesslie Newbigin, *Open Secret*, 139.
39 Ibid., 126, 134.

부각된다는 점을 지적할 수 있다. 복합적인 선교 관계 속에서 그는 "특정한 장소의 교회"the church of a place 곧 지역교회를 하나님의 선교를 수행하는 다양한 도구 중의 하나로—어떤 의미에서는 가장 중요한 도구로—꼽았다. 각 지역교회는 자신이 붙박고 있는 문화적 상황 속에서 선교적 사명을 감당해야 한다. 여기에서 그 사명은 공적 세계에서 복음의 우위권을 확보하는 것과 관련되어 있다. 이를 위해서 회중—달리 말하면 교회—은 사적 세계뿐만 아니라 공적 세계에서 "복음의 유일한 해석자"the only hermeneutic of the gospel로 기능해야 한다.[40] 물론 교회가 복음을 해석하는 주체로서 기능하는 일이 모든 지역교회에 자동적으로 주어지는 것은 아니다. 교회는 이런 책임을 감당하기 위해서 반드시 성경이 말하는 진정한 공동체 곧 세상과 뚜렷하게 구분되는 새로운 생활방식을 실천하는 집단으로 거듭나야 한다.

여기에서 뉴비긴이 강조한 새로운 삶의 방식은 오늘날 선교적 교회론이 새로운 방향으로 발전하는 데 큰 영향을 미쳤다. 현대 사회에서 다양한 집단이 서로 경쟁하고 있고 그들 가운데서 다른 집단들에 비해 뚜렷하게 다른 차별성을 발견하기 어려운 상황에서 지역교회의 새로운 생활방식은 역동적인 선교의 근거가 된다. 이런 점에서 변화된 성품을 경험한 공동체만이 세상을 변혁할 능력을 갖출 수 있다. 공동체의 변화된 삶의 모습이 세상에 영향을 끼친 좋은 예로 1세기의 초대교회를 들 수 있을 것이다. "사도의 가르침을 받아 서로 교제하고 떡을 떼며 오로지 기도하기를" 힘쓰며 "믿는 사람이 다 함께 있어 모든 물건을 서로 통용하고 또 재산과 소유를 팔아 각 사람의 필요를 따라 나눠"주는 초대교회 신자들의 삶은 예루살렘 주민들을 두렵게 만들 정도로 강력했다. (행 2:42-45) 하나님을 향한 신뢰와 찬양, 하나님께서 그분의 백성에게 원하시는 것에 대한 양육과 훈련, 그리고 신자들 사이의 친밀한 교제로 이어지는 내적인 삶은 변화된 성품을 형성한다.

---

40 Lesslie Newbigin, *The Gospel in a Pluralist Society*, 227.

그러나 변화된 성품의 공동체는 단지 내적인 삶에서만 비범한 모습을 보이지 않는다. 그들의 변화된 성품은 교회의 울타리를 넘어 일상적 삶의 세계에서도 그대로 드러나야 한다. 뉴비긴은 신자들의 일상생활을 제사장직을 수행하는 과정이고 이런 삶의 과정 자체가 선교적 실천이라고 해석하였다.[41] 특별히 그는 개별적인 그리스도인 또는 교회 공동체가 세상 가운데서 행하는 선교적 실천은 사적인 영역을 넘어 공적인 영역에까지 확산되어야 한다고 믿었다. 이와 같이 교회의 존재와 성품 자체가 선교의 근거가 된다는 점과 그것이 일상적 삶의 세계에서 자연스럽게 드러날 때 하나님의 선교가 역동적인 힘을 얻을 수 있다는 뉴비긴의 통찰은 훗날 GOCN을 비롯한 현대 선교적 교회론자들의 사상 형성에 큰 영향을 미쳤다.

'참된 교회를 지향하는 교회', 교회의 본질을 위해 끊임없이 변화해야 한다

앞서 언급한 호켄다이크나 맥가브란의 신학은 현대 선교적 교회론과 연결될 수 있는 단초들을 가지고 있었지만 여전히 진보와 보수라고 하는 양측의 진영 논리에 갇혀 있었기 때문에 뚜렷한 한계를 드러낼 수밖에 없었다. 이들과는 달리 뉴비긴은 최근에 논의되고 있는 현대 선교적 교회론의 출발점으로 여겨질 만큼 매우 중요한 화두와 이슈들을 제시해주었다. 그런데 그가 진보적 신학을 대변하는 WCC의 형성과 발전에 깊이 관여했던 경험에서 짐작할 수 있듯이 그의 선교적 교회론은 정치, 경제, 문화 등 사회의 현실적인 문제에 적극적으로 개입하는 것을 하나님의 선교에 참여하는 것으로 여긴다.

반면에 찰스 밴 엥겐은 그가 로잔신학의 형성에 중추적인 역할을 한 풀러신학교 Fuller Theological Seminary의 교수로 재직하고 있다는 사실에서 유추해 볼 수 있듯이 복음주의적 관점에서 선교적 교회론을 전개한다. 뉴비긴과 밴 엥겐의 차이가 무엇인지에 대해서는 좀 더 심층적인 연구가 필요하겠지만 우

---

41 Ibid., 230.

선 여기에서는 밴 엥겐이 자신의 저서에서 뉴비긴의 태도와 같이 사회정의와 평화를 선교의 중요한 과제로 언급하지 않는다는 점만 지적하고 넘어가자. 어쩌면 뉴비긴의 신학은 진보주의를 상징하는 사회행동 social action 에 초점을 두고 있고, 밴 엥겐의 신학은 복음주의를 상징하는 사회봉사 social service 에 초점을 두고 있다고도 말할 수 있을 것이다.[42] 또한 밴 엥겐은 복음적인 관점에서 전도와 교회개척을 선교의 중요한 과제로 인식하고 있기도 하다.

밴 엥겐의 선교적 교회론에서 가장 기본이 되는 요소는 다름 아닌 지역교회이다. 그는 자신의 책 『하나님의 선교적 백성』에서 지역교회의 선교적 중요성을 재발견하고 지역교회가 어떻게 자신이 속한 지역사회에서 선교적 역할을 할 수 있는지를 다룬다. 선교적 교회론에 관한 그의 논증에는 교회와 선교 사이에 상보적인 관계가 있다는 전제가 항상 깔려 있다. 그에 따르면 "우리는 교회의 본질을 고려하지 않은 채 선교를 이해할 수 없으며, 반대로 선교를 고려하지 않은 채 교회를 이해할 수 없다."[43] 이는 교회가 행하는 다양한 선교 활동이 교회의 본질과 무관하게 이루어지고 있거나 개교회의 이기적인 성장과 확장에만 골몰할 뿐 정작 선교에는 관심도 두지 않고 행하지도 않는 왜곡된 현실을 비판하는 말이기도 하다.

또한 밴 엥겐의 선교적 교회론은 참된 교회에 관한 주제를 깊이 천착하고 있다. 다른 학자들과는 달리 그는 선교적 교회라는 주제를 전통적 교회론의 관점에서 생각한다.[44] 간단히 말해서 그에게 선교적 교회란 참된 교회를 지향하는 신앙 공동체를 뜻한다. 그는 교회의 네 가지 속성—통일성 unity, 보편성 catholicity, 거룩성 holiness, 사도성 apostolicity—은 분리될 수 없고 오히려 서로 밀접하게 연관되어 있다고 말한다.

---

42 C. Peter Wagner, *Church Growth and the Whole Gospel* (San Francisco: Harper and Row, 1981), 35-36.
43 Charles Van Engen, *God's Missionary People*, 30.
44 Ibid., 47-58.

그는 특별히 교회의 선교적 양상을 직접적으로 가리키는 사도성이 어떻게 다른 세 가지 속성과 관련되는지를 설명한다. 첫째, 교회의 통일성과 관련된 선교는 교회의 신자들이 하나 됨을 가리키는데, 그것은 내적으로 그리스도의 몸에 연합되어 있을 뿐만 아니라 외적으로 그들의 은사를 따라 섬기는 일에 서로 하나 됨을 뜻한다. 이 경우에 선교는 네 가지 종류의 성장—수적인 성장, 유기적이고 영적인 성장, 봉사diakonia의 성장, 신학적 성장—을 포괄하는 "좀 더 큰 통일성 내에서의 성장"growth in greater oneness을 의미한다.[45] 둘째, 교회의 거룩성과 관련된 선교는 거듭난 신자들이 세상에서 빛의 자녀로서 거룩하게 삶으로써 하나님 나라의 확장에 기여하는 것을 가리킨다. 이때 사랑은 거룩성을 평가하는 중요한 요소가 된다. 셋째, 교회의 보편성과 관련된 선교는 그리스도의 복음이 특정한 사람 또는 부류를 제외하지 않고 세상의 모든 사람에게 공평하게 선포되어야 함을 뜻한다. 이는 또한 교회가 모든 사람에게 개방된 공동체일 뿐만 아니라 누구나 쉽게 그리스도의 몸에 연결될 수 있을 만큼 보편적이어야 함을 뜻하기도 한다.

이와 더불어 밴 엥겐은 지역교회와 그 구성원들이 선교적 사명을 수행하고자 할 때 구체적으로 어떤 목적을 가져야 하는지를 성경적 관점에서 설명한다. 그는 선교적 교회의 조건을 다음과 같이 말한다. "선교적 교회는 교회가 코이노니아koinonia, 케리그마kerygma, 디아코니아diakonia, 마르티리아martyria를 통해 세상에 존재하는 삶의 방식을 이해하고 참여하는 교회 구성원들이 증가할 때 나타난다."[46] 한 가지씩 살펴보자면, 코이노니아는 그리스도께서 주신 사랑의 계명에 기초하며 기본적으로 다른 목적들을 지원하는

---

45 밴 엥겐은 그의 박사학위 논문 "참된 교회의 성장"(The Growth of the True Church)에서 전통적인 신학에서 말하는 참된 교회의 네 가지 표지(表識)에 '수적 성장에 대한 열망'(yearning for numerical growth)이 추가되어야 한다고 주장하였다. 물론 이것은 회심에 의해 하나님 나라의 구성원들이 점점 더 늘어나는 것을 의미한다. Charles Van Engen, *The Growth of the True Church* (Amsterdam: Rodopi, 1981), 451.
46 Charles Van Engen, *God's Missionary People*, 89.

역할을 한다. 케리그마는 그리스도의 주 되심과 관련이 있으며 "필연적으로 교회의 케리그마 선포가 이루어지는 장이요 대상인 세상을 향한 외향적 운동을 수반한다."[47] 디아코니아는 세상을 향한 봉사를 뜻하며, 마르티리아는 모든 문화적 상황 속에서 주님의 증인이 되는 것을 가리킨다.

이런 점에서 선교적 교회에 관한 그의 네 가지 정의는 매우 인상적이다. "(1) 선교적 교회The missionary Church는 교회가 되고자 하는 **본래의 모습**을 뜻한다. (2) 선교적 교회는 본래의 모습을 **찾아가는 과정** 속에 있는 교회를 뜻한다. (3) 선교적 교회는 **본래의 모습** 이상의 그 무엇이 될 수 없다. (4) 선교적 교회는 본래의 모습을 **찾아가는 과정** 속에 있는 교회 이상의 그 무엇이 될 수 없다."[48] 따라서 지상에 존재하는 지역교회들은 불완전함에도 불구하고 참된 교회가 되려는 열망을 가지고 교회의 본질을 구현하기 위해 끊임없이 변화해 나감으로써 선교적 교회가 될 수 있다.

3. GOCN의 선교적 교회론

앞에서 GOCN 이전에 출현한 선교적 교회론에 대해서 살펴보았다. 네 학자들의 사상을 고찰하였는데, 물론 어떤 사람들은 그들 중 일부를 선교적 교회론자로 말하는 것에 대해서 불편하게 생각할 수도 있을 것이다. 그러나 만약 그렇게 생각하는 사람이 있다면 그것은 어느 특정한 견해만을 선교적 교회론으로 생각하는 편견에 빠져 있다는 증거가 될 것이다. 대부분의 주제가 그렇듯이 선교적 교회론 역시 넓은 스펙트럼을 가지고 있다. 그것들은 각각의 고유한 상황에서 다양한 형태로 출현하고 발전한다. 그리고 그것들은 전체 역사 속에서 상호작용하면서 서로를 보완하고 서로에게서 배운다.

GOCN의 선교적 교회론도 그런 다양한 이론 중 하나이다. 하지만 그것

---

47 Ibid., 93.
48 Ibid., 44.

은 잊혀가던 선교적 교회론을 뉴비긴에게서 새롭게 재발견하고 그들의 사회
문화적 상황으로 끌어들여 발전시켰다는 점에서 매우 중요하다. 오늘날 선
교적 교회론이 몇몇 다른 사람들에 의해서도 전개되고 있지만 GOCN은 이
제 갓 출발한 현대 선교적 교회론이 형성되는 데 매우 중심적인 역할을 하였
다. 따라서 GOCN은 현재의 조건에서 미래의 더 큰 발전을 도모하려는 사
람이라면 누구든지 반드시 거쳐야 할 관문이 되었다.

선교적 교회론의 신학적 기본 전제는 무엇인가

GOCN의 선교적 교회론은 기본적으로 교회에 관한 주제들을 다룬다.
그러나 그 그룹에 속한 사람들은 단순히 기존 교회론 교과서에 수록된 내용
을 앵무새처럼 반복하기를 거부하고 선교적 관점에서 새롭게 이해하고자 한
다. 그런데 이런 시도에는 특정한 신학적 전제들이 있으며, 그것들은 그들의
교회론을 지탱하고 이끌어가는 동력으로 작용한다. 따라서 선교적 교회에
관한 GOCN의 견해를 살펴보려면 먼저 그것의 신학적 전제들을 살펴보는
것이 그 이론의 고유한 성격과 방향성을 이해하는 데 도움이 될 것이다.

• 하나님 나라

첫 번째로, 하나님의 구속적 통치를 의미하는 하나님 나라 개념을 언급
할 수 있다. 교회를 이해하려면 누구나 하나님 나라를 이해하는 것으로부
터 시작해야 한다. 이 점에 관해서 날카롭게 지적한 칼 바르트 Karl Barth 의 언
급은 참으로 의미심장하다. "만일 신앙 공동체가 하나님의 나라에서 나오지
않고 또 그것을 향해 나아가지 않는다면, 다시 말해서 하나님의 나라가 현
재의 과도기적 이동 과정에 현존하지 않는다면 그 신앙 공동체는 아무것도
아니다."[49] 심지어 교회가 크게 성장했을지라도 만약 그 성장이 하나님 나

---

49 Karl Barth, *Church Dogmatics*, vol. IV/2 (trans.) Geoffrey W. Bromiley
(Edinburgh: T. and T. Clark, 1958), 656.

라와 무관하다면 아무런 의미가 없다. 교회는 철저하게 하나님 나라의 특성을 드러내는 기관이 되어야 한다.

지리적·장소적으로 제한되지 않는 하나님 나라는 단지 하나님의 주권과 통치가 드러나는 곳에서 포착될 수 있는 개념이다. 밴 겔더에 따르면, "하나님의 구속적 통치는 교회의 본질과 사역과 조직을 규명하는 기초가 된다."[50] 물론 하나님 나라에 관해서는 신학적 입장에 따라 다양한 해석이 존재한다. 어떤 그룹에서는 내면적 차원을 강조하며, 어떤 그룹에서는 사회적 정의의 차원을 강조하기도 한다. 그러나 GOCN의 선교적 교회론이 강조하려는 것은 하나님의 구속적 통치로서의 하나님 나라이다.

GOCN의 선교적 교회론이 강조하는 교회의 본질은 바로 하나님 나라에 대한 경험과 직결되어 있다. 그런데 그 하나님 나라의 핵심 개념에 하나님의 통치 곧 인간의 삶에 개입하시는 하나님의 능력이 있다. "하나님 나라의 기본 개념은 하나님께서 예수 안에서 구속의 능력에 기초하여 생명을 회복시킨 권세로 인간의 역사에 강력하게 개입하셨음을 의미한다."[51] 강조점은 하나님의 통치권 자체에 있다. 여기에는 교회를 단지 제도적·기능적·조직적 차원에 국한시켜 이해하려는 왜곡된 시도들을 극복하려는 의도가 담겨 있다. 하나님 나라 개념은 오늘날 교회의 발전을 단지 건물의 크기, 재정 규모, 교인 수로만 판단하려는 잘못된 경향을 비판한다.

• 하나님의 선교

둘째, 하나님 나라 개념과 함께 GOCN이 그들의 선교적 교회론을 구성하기 위해 중요하게 취급하는 개념은 하나님의 선교 misiso Dei 개념이다. 이 개념은 인간의 선교 missio Hominum 나 교회의 선교 missiones Ecclesiarum 와 대조되는 것으로서 하나님 자신이 직접 선교의 동기와 수단과 목표가 되신다는

---

50 크레이그 밴 겔더, 최동규 역, 『교회의 본질』 (서울 : CLC, 2015), 119.
51 Ibid., 120.

것을 천명한다.[52] 기독교 선교 역사에서 인간과 교회를 선교의 주체로 여기던 시기가 있었다. 그 결과, 하나님의 관점보다는 인간과 교회의 이해관계를 따라 선교 사업이 진행되는 부작용이 생겨났다. 시간이 흘러 이런 역사적 과오에 대한 성찰이 이루어지게 되었으며, 이를 계기로 하나님 나라의 개념으로부터 선교를 조명하고 하나님의 주권lordship을 강조하는 선교 개념이 출현하게 된 것이다.

이 하나님의 선교 개념은 모든 인간의 선교와 교회의 선교를 더는 독자적으로 생각하도록 내버려 두지 않고 하나님의 주권 아래 종속시킨다. 뉴비긴에 따르면, "사실, 교회의 선교는 예수를 주로 고백하는 것이 모든 새로운 백성들이 각각 자신의 언어로 진정한 고백을 하게 하시는 성령의 그런 활동에 대한 교회의 순종적인 참여이다."[53] 달리 말하자면, 인간의 선교와 교회의 선교는 궁극적으로 삼위일체 하나님의 선교에 동참할 때만이 의미를 지닌다. 따라서 선교적 교회론은 모든 인간과 교회의 선교적 활동과 행위를 하나님 중심의 선교 개념 안으로 이동할 것을 촉구한다.

• 지역교회의 중요성

셋째, GOCN은 추상적이고 비가시적인 교회보다도 지역사회에서 일정한 문화적 상황을 끌어안고 살아가는 지역교회의 중요성을 강조한다. 가톨릭교회가 지배하던 중세에는 '가톨릭'catholic이라는 단어가 암시하고 있는 바와 같이 보편적 교회의 개념을 중요하게 여겼다. 반면에 개신교에서는 제국주의적 선교 방식을 비판하면서 동시에 교회 중심의 선교까지 부정하는 오류를 범하기도 하였다. 그런데 20세기 중반 이후 지역교회의 선교적 의미를 재발견하려는 움직임이 나타났다. 이런 신학적 성찰에 기여한 사람들 중에

52 Georg F. Vicedom, *The Mission of God*, trans. Gilbert A. Thiele and Dennis Hilgendorf (Saint Louis, MO: Concordia Publishing House, 1965), 5-6.
53 Lesslie Newbigin, *The Open Secret*, 20.

가톨릭 신학자이면서도 개신교 신학에 많은 영향을 준 한스 큉Hans Küng이 있다. 그는 양자의 균형을 유지하면서도 그동안 잊혔던 지역교회의 특수성을 재발견해냈다.

> 지역교회는 단순히 교회the Church에 **속한**belong 것이 아니라 그 자체로 교회이
> 다is. 전체 교회the whole Church는 오직 지역교회와 그것의 구체적인 행위의 관점
> 에서 이해될 수 있다. 지역교회는 전체 교회의 작은 세포가 아니다. 그것은 전체
> 를 대표하지 않으며 독자적인 목적을 지니지 않는다. 지역 상황 속에서 거기에
> 살고 있는 인간을 구원하기 위해 필요한 모든 것이 그 지역에 존재하는 실제 교
> 회에 주어졌고 약속되었다.[54]

물론 가시적 지역교회의 강조는 보편적·비가시적 교회와 분리해 생각해서는 안 된다. 두 개념은 함께 고려되어야 한다. 지역 공동체 내에서 하나님의 선교를 수행하는 가시적 교회는 영적이고 신비한 비가시적 교회에 의해 완성된다. 더 나아가 가시적 지역교회는 하나인, 우주적 교회의 개념에 의해 통제되어야 한다. 이 관계는 지역교회가 결코 자기충족적일 수 없음을 의미한다. 따라서 지역교회의 발전은 항상 보편적 교회와의 관계 속에서 평가되어야 한다.

한 걸음 더 나아가서 GOCN의 선교적 교회론 형성에 지대한 영향을 미친 뉴비긴은 복음의 구체적인 전달을 위한 해석학적 역할이 회중 자체에 있다는 점을 역설하였다. 포괄적인 '하나님의 선교' 개념도 중요하지만 그것이 구체적인 현실성을 띠지 못하면 자칫 공허한 개념으로 전락할 수 있다. 바로 이 점에서 뉴비긴은 구체적으로 하나님의 선교를 수행하는 회중의 역할에 주목했던 것이다.

---

54 Hans Küng, *The Church,* trans. Ray and Rosaleen Ockenden (New York : Sheed and Ward, 1968), 85.

어떻게 해야 복음이 믿을 만한 것이 될 수 있는가? 어떻게 해야 사람들이 십자가에 달린 한 사람이 인간의 모든 일을 결정하는 최종적인 힘을 가지고 있음을 믿을 수 있단 말인가? 내 생각에 복음을 믿고 복음에 따라 사는 남자와 여자들로 이루어진 회중이야말로 복음의 유일한 해석자 the only hermeneutic of the gospel 요 유일한 해답이다. 55)

지역교회에 대한 앞선 학자들의 이런 연구에 힘입어 GOCN 그룹의 학자들은 하나님의 선교가 두루뭉술하고 모호한 방식이 아니라 구체적이고 지역적인 특성을 띠고 전개된다고 생각하였다. 밴 겔더에 따르면, "성경에서 성령의 실제적인 출현은 일차적으로 **구체적인 상황**과 신앙을 가진 **특정한 공동체**와 관련하여 나타난다." 56) 지역교회는 결코 자기충족적일 수 없고 완결된 하나님의 나라로 인식될 수 없지만 세상 가운데서 행하시는 하나님의 구속적 통치가 나타나는 하나의 표징이요 맛보기가 된다. 57) 이는 하나님 나라는 일차적으로 추상적인 형태로서가 아니라 지역사회 안에서 살아가는 지역교회의 삶을 통해서 드러난다는 것을 뜻한다.

• 공적 제자도

넷째, GOCN의 선교적 교회론은 근대 문화에 의해 축소된 개인주의적 신앙의 한계를 극복하는 공적 제자도 public discipleship의 개념을 강조한다. 데럴 구더는 그의 저서 『교회의 계속적인 회심』 The Continuing Conversion of the Church 을 통해서 기독교 역사 속에서 복음전도와 선교의 개념이 축소된 과정을 추적하고 있다. 58) 그에 따르면, 복음의 축소는 이미 4세기 콘스탄티누스

---

55 Lesslie Newbigin, *The Gospel in a Pluralist Society*, 227.
56 Craig Van Gelder, *The Ministry of the Missional Church* (Grand Rapids, MI: Baker Books, 2007), 25.
57 Ibid., 19.
58 Darrell L. Guder, *The Continuing Conversion of the Church* (Grand Rapids, MI:

교회 때부터 시작되어 현대에 이르기까지 지속적으로 이루어졌다. 특히 근대 이후 구원은 개인적 차원으로 전락해 버렸다. 축소된 복음은 하나님의 은혜를 속죄론과 결신주의로 제한한다.

더 나아가 공적 영역과 사적 영역이 분리되는 근대적 삶의 세계에서 복음의 영향력이 단지 사적 영역에 제한되는 현상은 오늘의 기독교가 직면한 위기와 직결된다. "제자도 discipleship 가 시민권 citizenship 에 흡수되고 있다."[59] 이 말은 제자로 살아가는 그리스도인의 삶이 더는 일반 시민의 삶과 구분되지 않는다는 것을 뜻한다. GOCN의 선교적 교회론은 이런 문제가 근본적으로 축소주의적 사고에서 비롯됐다고 본다. 지금까지 기독교의 복음은 사적이고 개인적인 영역에 갇혀 있었기 때문에 공적이고 사회적인 영역에서 하나님의 주권적 통치를 실현하려는 노력을 경주하지 못했다는 것이다.

따라서 GOCN의 학자들은 축소주의적 사고를 극복하고 복음전도와 선교의 온전성을 회복해야 한다고 말한다. 여기에서 선교적 회중이 되는 것은 기본적으로 성경적 가치에 기초하여 예수 그리스도의 인격과 삶을 따르는 제자화의 과정으로 묘사될 수 있다.[60] 그런데 그 제자화는 개인적 차원의 구원을 넘어 사회적 삶의 세계에서 선교적 사명을 다하는 공적 제자도를 가리킨다. 이런 생각의 이면에는 하나님의 은혜와 능력이 개인의 차원을 넘어 모든 공동체적 삶의 영역에 미친다는 인식이 깔려 있다.

개인적 제자도보다 공적 제자도가 기독교 신앙의 핵심이라는 주장은 다음과 같은 뉴비긴의 언급에서도 확인할 수 있다. "교회의 역할은 단순히 개인구원 곧 사적이고 개인적인 삶의 영역에만 관심을 갖는 기독교 제자 양성에 제한될 수 없다. 교회가 하나님 나라에 관한 메시지—그분이 만물과

Eerdmans, 2000).

59 George R. Hunsberger, "Missional Vocation: Called and Sent to Represent the Reign of God," in *Missional Church*, ed. Darrell L. Guder (Grand Rapids, MI: Eerdmans, 1998), 78.

60 Darrell L. Guder, "Biblical Formation and Discipleship," 59.

모든 민족을 다스리신다는 것—에 충실하려면 공적인 진리에 대한 우위권을 되찾아야 한다."[61] GOCN의 관점에서 볼 때 복음의 담지자로서 파송된 교회 공동체는 바로 이 삶의 세계 한가운데에 존재하고 있다. 따라서 교회는 단지 개인적이고 사적인 영역에 국한하지 않고 삶의 세계 중심부로 파고들어 세상을 변화시키는 주도적인 세력으로서 복음의 능력을 드러내야 한다.

선교적 교회론의 구성과 그 방법은 무엇인가

GOCN의 핵심 인물 중 한 사람인 크레이그 밴 겔더Craig Van Gelder의 이론은 신학적 차원에서 GOCN의 선교적 교회론에 내재해 있는 기본 요소를 파악하는 데 도움을 준다. 그는 교회론과 선교학의 관심이 서로 교차하는 영역에서 선교적 교회론의 정체성을 발견할 수 있다는 점을 강조하면서 (1) 교회의 본질, (2) 교회의 사역, (3) 교회의 조직을 선교적 교회론의 주요 주제로 언급한다.[62] 이 주제들은 각각 교회는 무엇인가, 교회는 무엇을 하는가, 교회는 어떻게 자신의 활동을 구성하는가의 문제를 다룬다.

이 세 가지 주제는 서로 유기적으로 연관되어 있다. 교회는 근본적으로 하나님의 선교를 감당하는 선교적 본성을 지니고 있기 때문에 존재 자체가 선교적이어야 한다. 또한 교회는 존재하는 모습대로 행하기 때문에 교회의 모든 사역은 교회의 본질에 대한 이해로부터 나온 것이어야 한다. 그리고 교회는 자신이 행하는 사역에 기초하여 조직되어야 하기 때문에 교회의 조직역시 교회의 본질과 일치하도록 노력해야 한다.[63] 이미 눈치를 챈 독자들도 있겠지만 이 세 가지 주제를 언급할 때 중요한 것은 순서이다. 본질, 사역, 조직으로 이어지는 순서가 바뀌지 않는 것이 중요하다.

---

61 Lesslie Newbigin, *The Gospel in a Pluralist Society*, 222.
62 크레이그 밴 겔더, 『교회의 본질』, 61.
63 Ibid., 238.

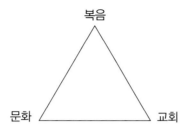

복음

문화   교회

다른 한편, (위의 도표에서 보는 바와 같이) 복음과 교회와 문화의 유기적 상호연관성에 입각하여 선교의 문제를 다루는 방식은 GOCN의 선교적 교회론을 구축하는 중요한 방법론이 된다. [64] 이 삼각 모델은 조지 헌스버거 George R. Hunsberger에 의해 구성된 것이기는 하지만, 엄밀하게 말하자면 기독교적 중심성을 잃어버린 영국 사회에서 교회가 어떻게 세상의 문화적 도전에 반응해야 하는지를 탐구했던 뉴비긴에게서 온 것이다. 교회는 복음과 문화와의 상호관계성을 지니고 있다. 교회는 복음중심적인 공동체로 존재해야 하며, 그것의 선교적 본성을 따라 세상 또는 문화 가운데에서 복음의 전달자로 살아가야 한다. 이때 '에클레시아' ecclesia로서의 선교적 회중은 자신이 처한 문화적 환경 속에서 복음의 해석자로서 기능한다. [65] 그것은 단순히 복음의 적합성을 추구하는 것을 넘어서 사적 세계로 밀려난 신앙과 진리의 차원을 공적 세계 안에서 밝히 드러나도록 힘쓰는 모든 노력을 가리킨다.

GOCN이 말하는 '선교적 교회'란 무엇인가

그렇다면 GOCN이 말하는 선교적 교회란 구체적으로 무엇을 뜻하는가? 사실, 밴 겔더가 지적했듯이 '선교적'이라는 용어가 여러 그룹에 의해 다양한

---

64 George R. Hunsberger, "The Newbigin Gauntlet : Developing a Domestic Missiology for North America," in *The Church Between Gospel and Culture*, ed. George R. Hunsberger and Craig Van Gelder (Grand Rapids, MI : Eerdmans, 1996), 9.

65 Lesslie Newbigin, *The Gospel in a Pluralist Society*, 227.

의미로 사용되고 있기 때문에[66] GOCN이 의도하는 선교적 교회의 개념을 분명하게 파악해야만 그들이 말하는 선교적 교회론의 핵심을 제대로 짚어낼 수 있을 것이다.

GOCN의 선교적 교회 개념을 이해하고자 할 때 핵심 이슈는 'missional'이라는 용어의 사용이다. 이 용어는 GOCN에서 처음 사용하였기 때문에 이 용어의 사용 의도를 파악하면 그들의 선교적 교회론의 입장을 어느 정도 파악할 수 있을 것이다. 이 단어는 1998년『선교적 교회』*Missional Church*의 출판과 함께 공식적으로 사용되기 시작했다. 일반적으로 사용되는 'mission' 또는 'missionary'라는 용어 대신 'missional'이란 신조어를 사용하게 된 데에는 나름의 전략적 의도가 담겨 있었다. 이에 대해서 앨런 록스버그Alan J. Roxburgh와 스콧 보렌M. Scott Boren은 이렇게 말한다. "'mission'이란 단어의 끝에 'al'을 첨가함으로써 우리가 즉시 보지 못하고 이해하지 못하는 새로운 의미를 얻게 된다. 그 단어는 우리로 하여금 멈춰 서서 우리의 가정들을 점검하고 교회됨의 다른 방식이 있는지에 관해서 질문하도록 초대한다."[67]

기본적으로 GOCN에 속한 학자들은 '선교적'missional이라는 용어를 사용함으로써 기독교국가Christendom[68]와 근대문화에 기초한 낡은 사고방식을 극복하고 새로운 방식으로 사고하고 존재하는 교회 패러다임을 주창하

---

66 Craig Van Gelder, *The Ministry of the Missional Church*, 19.

67 Alan J. Roxburgh and M. Scott Boren, *Introducing the Missional Church* (Grand Rapids, MI: Baker Books, 2009), 30.

68 'Christendom'(크리스텐돔)이라는 용어는 학계에서 '기독교왕국', '기독교국가', '기독교세계', '기독교제국' 등 다양한 용어로 번역되고 있다. 이 용어는 기원후 4세기 콘스탄티누스 황제에 의해 기독교가 공인된 이후 기독교 신앙 또는 기독교 정치세력이 사회의 다양한 삶의 영역을 지배하고 통제하는 체제를 가리킨다. 중세와 근대 기독교국가에서는 이런 체제가 공식적으로 존재했지만 오늘날에는 존재하지 않는다. 하지만 기독교가 오늘날에도 과거와 같은 지위를 가지고 있다고 착각하는 사람들의 '크리스텐돔 사고방식'(Christendom mind-set)은 지금도 여전히 남아 있다. 종종 이런 사고방식을 가진 목회자와 신자들로 인해 기독교의 복음전도가 방해를 받는 사례가 많이 발생한다. Tim Chester and Steve Timmis, *Everyday Church: Gospel Communities on Mission* (Wheaton, IL: Crossway, 2012), 19를 참조하라.

고자 한다. 밴 겔더는 지금까지 기독교 역사에 나타난 교회의 패러다임으로 국교형 교회 the established church, 기업형 교회 the corporate church, 선교적 교회를 제시한다.[69] 국교형 교회는 "세상에서 하나님의 임재와 활동을 드러내는 일차적 장소"로서 존재한다. 이 패러다임은 기원후 4세기 이후 기독교왕국의 성립과 함께 시작되었다. 반면에 기업형 교회는 기능주의적 교회론에 입각하여 "세상에서 하나님을 위해 무언가를 성취하기 위한 의도와 목적을 지닌 조직"이다. 근대 이후 자발성에 기초하여 생겨난 다양한 선교단체와 교단이 여기에 속한다. 그리고 선교적 교회는 "세상에서 하나님의 선교에 온전히 참여하도록 부르심을 받고 보내심을 받은, 성령에 의해 창조된 사회적 공동체"를 말한다.

선교적 교회 개념에 관해서는 GOCN에 속한 학자들마다 설명하는 방식이 서로 다르기 때문에 간명하게 정의하는 일이 그리 쉽지는 않다. 그런데 여러 학자들 가운데 루이스 배럿 Lois Y. Barrett의 설명이 가장 포괄적인 내용을 담고 있는 것으로 보인다.

> 선교적 교회는 깨어지고 죄로 물든 세계 속에서 모든 것을 바르게 하고, 구속救贖하고, 하나님께서 세계에 대해 항상 의도해 오신 대로 회복하는, 하나님의 선교에 참여함으로써 형성되는 교회이다. 선교적 교회들은 자신을 보내는 존재로 생각하기보다 보냄을 받은 존재로 생각한다. 선교적 회중은 하나님의 선교가 회중이 행하는 모든 것—예배로부터 증거, 제자도를 위해 구성원들을 훈련하는 것에 이르기까지—에 스며들게 한다.[70]

이 정의는 '하나님의 선교', '보냄을 받은 존재', '선교적 회중' 등 선교적 교회론의 핵심 개념들을 활용하고 있다. 그런데 이 정의는 포괄적인 설명을 제

---

69 Craig Van Gelder, *The Ministry of the Missional Church*, 72.

70 Lois Y. Barrett, "So We Do Not Lose Heart," in *Treasure in Clay Jars: Patterns in Missional Faithfulness*, ed. Lois Y. Barrett (Grand Rapids, MI: Eerdmans, 2004), x.

시하고 있다는 장점이 있기는 하지만 너무 포괄적이기 때문에 구체적으로 이해하기 어렵다는 단점이 있기도 하다. 반면 록스버그와 보렌은 선교적 교회를 설명하면서 선교적 교회가 사전적으로 정의하기 어려운 포괄적 특성을 지니고 있다는 점을 지적하고, 오히려 선교적 교회가 아닌 경우에 대해서 말하는 부정否定의 방식을 채택한다. 이것은 폴 히버트 Paul Hiebert 가 설명하는 중심 집합 centered sets 의 인식 전략에 가까우며,[71] 본질적 속성의 경계를 확정짓지 않고 대상을 파악하려는 포스트모던 사유 방식에 해당한다. 록스버그와 보렌이 제시하는 선교적 교회에 관한 8가지 오해는 다음과 같이 요약된다.

(1) 선교적 교회는 타문화 선교를 강조하는 교회를 묘사하기 위한 용어가 아니다.
(2) 선교적 교회는 교회 밖 세상을 향한 봉사활동 프로그램을 사용하는 교회를 묘사하기 위해 사용된 용어가 아니다.
(3) 선교적 교회는 교회성장과 교회 효과성을 설명하는 또 다른 용어가 아니다.
(4) 선교적 교회는 전도에 효과적인 교회를 설명하는 용어가 아니다.
(5) 선교적 교회는 비전과 존재 목적에 대한 분명한 사명선언문을 개발한 교회를 묘사하는 용어가 아니다.
(6) 선교적 교회는 비효과적이고 시대에 뒤처진 교회 형식을 개선하여 넓은 문화에 적합하도록 만드는 어떤 방식을 뜻하지 않는다.
(7) 선교적 교회는 초대 또는 고대 방식의 교회됨을 가리키는 용어가 아니다.
(8) 선교적 교회는 전통교회에 흥미가 없는 사람들에게 복음을 전하고자 하는 새로운 형식의 교회를 묘사하는 용어가 아니다.[72]

GOCN의 선교적 교회론은 교회의 모든 활동과 프로그램이 교회에 대한 본질적 사고보다 앞서는 것을 철저하게 경계한다. "'선교적'으로 존재함

---

[71] Paul G. Hiebert, *Anthropological Reflections on Missiological Issues* (Grand Rapids, MI: Baker Books, 1994), 111-136을 참조하라.
[72] Alan J. Roxburgh and M. Scott Boren, *Introducing the Missional Church*, 32-33.

being missional은 좀 더 나은 방식의 '교회활동'doing church에 관한 것이 아니요 '교회' 그 자체에 관한 것이다."[73] GOCN에 속한 학자들은 근대문화의 산물인 기능주의적 교회론이 교회의 본질과, 그것으로부터 흘러나오는 교회의 사역과 조직의 순서를 뒤바꿔놓았다고 비판한다. 합리적 계획과 절차에 의한 회원 관리, 프로그램과 구조의 갱신 등 지나치게 인간주의적이고 조작적인 측면을 강조하면 하나님의 활동을 제한하게 된다는 것이다. 또한 생산과 소비의 구조에 초점을 맞춘 목회는 자칫 양적 성장을 성공의 척도로 삼는 종교적 소비주의religious consumerism의 오류에 빠질 수 있다고 비판한다.[74] 따라서 그들은 교회의 본질에 대한 성찰이 배제된 채 단순히 효율성과 방법론, 프로그램에만 매달리는 목회 행태를 거부한다.

록스버그와 보렌은 근대적 가치가 성경적 가치를 잠식한 결과로 나타난 모델로서 '끌어들이는 교회' the attractional church를 언급한다. 이 개념은 선교적 교회의 개념과 대조를 이루는데, 특별히 마케팅의 기법을 사용하여 신자들을 모으는 데 초점을 맞추는 교회를 말한다.

> 그러므로 '선교'와 '교회'라는 단어는 사람들을 끌어들이고attracts, 예배하고, 구비시키고, 다시 파송하는 교회를 정의하기 위해 사용된다. 물론 파송의 목적은 사람들을 끌어들이는 행사에 더 많은 사람을 데리고 오는 것이다. 이로 말미암아 사람들은 '선교적' 삶이 그들이 여태껏 해오던 것과 별반 다르지 않다고 결론짓는다. 대다수의 사람들은 교회에 참석하고, 몇몇 개인들만 선교 활동을 한다.[75]

끌어들이는 교회는 세상을 향해 나가는 것보다도 특정한 시간에 특정한 공간으로 오는 것을 강조한다. 좀 더 구체적으로 말하자면 교회가 단순히 특정한 지리적 공간에서 드리는 주일아침예배라는 행사로 축소된다. 이

---

73 Ibid., 72.
74 George R. Hunsberger, "Missional Vocation," 84-85.
75 Alan J. Roxburgh and M. Scott Boren, *Introducing the Missional Church*, 30.

런 개념 아래에서 신앙은 그 행사에 참석하는 것으로 완결된다. "이 행사에 오는 사람들은 특정한 사람들이 더 나은 삶을 사는 데 도움이 되는 **영적 상품과 서비스**를 제공하리라고 기대한다."[76] 복음에 대한 시장 지향적 이해는 끌어들이는 교회의 근본 철학을 구성한다. 단순히 사람들의 필요를 충족시켜주는 것이 사람들을 유인하는 요인이 될 때 복음에 대한 원형적 체험이 사라질 수 있다.

더 많은 사람을 어떻게 교회로 끌어들이느냐의 문제는 진정한 교회의 관심 사항이 될 수 없다. 아무리 많은 사람이 모여도 그들이 거듭나고 변화된 신자가 되지 않는다면 아무런 소용이 없다. 따라서 "선교적 회중은 단지 더 많은 구성원을 제도적 교회에 추가하는 것 대신에 예수를 위해 헌신된 제자들을 양성하는 일에 관심을 가진다."[77] 선교적 교회는 복음 또는 구원의 진리를 특정한 사람들만 독점하는 것에 대해서 비판적인 입장을 취한다. 오히려 세상 가운데로 들어가 아직 하나님의 은혜를 모르는 사람들에게 복음을 증언하고 그 능력에 의해 변화된 삶의 모습을 보여주는 데 관심이 있다.

그런데 재미있는 사실 하나는 록스버그와 보렌이 최근에 서구 사회에 확산되고 있는 이머징 교회들emerging churches 조차 '끌어들이는 교회'의 유형에 포함하고 있다는 것이다.[78] 그 교회들은 쇠락해가는 전통교회의 목회 형식으로부터 탈피하고 포스트모던 환경에 적합한 창의적 형식을 모색한다는 점에서는 긍정적이지만 그런 모든 활동이 필연적으로 선교적 삶을 형성하는 것은 아니라는 점에서 한계가 있다는 것이다.

하지만 이런 비판은 다소 과도하다. 왜냐하면 이머징 교회 운동은 스펙트럼이 매우 넓으며, 그중에는 선교적 삶을 지향하는 그룹도 많이 있기 때문

---

76 Ibid., 19.

77 Rick Rouse and Craig Van Gelder, *A Field Guide for the Missional Congregation* (Minneapolis: Auguburg Fortress, 2008), 60.

78 Alan J. Roxburgh and M. Scott Boren, *Introducing the Missional Church*, 33.

이다. 이들과는 달리 밴 겔더와 드와이트 샤일리Dwight J. Zscheile는 이머징 교회가 선교적 교회와 긴밀하게 연결되어 있다고 말한다. 그들에 따르면 "이머징 교회 운동과 선교적 교회 운동이 어느 정도 구분되지만, 이머징 교회 지도자들 중에는 정체성/본질을 교회와 그것의 사역을 이해하는 중요한 단서로 보는 사람들도 있다."[79] 이머징 교회가 선교적 교회와 어느 정도 연관성을 갖고 있느냐의 문제는 각 이머징 교회가 얼마나 선교적 교회의 삶에 참여하느냐에 달려 있다.

다른 한편, GOCN이 추진한 '발전하는 교회 모델들'Developing Congregational Models 프로젝트 보고서에 담긴 선교적 교회의 12가지 지표는 비록 완전하지는 않지만 선교적 교회를 이해하는 데 상당히 유익한 설명을 제공해 준다. 그 내용은 다음과 같다.

(1) 선교적 교회는 복음을 선포한다.
(2) 선교적 교회는 모든 구성원이 예수의 제자가 되기 위한 배움에 참여하는 공동체이다.
(3) 성경은 선교적 교회의 삶에서 규범적인 역할을 한다.
(4) 이 교회는 주님의 삶, 죽음, 부활에 참여하기 때문에 자신을 세상과 다른 집단으로 생각한다.
(5) 이 교회는 하나님께서 공동체 전체와 그 공동체에 속한 모든 구성원에게 주시는 구체적인 선교적 소명을 식별하려고 노력한다.
(6) 선교적 공동체는 그리스도인들이 서로를 향해 행동하는 방식에 의해 드러난다.
(7) 그것은 화해를 실천하는 공동체이다.
(8) 이 공동체에 속한 사람들은 서로를 사랑해야 할 책임을 지닌다.
(9) 이 교회는 환대를 실천한다.

---

79 크레이그 밴 겔더·드와이트 J. 샤일리, 최동규 역, 『선교적 교회론의 동향과 발전』 (서울: CLC, 2015), 38.

(10) 예배는 이 공동체가 기쁨과 감사로 하나님의 임재와 하나님께서 약속하신 미래를 경축하는 핵심적 행위이다.

(11) 이 공동체는 생생한 공적 증거를 행한다.

(12) 교회 자체는 하나님 나라의 불완전한 표현임을 인정한다.[80]

그렇다면 이런 선교적 교회의 개념은 어떻게 실행될 수 있는가? GOCN에 의한 선교적 교회 운동은 이제 막 출현하기 시작했기 때문에 아직 실천적 안내서가 충분하게 출간되지 않았다. 내가 알고 있는 한, 릭 루즈Rick Rouse와 크레이그 밴 겔더가 저술한 『선교적 회중을 위한 현장 지침서』A Field Guide for the Missional Congregation[81]는 기존의 교회를 선교적 교회로 변화시키기 위한 전략적 계획과 실행 방법들을 제시하고 있는 유일한 책이다.

그러나 GOCN의 학자들은 이런 실용적인 안내서들이 더 많이 나와야 한다는 점에는 동의하지만 선교적 교회의 개념을 특정한 프로그램과 모델로 환원하는 것에 대해서는 경계한다.[82] 그렇게 되면 프로그램과 모델이 교회의 선교적 역동성과 상상력을 말살하고, 대신 효율성과 성공의 가치만 난무할 것이기 때문이다. 모든 선교적 상황에 동일하게 사용되는 매뉴얼은 선교적 교회의 철학과 가치를 훼손할 가능성이 높다. 따라서 GOCN의 학자들은 무시간적 진리처럼 여기는 매뉴얼을 제시하기보다 각 지역교회가 환경에 맞게 현장화할 수 있는 원리와 가치를 제시하는 데 중점을 둔다.

---

80 Walter C. Hobbs, "Appendix-Method," in *Treasure in Clay Jars: Patterns in Missional Faithfulness*, ed. Lois Y. Barrett (Grand Rapids, MI: Eerdmans, 2004), 159-161. 호주 출신의 마이클 프로스트와 앨런 허쉬는 이 12가지 지표에 3가지 원리를 추가적으로 제시한다. 그들에 따르면 선교적 교회는 교회론의 측면에서 성육신적이며, 영성의 측면에서 메시아적이며, 리더십의 측면에서 사도적인 형태를 채택한다. Michael Frost and Alan Hirsch, *The Shaping of Things to Come: Innovation and Mission for the 21st-century Church* (Peabody, MA: 2003), 12.

81 Rick Rouse and Craig Van Gelder, *A Field Guide for the Missional Congregation* (Minneapolis, MN: Augsburg Fortress, 2008).

82 Alan J. Roxburgh and M. Scott Boren, *Introducing the Missional Church*, 22.

4. 선교적 교회의 도전 앞에 서다

지금까지 선교적 교회론에 관한 기본적인 내용을 역사적으로 살펴보고, 최근에 가장 뚜렷하게 부상하고 있는 GOCN 그룹의 선교적 교회론이 지닌 이론적 강점과 약점을 개괄적으로 다뤄보았다. 북미 지역에서 일어난 GOCN의 선교적 교회론은 학계와 목회 현장에 매우 신선한 도전을 주고 있다. 그들의 이론은 교회의 선교적 본질을 회복함으로써 진정한 선교와 교회 성장이 가능하다는 점을 일깨워준다. 그 이론에 따르면, 모든 교회의 사역과 조직은 교회의 본질로부터 흘러나와야 한다. 선교적 교회가 된다고 하는 것은 단순히 프로그램과 선교적 활동을 늘리거나 바꾸는 것을 의미하지 않는다. 그것은 교회 곧 하나님의 백성 전체의 삶 자체가 선교적 동력이 됨으로써 가능하다.

새롭게 출현하고 있는 이 신학 운동은 한국에서도 다양한 기독교 집단에 영향을 미치고 있다. 우선적으로 이 운동은 해외선교와 시혜적 행위에 초점을 둔 기존의 선교 패턴에 염증을 느끼고 대안적 선교를 모색하는 사람들에게 적절한 신학적 기초를 제공하고 있다. 목회자들 중에는, 목회자는 언제나 교회 공동체를 돌보는 전임사역만 해야 되고 교회 재정으로부터 생활비를 받아야 된다는 사고방식을 깨뜨리고 직접 직업 현장으로 뛰어드는 사람들도 생겨나고 있다. 이렇게 제도적 틀을 깨뜨리는 경우 외에 교회가 지역사회를 품고 돌보는 사례도 생겨나고 있고, 협동조합이나 사회적 기업 등과 같이 다양한 방식으로 경제적·문화적 현실에 뛰어드는 사례도 생겨나고 있다.

선교적 교회론은 이런 특수한 영역뿐만 아니라 기존 교회와 목회에도 신선한 영향을 미치고 있다. 그러나 한국에서 기존 교회의 반응이 주로 대형교회를 중심으로 일어나고 있다는 점은 다소 아쉽다. 왜 주로 대형교회에서 선교적 교회론에 관심을 가지고 소형교회에서는 선교적 교회론을 외면하는가? 모든 대형교회가 그런 것은 아니겠지만, 어느 교회는 교회 이미지 또는 목회

이미지를 바꾸기 위한 전략으로 선교적 교회론에 관심을 가지기도 한다. 반면에 소형교회 목회자들 중에는 선교적 교회론을 '배부른 자의 신학'이라고 비판하며 거부하는 사람들도 많이 있다. 선교적 교회론에서 말하는 목회 방식이 낯설기도 하고, 설령 그렇게 한다고 해도 그 방식으로는 교회가 성장하기 어렵다고 생각하기 때문이다.

미래로 가는 길목을 막고 있는 걸림돌이 여기에 있다. 나는 기존 교회─대형교회든지 소형교회든지 간에─가 선교적 교회론을 붙들고 씨름을 해야 한국교회에 희망이 있다고 생각한다. 그러나 만약 앞에서 언급한 것처럼 선교적 교회론을 단지 자기 목회의 성공을 위한 도구 정도로 생각하는 태도는 정말 위험하다. 그것은 또 다른 위기를 불러올 뿐이다. 선교적 교회론이 기존 교회에 갱신 또는 변혁을 불러온다는 점에서 그것은 불편한 것임에 틀림이 없다. 하지만 적어도 자기 성공이 아니라 하나님의 성공을 꿈꾸며 어떤 희생을 치르고서라도 목회의 본질을 추구하겠다고 결심한 사람이라면 선교적 교회론을 붙들고 씨름해볼 것을 권한다. 교회는 본질적으로 늘 갱신되어야 하는 공동체가 아니었던가!

선교적 교회론은 결코 완성된 그 무엇이 아니다. 교회와 마찬가지로 그것은 끊임없이 변화를 추구한다. 지금까지 여러 신학적 배경을 가진 학자들이 선교적 교회론을 연구했지만 그것들은 결코 완결된 것들이 아니다. 오히려 선교적 교회론은 건전한 비판과 토론을 통해서 더 발전되어야 하며, 실천적인 영역에서도 다양한 현장에 접목되어야 한다. 이런 과정 자체가 선교적 교회론의 중요한 정신이기 때문에 만약 그리스도인들이 변화에 대한 두려움을 버리고 과감하게 자신을 던져 그 과정에 참여한다면 오늘의 문제를 극복할 뿐만 아니라 새로운 미래의 가능성을 보게 될 것이다.

/

선교적 교회론은
참된 교회로
거듭나게 한다

MISSIONAL
CHURCH

한국교회는 전 세계에 유례가 없을 정도로 빠른 성장세를 구가해 왔다. 세계의 많은 교회들이 배우고 본받아야 할 성장 모델을 찾기 위해 한국교회를 주목할 정도였다. 그러나 그 성장은 이면에 많은 문제점을 노출하였다. 양적 성장의 절대화, 개교회의 이기주의, 이동성장 중심의 성장 패턴, 과다 경쟁과 에큐메니컬 정신의 파괴 등이 대표적인 내용이라고 말할 수 있다. 이런 문제점들은 시간이 흐르면서 한국교회의 건강을 해치는 요인으로 작용하고 있다.

그렇다면 이런 문제들의 근본적인 원인은 무엇인가? 그것은 교회성장을 단순히 현상적이고 방법론적인 수준에서만 보았을 뿐 신학적 수준에서 검토하는 과정을 생략했기 때문에 발생한 것이다. 교회성장학은 전통적인 신학과 현대 사회과학의 학문적 결과들을 통합적으로 보는 특성을 가지고 있다. 피터 와그너C. Peter Wagner에 따르면, "선교학으로부터 강한 영향을 받은 교회성장학은 사회과학과 사회과학적 방법에 크게 의존하고 있다."[1] 사회과학의 결과들은 오늘날 교회들이 처해 있는 현대 사회문화적 환경을 이해하게 해 주고, 그 사회 현실 속에서 복음을 효과적으로 전달하는 방법을 모색하는 데 도움을 준다. 그러나 교회의 현실적인 문제들을 해결하기 위한 사회과학적 방법은 역사와 사회 전체의 지평에서 교회성장을 성찰하려는 노력이 보강될 때 균형 잡힌 교회성장학이 될 수 있다. 전자를 교회성장의 미시적 차원이라고 한다면 후자는 교회성장의 거시적 차원이라고 말할 수 있다.

도널드 맥가브란Donald A. McGavran의 "교회성장학은 기본적으로 일정한 신학적 입장 위에 서 있다."[2]라는 언급은 교회성장학의 토대 또는 출발점이 어디에 있는지 분명하게 알려준다. 교회성장은 신학적 수준에서 검토할 때 진정한 건강성을 확보할 수 있다. 신학적 수준에서 교회성장을 검토하는 일은 교회성장에 일정한 방향성과, 더 나아가 모든 방법론의 가치를 평가할

---

1 C. Peter Wagner, *Strategies for Church Growth* (Ventura, CA: Regals, 1989), 38.
2 도널드 맥가브란, 박보경·이대헌·최동규·황병배 공역, 『교회성장 이해』, 제3판, 피터 와그너 편집 (서울: 대한기독교서회, 2017), 34.

수 있는 기준을 제공한다. 엄밀히 말하자면, 미시적 차원에서 교회성장의 방법을 다루는 사회과학적 관점은 신학적 관점 아래 포괄되어야 한다.

그럼에도 불구하고 교회성장은 한국교회의 목회 현장에서 신학적 이해와 전혀 상관없는 어떤 것으로 왜곡되고 있다. 나는 이런 현상이 교회성장과 관련하여 현재 한국교회 전반에 나타나고 있는 문제들의 근원이라고 생각한다. 따라서 한국교회의 목회적 현실을 바르게 진단하고 미래적 대안을 모색하기 위해서는 반드시 올바른 교회성장을 위한 신학적 작업이 충분하게 이루어져야 한다.

이 장에서는 이러한 이해를 바탕으로 참된 교회의 성장을 위한 선교적 교회론의 기초를 탐구할 것이다. 이 작업을 위해 먼저 선교적 교회론과 교회성장의 관계를 다루고, 그 후에 참된 교회성장을 위한 선교적 교회론의 기본 주제들을 다룰 것이다. 오늘날 각 교회마다 교회성장을 위해 다양한 노력을 기울이고 있다. 그런데 교회가 바르게 성장하려면 반드시 교회가 복음이 필요한 세상에서 선교적 본질을 드러내야 한다. 여기에서 선교적 교회론은 그리스도의 몸인 신앙 공동체의 정체성과 방향성을 분명하게 제시하는 역할을 한다. 다시 말해서 그것은 다양한 교회성장의 노력을 '참된 교회의 성장'으로 이끌기 위한 토대를 제공한다. 따라서 교회의 진정한 성장을 추구하는 노력과 선교적 교회론은 결코 무관하지 않다.

특별히 이 장에서 전통적 교회론의 논의 가운데 참된 교회의 표지들을 교회성장과 연결하려고 하는 나의 시도는 큰 틀에서 찰스 밴 엥겐 Charles Van Engen의 관점과 그의 선행적 작업에 의존하고 있다. 그는 자신의 박사학위 논문 『참된 교회의 성장』 The Growth of the True Church 에서 교회성장이론의 교회론을 분석하면서 주로 '성장', 특히 수적 성장에의 열망 yearning for numerical growth 개념을 참된 교회의 표지에 추가하는 데 초점을 맞추고 있다.[3] 그러

---

3 Charles Van Engen, *The Growth of the True Church*, 403-453.

나 나는 이 장에서 교회성장에 관한 논의를 참된 교회의 표지들을 중심으로 또는 그 표지들의 빛 아래에서 해석하고자 한다. 왜냐하면 그렇게 함으로써 교회성장의 신학적 정당성을 확보할 수 있다고 믿기 때문이다.

1. 교회성장 운동과 선교적 교회론은 별개의 것이 아니다

종종 현장의 목회자들을 대상으로 선교적 교회론을 강의할 기회가 있는데, 강의를 듣고 난 뒤에 현장 목회자들은 내게 이렇게 질문하곤 한다. "선교적 교회론이 참 좋은 것 같습니다. 전통적인 목회 방식에 갇혀 있는 우리에게 큰 도전이 됩니다. 그런데 이론적으로는 매우 훌륭한데, 목회 현장에서 그것을 어떻게 적용하고 실천할 수 있을지 모르겠습니다."

나는 이 질문이 매우 현실적이라고 생각한다. 그들은 불신자들을 전도하기 위해 신자들에게 전도폭발 훈련을 시키고 총동원 전도를 실시한다. 목표를 정하고 그 목표를 달성하기 위해 효과적인 방법을 찾는다. 그런 그들에게 교회의 정체성과 선교적 본질이 중요하다는 점을 말하고, 다양한 활동위주의 선교를 비판하면서 일상적 삶과 기독교적 성품을 통한 선교를 강조하면 지금까지 해오던 목회 방법을 어떻게 이해해야 하는지, 그리고 앞으로는 어떻게 해야 하는지에 대해서 매우 혼란스러워 한다.

나는 이런 혼란의 이면에 교회성장신학과 선교적 교회론의 갈등이 있다고 생각한다. 대개의 경우 기존 목회를 고수하는 목회자들의 사고방식은 주로 교회성장신학에 뿌리를 두고 있다. 그런데 일반적으로 선교적 교회론자들은 교회성장신학과 선교적 교회론이 서로 조화될 수 없다고 생각하는 경향이 많다. 그들은 선교적 교회 운동이 교회성장 운동과 질적으로 다른, 새로운 패러다임의 신학적 작업을 하고 있다고 말한다.

나는 과거의 특정한 이론을 무비판적으로 맹종하는 것도 문제이지만, 과거의 유산을 통째로 포기하거나 부정하는 극단적인 태도 역시 문제라고 생각한다. 우리에게 필요한 것은 과거의 유산으로부터 긍정적이고 유익한 요소들을 찾아내 오늘에 맞게 재가공하는 온고지신溫故知新의 정신이다. 옛것은 새것과 대화하고 새것은 옛것과 대화할 때 새로운 미래를 열어갈 수 있다. 교회성장 운동 역시 마찬가지다. 그것은 비록 역사적 맥락 속에서 여러 가지 문제점을 노출하기도 했지만 긍정적인 요소 또한 많이 가지고 있다.

앞에서 살펴본 도널드 맥가브란과 찰스 밴 엥겐의 신학에서도 알 수 있듯이, 본래 교회성장신학에는 나름의 선교적 교회론이 있었다. 이들의 신학은 복음전도와 교회개척 등과 같이 교회 중심적인 요소들을 강조함으로써 뉴비긴과 GOCN의 선교적 교회론과 뚜렷하게 다른 양상을 보여주었다. 그러나 분명한 것은 그들이 자신들의 시대적 한계와 신학적 논리 안에서 교회의 선교적 본질을 설명하고 구현하기 위해 몸부림쳤다는 사실이다. 따라서 만약 오늘의 교회성장 운동이 본래적인 선교적 의도를 되살리고 근대 자본주의 문화에 물든 왜곡된 요소들을 걷어낸다면, 그리고 부족했던 신학적 주제들을 충분히 성찰함으로써 학문의 건전성을 확보한다면 얼마든지 새로운 교회의 미래를 열어가는 동력이 될 수 있을 것이다.

나는 오늘날 진행되고 있는 선교적 교회론에 관한 논의들이 그 신학적 성찰에 도움을 줄 수 있다고 믿는다. 그러므로 교회성장신학과 선교적 교회론 사이에 어떤 토론과 비판이 가능한지 따져보는 것은 나름 의미가 있는 작업이 될 것이다.

교회성장은 근본적으로 '선교적'이다

먼저 교회성장에 대해 변호하는 것에서부터 시작하는 것이 좋겠다. 교회성장은 선교적 교회와 어떤 연관성을 가지고 있는가? 이 질문은 교회성장에 대한 부정적인 인식을 가지고 있는 사람에게는 부질없는 것처럼 보일 것이다. 그러나 선교적 교회의 선교 개념이 이웃에 대한 사랑과 섬김, 지역사회와 사회적 이슈들에 대한 적극적인 참여, 일상생활에서의 공적 제자도와 같은 내용을 강조하는 GOCN의 선교 개념에 묶이지 않고 복음전도와의 균형을 고려하는 것이라면, 교회성장은 근본적으로 선교적 교회의 정신과 매우 가깝다고 볼 수 있다.

물론 그렇다고 해서 교회성장신학이 말하는 선교 개념이 완전하다거나 충분하다는 것은 아니다. 그것은 일정한 시대적 배경 속에서 생겨났기 때문에 시간이 흐른 오늘의 관점에서 보면 당연히 여러 가지 약점 또는 문제점이 파악될 것이다. 그러나 그럼에도 불구하고 계속해서 교회성장에 관해 말하는 이유는 그것에 담겨 있는 선교 개념이 오늘날에도 여전히 유의미하기 때문이다.

교회성장과 선교적 교회, 양자의 관계에 관해서는 여러 가지 의견이 있을 수 있다. 어떤 이들은 서로 조화를 이룰 수 없는 관계라고 말하기도 하고, 어떤 이들은 매우 긴밀하게 연결될 수 있다고 말하기도 할 것이다. 사실 이 둘의 관계를 제대로 규정하려면 먼저 '선교적'missional이란 용어의 의미를 정확하게 규명하는 작업이 선행되어야 한다. '선교적'이란 말에 어떤 의미를 담느냐에 따라 둘 사이의 관계는 단절될 수도 있고 연결될 수도 있을 것이다. 하지만 이 주제는 이 장의 흐름에서 벗어난 것이므로 다음 기회에 다루기로 하자. ('missional'의 의미에 관해서는 이 책 제5장에서 자세히 다룰 예정이다.)

그렇다면 교회성장에 담긴 선교적 의미는 무엇인가? 도널드 맥가브란에 의해 시작된 교회성장학은 처음부터 선교적 관심을 가지고 있었다. 교회성장에 대한 맥가브란의 생각이 그가 사역하던 선교지 인도에서 시작되었다는 것은 이미 널리 알려진 사실이다. 그가 생각하고 있던 본질적인 교회성장은 전 세계에 걸쳐 하나님의 잃어버린 자들이 주께로 돌아와 교회의 구성원이 됨으로써 이루어지는 현상이었다.

맥가브란은 하나님께서 진정으로 원하시는 뜻은 잃어버린 자들을 다시 찾는 것이라고 말했다. 에덴동산의 사건이 일어난 뒤부터 지금까지 하나님은 잃어버린 자들을 다시 찾아 자신과 화해하기를 바라고 계신다. 그는 성경에 나타난 하나님의 마음을 다음과 같이 설명하였다.

> 되찾으시는 하나님the finding God은 이들을 반드시 **되찾기** 원하신다. 다시 말해서 인간이 예수 그리스도와의 구속적인 관계에 이르고, 그분의 이름으로 세례를 받아, 하나님의 가족 구성원이 되기를 원하신다는 것이다. 하나님은 되찾을 수 있는 많은 양들이 산 위에서 낙오된 채 혹독한 바람에 떨고 있는 것을 기뻐하지 않으신다. 잃은 양들을 되찾으면 되찾을수록 하나님은 더 기뻐하신다.[4]

창세기로부터 요한계시록에 이르기까지 성경 전체를 관통하고 있는 주제가 바로 찾으시는 하나님이다. 맥가브란이 주장한 교회성장의 개념은 바로 이 찾으시는 하나님께 대한 충성스러운 순종이다. "교회 성장은 먼저 그리스도인들이 잃은 자들을 되찾는 일finding에 충성할 때 일어난다."[5] 그러므로 진정한 의미의 교회성장은 잃은 영혼들을 찾아 구원하시려는 하나님의 뜻을 이루어드리는 것이다. 종종 숫자에 대한 강조가 오해를 불러일으키기도 하지만, 그것은 믿지 않는 영혼들 가운데서 다시 주께로 돌아온 사람들이 많아지기를 바라는 마음에 기초한 것이지 결코 등록교인 수를 늘리려는 욕심에 기초한 것이 아니다.[6] 따라서 진정한 의미의 교회성장은 이동성장 transfer growth이 아니라 회심성장 conversion growth을 말한다.

이런 점에서 교회성장은 그리스도의 복음을 전파하는 선교의 개념에 잇닿아 있다. "교회성장은 예수 그리스도와 개인적인 관계를 맺고 있지 않은 사람들을 그분과 교제하도록 인도하고 교회의 책임 있는 구성원이 되도록 이끄

---

4 도널드 맥가브란, 『교회성장 이해』, 55.

5 Ibid., 31.

6 하나님의 나라에 초점을 맞춘 교회를 역설하는 진 밈스에 따르면, "수치를 하나님께서 역사하셨음을 입증하는 증거로 보는 데는 잘못이 없다. 위험은 수치를 사람이 아니라 통계학의 수단으로 보는 것과, 수치를 성장의 유일한 척도로 사용하는 데 있다." Gene Mims, *The Kingdom Focused Church* (Nashville, TN: Broadman and Holman, 2003), 90.

는 모든 활동을 의미한다."[7] 교회성장의 대중화에 앞장섰던 와그너가 진술한 이 정의는 교회성장이 복음전파와 관련된 선교적 활동임을 말하고 있다.

이 정의에 따르면, 교회성장은 무엇보다도 불신자들을 그리스도에게로 인도하는 복음전도에 기초하고 있음을 알 수 있다. 뒤에 나오는 교회의 책임 있는 신자가 되게 하는 것은 복음전도 다음에 온다. 그러므로 우선 중요한 것은 불신자들에게 복음을 전하는 일이요 그다음에 복음을 믿고 받아들인 사람들을 교회에 등록시켜 그리스도의 몸인 교회 공동체의 규모를 키워나가는 일이 교회성장인 것이다. 따라서 그리스도의 복음전파와 상관없이 이루어지는 교회성장은 진정한 교회성장과 거리가 멀다.

맥가브란은 교회성장에 대한 명확한 정의를 내리지 않았다. 하지만 교회의 성장을 평가하고 촉진하기 위한 다양한 질문을 제기해야 한다는 점을 강조하면서 "우리는 이런 질문들을 [교회의] 자기확대self-aggrandizement를 위해서가 아니라 하나님의 뜻을 좀 더 잘 행하기 위해서, 즉 그것을 보다 더 효과적으로 수행하기 위해서 묻는다."라고 말했다.[8] 그는 또 다른 저서에서 "따라서 우리는 선교를 협의적으로 **예수 그리스도의 복음을 선포하는 일과 사람들이 그의 제자가 되고 교회의 책임 있는 구성원이 되도록 설득하는 일에 헌신하는 것**으로 정의할 수 있다."[9]라고 선언함으로써 교회성장이 선교의 가장 중요한 부분을 구성하고 있음을 언급하였다. 따라서 교회성장은 교회의 선교적 활동에 의한 결과일 때에만 긍정적인 의미를 가질 수 있다.

이와 같은 논증은 진정한 교회성장이 선교적 교회의 발전 현상임을 분명하게 보여준다. "교회성장은 선교 과정 안에서 하나님께서 행하시는 구속적 선교가 드러나는 현상이다. 따라서 교회성장은 하나님의 선교를 성취하

---

7 C. Peter Wagner, *Your Church Can Grow: Seven Vital Signs of a Healthy Church*, 2nd edition (Ventura, CA: Regal, 1984), 14.

8 Donald A. McGavran and Winfield C. Arn, *How to Grow Your Church* (Ventura, CA: Regal, 1973), 68-69.

9 도널드 맥가브란, 『교회성장 이해』, 58.

는 구체적인 활동의 결과가 된다."[10] 극단적으로 말하자면, 하나님의 구속적 선교가 이뤄지지 않는 교회성장은 진정한 교회성장이 아니다. 신학적으로 볼 때 교회성장은 결코 절대적인 개념이 아니다. 그것은 선교의 잠정적인 목표로서 기능한다. 그러므로 "교회성장 자체를 절대적인 개념으로 상정하고 그것을 추구하는 것은 우상화의 위험에 빠질 수밖에 없다."[11] 교회성장은 하나님의 선교에 종속되어야 하며, 그렇게 될 때에만 의미를 가지기 때문에 그것은 선교적 교회의 개념과 직접적으로 연관되어 있다.

결론적으로, 선교적 교회론은 교회성장에 신학적 토대를 제공해 준다. 다시 말해서, 교회성장은 선교적 교회론에 기초할 때 건전하고 올바른 방향으로 나아갈 수 있다. 교회성장이 선교적 교회론의 영역 안에서 논의되어야 하는 중요한 이유는 교회성장이 교회의 선교적 본질을 드러내는 과정이기 때문이다. 그런 과정을 통해서 이루어지는 교회성장이야말로 교회성장의 본래적 정신을 드러낸다.

이 말은 교회성장이 교회가 본질적으로 가지고 있는 선교적 특성을 드러낼 때에만 의미가 있음을 의미한다. 한국에 만연해 있는 일반적인 교회성장에 대한 관념 중 빠져 있는 내용이 바로 이것이다. 이것은 오늘날 한국교회가 직면하고 있는 근본적인 문제이기도 하다. 교회가 아무리 외형적으로 크게 성장할지라도 선교적 교회로서의 본질을 드러낸 결과가 아니라면 그 가치는 평가 절하될 수밖에 없을 것이다.

왜 GOCN은 교회성장학을 비판할까

그렇다면 교회성장신학이 말하는 선교 개념에는 어떤 약점이 있는지 살펴보자. 그런데 약점이라 함은 어떤 특정한 관점에서 비판적으로 볼 때 약점이 된다는 뜻이다. 여기에서 사용할 비판적 도구는 당연히 선교적 교회론이

---

10 최동규, "올란도 코스타스의 통전적 교회성장론 연구," 「선교신학」 제23집 (2010) : 240.
11 Ibid., 241.

다. 나는 교회성장신학의 선교 개념을 비판하기 위해 GOCN 그룹의 선교적 교회론을 사용하고자 한다.

GOCN의 학자들은 대체로 교회성장 모델과 선교적 교회 모델을 대립적인 관계로 보는데, 그중의 대표적인 인물로 앨런 록스버그Alan J. Roxburgh와 스콧 보렌M. Scott Boren을 꼽을 수 있다. 이들은 선교적 교회가 아닌 경우들을 설명하면서 "선교적 교회는 교회성장과 교회 효과성을 설명하는 또 다른 용어가 아니다."라고 말함으로써 선교적 교회론과 교회성장을 구분하고자 한다.[12] 그들은 선교적 교회 운동이 교회성장 운동과는 전혀 다른 신학적 기반에서 출발하고 있다고 주장한다.

그들에 따르면 교회성장을 추구하는 교회들은 주로 전도와 교회개척을 강조하며, 효과성과 프로그램을 중요한 가치로 삼고 있다. 반면에 그들은 '선교적'missional이라는 용어의 의미가 결코 선교와 전도 프로그램 또는 활동으로 축소될 수 없음을 강조한다. "그것[선교적 교회]은 전도, 교회개척, 또는 커피숍에서 대화를 나누기 위해 누군가와 만나는 것을 새롭게 설명하는 단어 이상의 의미를 지닌다. 그것은 재구조화 또는 새 프로그램에 관한 것도 아니다. 선교적 교회는 교회됨에 대한 대안적 상상에 관한 것이다."[13] 이들은 교회의 본질에 관한 성찰과 실천이 모든 사역과 조직보다 중요하다고 보는 것이다.

크레이그 밴 겔더Craig Van Gelder 역시 둘 사이를 구분한다. 그는 교회성장 운동을 "교회의 목적/선교에 초점을 두는 운동"으로 규정하고 선교적 교회 운동은 "교회의 정체성/본질에 초점을 두는 운동"으로 분류한다.[14] 다른 어떤 저서에서는 교회성장 운동을 시장 주도적인market-driven 교회 또는 선교 주도적인mission-driven 교회로 보고 그것을 선교적 교회와 구분하기도 한

---

12 Alan J. Roxburgh and M. Scott Boren, *Introducing the Missional Church*, 32.
13 Ibid., 45.
14 크레이그 밴 겔더·드와이트 J. 샤일리, 『선교적 교회론의 동향과 발전』, 38.

다. [15] 여기에서 그가 말하는 '선교 주도적 교회'라는 용어는 복음의 가치보다는 선교 활동 자체에 더 치중하는 교회를 말한다. 선교 mission 가 선교 활동 missions 으로 전락해버린 상황을 가리킨다. 이러한 교회는 교회됨 being church 보다 교회활동 doing church 에 초점을 맞춘다.

밴 겔더는 이런 종류의 모델들이 기업형 교회 the corporate church 유형에 속한다고 생각한다. 기업형 교회 유형에 속한 교회는 앞에서 언급한 끌어들이는 교회 the attractional church 와 거의 흡사하다. 마케팅 전략에 의해 복음을 상품과 서비스로 전환함으로써 사람들을 고객처럼 끌어들이려는 종교적 소비주의가 이 교회의 핵심적 가치가 된다. 릭 워렌 Rick Warren 목사에 의해 제시된 '목적이 이끄는 교회' the purpose-driven church 가 대표적인 사례에 해당한다.

정리하자면, GOCN의 학자들은 교회성장에 관심을 두는 사람들이 하나님의 선교를 말하면서도 그것을 이루기 위한 효율성 또는 경제성에 지나치게 의존하는 것을 불편하게 여기는 것 같다. 그들은 그동안 출현했던 다양한 목회 운동들—교회갱신 운동, 교회성장 운동, 교회효율성 운동, 교회건강 운동, 이머징 교회 운동—이 그들의 선한 의도에도 불구하고 인간주의적인 방법론에 집중함으로써 교회의 정체성과 본질을 잃어버렸다고 본다.

그들은 특히 복음의 본질에 대한 성찰보다 문화적 상황에 대한 이해를 중시하는 태도를 강하게 비판한다. 한 예로 록스버그는 자신의 한 논문에서 포스트모던 문화 속에서 비교인 非敎人 들을 전도하기 위해 그들이 좋아하는 문화적 코드를 분석하고, 그 코드에 맞춰 그들에게 다가가려는 교회를 포스트모던 교회 the postmodern church 로 정의하면서, 그들이 많은 노력을 했음에도 불구하고 복음을 잃어버리는 위험에 빠져 있다고 비판한다. [16] 이런 관점에서 볼 때 동질집단과 수용성을 중시하는 교회성장 운동의 선교 개념은 부

---

15 Craig Van Gelder, *The Ministry of the Missional Church*, 83.
16 Alan J. Roxburgh, "The Church in a Postmodern Context," in *Confident Witness-Changing World*, ed. Craig Van Gelder (Grand Rapids, MI: Eerdmans, 1999), 252.

정적으로 보일 수밖에 없을 것이다.

교회성장신학은 얼마든지 갱신될 수 있다

앞에서 언급한 바와 같이, 나는 선교적 교회론이 교회성장신학의 발전에 도움을 줄 수 있다고 생각한다. 아니, 교회성장신학이 오늘의 목회 현장에서 제대로 기능하기 위해서는 반드시 선교적 교회론의 도움을 받아야 한다. 지금까지 교회성장 운동은 실천적 차원에서 강점을 지니고 있음에도 불구하고 신학적 차원에서 매우 빈약하다는 비판을 많이 받아왔다. 실제로 교회성장에 관심을 가지고 있는 목회자들 중 많은 이들이 건강하고 건전한 교회에 대한 신학적 성찰보다는 자신의 교회를 양적으로 성장시키기 위한 방법론적·기술적 차원만 강조함으로써 많은 문제를 야기하고 있는 현실은 이런 비판에 더욱 힘을 실어준다.

어떤 형태로든지 성장하기만 하면 그만이라고 생각하는 오늘의 교회에 필요한 모델은 참된 교회 곧 하나님의 선교에 동참하여 성장하는 교회이다. 이런 점에서 GOCN의 선교적 교회론은 교회성장신학의 발전에 긍정적으로 기여할 수 있다고 본다. 선교적 교회론은 모든 교회의 사역과 조직이 교회의 본질로부터 나와야 한다는 점을 강조한다. 교회는 성령에 의해 창조되고 하나님의 구속적 통치가 이루어지는 공동체이다. 비록 교회가 신적인 특성과 인간적인 특성 모두를 지니고 있는 것이 사실이지만, 교회라는 신앙 공동체는 근본적으로 하나님의 통치에 의해 지배되어야 한다. 교회의 성장도 마찬가지로 교회의 본질적 성찰로부터 나와야 한다.

교회성장을 추구하는 사람들 중 많은 이들이 양적 성장을 달성하는 교회의 효율성을 교회의 진정성을 평가하는 기준으로 여기는 경향을 보인다. 그러나 이런 태도는 옳지 않다. 교회의 성장은 언제나 하나님 나라의 통치와 성장에 의해 통제되어야 한다. 그러므로 오늘의 상황에서 교회성장신학을 발전시키려는 사람은 이와 같이 하나님 나라의 관점에서 교회의 사역과 조직에 대해서 말해야 할 것이다. 그런데 교회성장학자들 가운데에는 이 주제에 관해 기초적인 연구를 행한 학자들이 있다. 찰스 밴 엥겐, 에디 깁스Eddie Gibbs, 올란도 코스타스Orlando E. Costas와 같은 이들이 그들이다.

코스타스는 교회의 효율성이 교회의 진정성을 평가하는 기준이 되어서는 안 되며, 교회의 성장이 하나님 나라의 성장보다 앞설 수 없다는 점을 분명하게 주장했다. "선교의 표현 방식들 가운데 하나인 교회성장은 삼위일체하나님의 주되심lordship과 주도권initiative을 전제할 때에만 건전한 방향으로 진행될 수 있다."[17] 이 점에 대해서는 밴 엥겐도 마찬가지 입장을 보인다. "우리는 하나님 나라의 성장에 관해 말함으로써 우리의 방향을 설정함 없이 교회의 성장에 대해 말할 수 없다."[18] 교회성장은 하나님의 선교를 드러내는 한 표징이며, 하나님 나라와 관련하여 이차적인 특성을 지니고 있기 때문에 그 자체로 선교의 목적이 될 수 없다. 그것은 어디까지나 하나님 나라의 성장을 위한 도구와 수단으로서 기능할 뿐이다.

만약 교회성장에 하나님 나라의 표징이 발견되지 않는다면 그것은 또 다른 우상화의 오류에 빠지는 결과를 초래할 수밖에 없다. 에디 깁스 역시 교회성장과 하나님 나라의 관계에 대해서 다음과 같은 입장을 분명히 보여준다.

교회성장에 대해 생각할 때 교회의 성장과 하나님 나라의 실현 사이의 관계를 구별하는 것은 매우 중요하다. 양자를 너무 동일시하여 제도적 교회의 약점을 간과하게 되면 교회성장은 자칫 교파확장으로 변질될 수 있다. 우리가 관심의 초점을 그리스도에게서 교회로 옮기자마자 우리는 교회의 신격화로 나아가게 되고 우리의 전도는 단순한 종교의 개종proselytism으로 타락할 위기에 봉착하게 될 것이다.[19]

---

17 최동규, "올란도 코스타스의 통전적 교회성장론 연구," 241.
18 Charles Van Engen, *The Growth of the True Church*, 414.
19 Eddie Gibbs, *I Believe in Church Growth* (Grand Rapids, MI : Eerdmans, 1981), 80.

또 한 가지, GOCN의 선교적 교회론은 교회성장 운동의 선교 지평을 확장하는 데 크게 기여할 수 있을 것이다. 전통적으로 교회성장 운동은 넓은 의미의 선교 개념보다 좁은 의미의 선교 개념을 더 강조해 왔다. 여기에서 좁은 의미의 선교가 개인적인 회심과 교회의 양적 성장, 제자훈련을 통한 신앙의 성장을 뜻한다면, 넓은 의미의 선교는 개인구원과 양적 성장을 넘어 사회적 차원까지 포괄하는 개념이다. 사회봉사와 사회참여, 또는 일상생활에서 문화명령을 수행하는 것 등이 이 개념에 포함된다.

맥가브란의 경우, 1983년 『현대선교신학』Contemporary Theologies of Mission[20] 이후에 넓은 의미의 선교 개념을 수용한 흔적들이 있지만 근본적으로 그의 선교 개념은 복음전도와 교회개척에 국한되어 있었다. 또한 와그너가 그 당시 제기된 비판적 질문들에 답변하기 위해 쓴 『교회성장과 통전적 복음』 Church Growth and the Whole Gospel[21]을 통해서 교회성장학파가 사회봉사 차원도 무시하지 않는다는 것을 천명했음에도 불구하고 여전히 교회성장 운동은 개인구원과 구두복음전도, 교회개척에만 치중한다는 인식이 널리 퍼져 있다.

GOCN의 선교적 교회론은 교회성장 운동이 지닌 이런 선교적 인식의 한계를 극복하는 데 도움을 줄 수 있다. 앞에서 살펴보았듯이, GOCN은 복음과 교회와 문화의 삼각 구도 속에서 하나님의 선교를 생각한다. 이런 구도 자체는 변화하는 시대와 사회적 환경 속에서 교회 곧 하나님의 백성들이 어떻게 선교적 사명을 다할 수 있는지를 성찰하게 만든다. 이웃에 대한 섬김과 봉사의 자세, 사회적 이슈에 대한 적극적인 참여는 이 선교 패러다임 안에서 매우 중요한 위치를 차지한다.

또한 기존 교회들이 끌어들이는 교회의 패러다임 속에서 불신자들을 교

---

20 Arthur F. Glasser and Donald A. McGavran, *Contemporary Theologies of Mission* (Grand Rapids, MI: Baker Book, 1983).
21 C. Peter Wagner, *Church Growth and the Whole Gospel* (San Francisco: Harper and Row, 1981).

회로 불러들이는 데에만 힘쓰는 것과는 달리 GOCN의 선교적 전략은 예수 그리스도께서 선례로 보여주신 사랑의 마음으로 타인들에게 다가가려는 자세를 강조한다. 특히 다원주의 성향이 강한 포스트모던 문화적 상황 속에서 단순히 직접적인 구두복음전도에만 집중하는 기존 교회들의 한계를 극복하는 데 도움이 될 수 있을 것이다.

> 다원주의 사회에서 **하나님 이야기** God talk 는 교회 밖의 사람들에게 아무런 의미를 주지 못한다. 사람들은 삶과 하나님에 관해서 다르게 질문하기 때문에 우리는 어디에서 인용한 잘 포장된 말로 답을 줄 수 있을 거라고 추정하면 안 된다. 그 어느 누구도 그들의 어려운 질문에 대해서 우리가 쉽게 대답하는 것을 원치 않는다. 그들은 정말로 그들의 이야기를 듣고 그들의 이야기에 동참해줄 사람과 진솔한 대화를 나누고 싶어 한다. [22]

교조적 실용주의가 문제이다

지금까지 GOCN이 교회성장신학에 대해서 비판한 내용을 살펴보았는데, 이제부터는 반대로 교회성장신학의 관점에서 GOCN의 선교적 교회론을 다뤄보자. 앞에서 살펴본 바와 같이, 교회성장 운동은 선교의 극대화를 위해 효율성과 실용성을 중시한다. 하지만 GOCN 그룹의 학자들은 교회성장 운동의 이런 경향을 부정적으로 본다. 물론 그들의 우려는 충분히 이해할 만하다. 아마도 그들은 효율성을 강조하는 실용주의적 태도가 자칫 교회됨과 선교의 본질을 해칠 수도 있다고 생각했을 것이다. 그러나 교회의 모든 사역과 조직을 하나님 나라의 가치 아래 종속시키는 신학적 입장이라면 어떠한가? 교회성장 운동이 강조하는 효율성과 실용성의 논리를 하나님 나라의 가치 아래에서 활용할 수는 없는 것인가?

---

22 Alan J. Roxburgh and M. Scott Boren, *Introducing the Missional Church*, 84.

이 점에 관해서는 이미 와그너가 충분히 설명한 것으로 보인다. 그에 따르면 "자원을 활용하여 추진하는 각종 프로그램이 하나님 나라의 진전에 도움이 되고 있는지에 대한 진지한 검토도 없이 하나님의 자원이—그것이 인적이든지 물적이든지 간에—무분별하게 소모되는" 현상이 곳곳에서 나타나고 있으며,[23] 이를 해결하기 위해서는 합리적이고 과학적인 방법으로 진행 과정과 현상을 분석해야 한다. 따라서 그리스도인들이 이 세상에서 하나님의 선교에 참여하기 위해서는 실용적 사고가 필요하다.

진짜 문제는 교조적 실용주의일 뿐 방법적 실용주의는 결코 문제가 되지 않는다. 와그너는 이런 실용적 사고를 '거룩한 실용주의'consecrated pragmatism라는 말로 설명한다.[24] 사실 교회와 선교 현장에서 하나님 나라의 가치와 실용적 전략과 프로그램은 서로 미묘한 긴장관계에 있다. 인간은 하나님 나라의 가치를 추구하지만 또한 세상 안에서 살아가고 있기 때문에 하나님 나라는 일정한 인간적 현실의 외피를 입지 않을 수 없다.

하나님의 일을 수행해야 한다는 대의와 인간의 합리적인 노력 사이의 관계를 어떻게 설정할 것인지의 문제는 칼뱅주의와 웨슬리신학 사이의 해묵은 논쟁거리이기도 하다. 여기에서 이 문제를 깊이 다룰 수는 없지만, 저명한 영성신학자 달라스 윌라드Dallas Willard에게서 지혜를 얻을 수는 있을 것이다. 윌라드는 영성개발의 주체와 방법을 논의하면서 "은혜의 반대는 노력이 아니라 공로이다."라는 의미심장한 말을 한다.[25] 하나님께서 은혜를 주시는 주체이시지만 그 은혜를 받기 위해 인간이 최대한 노력을 기울여야 한다는 것이다. 구체적인 예로 그는 제자훈련을 제시한다.[26] 그리스도인이라면 누

23 C. Peter Wagner, "Preface to the Third(1990) Edition," in *Understanding Church Growth* (Grand Rapids, MI: Eerdmans, 1990), ix.

24 C. Peter Wagner, *Church Growth and the Whole Gospel*, 69-83.

25 Dallas Willard, *The Great Omission: Reclaiming Jesus' Essential Teachings on Discipleship* (New York: HarperSanFrancisco, 2006), 76.

26 Ibid., 84-85.

구나 그리스도를 닮고 싶어 하지만 그것은 저절로 이루어지지 않는다. 그리스도를 닮기 위해서는 진지하게 계획하고 훈련 방법을 모색해야 한다.

윌라드의 설명은 신학과 사회과학 사이에 어떤 상관관계가 있는지를 이해할 수 있는 통찰을 준다. 물론 사회과학에 특정한 이념이 개입된 경우도 있지만, 방법론으로서의 사회과학은 중립적이며 사용하는 사람에 따라 가치가 달라진다. 하나님께서는 그리스도인들이 주어진 환경과 조건 내에서 가장 효율적인 방법을 모색하기를 원하신다. 사회과학이 제공하는 풍부한 지식과 방법은 신앙적인 관점에서 허용된 범위 내에서 하나님의 선한 일을 위해 얼마든지 가치 있게 사용될 수 있다. 문제는 그런 자세가 하나님의 뜻을 지향하지 않을 때 발생한다. 그러므로 효과적인 선교를 위해서는 일정한 계획과 전략이 필요하다. 현장을 분석하고, 투자와 결과에 대한 예상치를 파악해야 한다. 이를 위해 통계와 수치는 없어서는 안 될 중요한 도구이다.

그런데 GOCN 역시 실용적 계획과 전략적 실천을 부정하지 않는다. GOCN의 대표적인 학자인 밴 겔더는 사도행전에서 복음화를 위해 의도적인 계획과 전략이 사용됨으로써 선교의 확장과 교회의 성장이 촉진되었음을 지적하면서 "목적과 전략은 선교적 대화에서 하찮은 것이 아니다. 오히려 그것들은 교회의 본성 또는 본질에 대한 이해로부터 파생된 것으로 이해된다."[27] 라고 말한다. 그는 또 다른 곳에서 "회중의 신실성, 효과성, 효율성에 관해서 조직적 관점에서뿐만 아니라 성경적·신학적 관점에서 생각하는 것은 중요하다."라고 말한다.[28]

이런 밴 겔더의 언급을 보면, 그가 실용적인 계획과 전략, 효과성과 효율성을 아예 무시하는 것이 아니라 그것들이 하나님 나라의 가치보다 앞서는 경우를 경계하고 있는 것 같다. 그렇다면 직접적으로 해야 할 질문은 이것이다. 실용성과 전략, 목적을 중요하게 여기는 새들백교회와 윌로우크릭교

---

27 Craig Van Gelder, *The Ministry of the Missional Church*, 17.
28 Ibid., 163.

회는 복음을 잃어버렸는가? 선교적 교회들이 그 교회들과 다른 점은 무엇인가? 실제 목회 현장에서 목적이 이끄는 교회, 프로그램 중심적인 교회와 선교적 교회를 어떻게 구분할 수 있는가?

교회성장신학 역시 하나님 나라와 하나님께서 주도하시는 선교 개념을 부정하지 않는다. 앞에서 언급한 바와 같이, 교회성장학자들 중에는 교회와 하나님 나라의 관련성을 강조하는 이들도 많이 있다. 교회의 내적인 삶도 중요하지만 하나님의 백성들이 교회 밖 일상에서도 선교적 삶을 살아야 한다는 점도 강조한다.

그들은 하나님의 주권적 선교를 부정하고 자기 교회만의 성장을 추구하거나 성장을 회심과 상관없이 단지 교인수 늘리기 정도로 생각하는 왜곡된 교회성장의 가치들을 비판한다. 목회자의 성공철학이 하나님 나라의 가치를 대신하는 것도 비판의 대상이다. 교회성장에는 반드시 하나님 나라의 윤리 Kingdom ethics가 통제장치로 작동되어야 한다.

선교적 교회론에는 '선교적 삶'이 전제되어야 한다

마지막으로, GOCN의 선교적 교회론이 말하는 선교적 삶에 관해서 검토해 보자. GOCN은 이론 면에서 강점을 지니고 있음에도 불구하고 교회 또는 하나님의 백성의 '선교적' 삶의 개념이 매우 모호하다는 약점을 드러내고 있다. 그들은 삶의 일부만이 아니라 삶 전체가 선교적이어야 한다고 말한다. 일반적으로 선교적인 삶이란 복음전도나 선교와 직접적으로 관련된 활동을 가리킨다. 그러나 선교적 교회론에서는 단순히 전도나 선교 행위만이 아니라 삶 전체가 선교적 삶이 되어야 한다고 말한다. 밴 겔더에 따르면 "우리는 우리 자신의 콘텍스트 속에서 선교사가 되어야 한다."[29] 이것이 바로 '행위로서의 교회' doing church가 아닌 '존재로서의 교회' being church가 가리키

---

29 Ibid., 80.

는 의미이다. 여기에서 '행위로서의 교회'가 교회가 행하는 특정한 활동과 사업과 프로그램에 초점을 맞추는 교회라면, '존재로서의 교회'는 교회됨 곧 본질과 정체성에 초점을 맞추는 교회를 뜻한다.

록스버그와 보렌은 이런 선교적 삶의 전략으로 "우리가 살고 있는 콘텍스트와 이웃과의 대화와 참여"를 제시한다.[30] 그들은 신자들이 이웃의 삶으로 들어가 복음에 대해 말하기에 앞서 먼저 그들의 이야기를 듣고 대화를 나눌 것을 권한다. 여기에서 중요한 것은 이웃에 대한 그들의 마음가짐, 좀 더 구체적으로 말하자면 그들의 성품이다. 그들을 교회로 끌어들이기 위한 전략적 몸짓이 아니라 진심으로 그들과 교감하고 사랑하고 섬기려는 성품 자체가 우선되어야 한다.

그런데 이런 종류의 전도는 이미 로잔신학이 밝힌 세 가지 전도 유형—현존presence, 선포proclamation, 설득persuasion[31]—가운데 현존의 전도에 해당하는 것처럼 보인다. 그런데 문제는 과연 그것만으로 충분하냐는 것이다. 선포와 설득의 방식은 정말 불필요한 것인가? 록스버그와 보렌은 1세기에 여러 곳으로 흩어진 제자들의 예를 들면서 이들에게서 선교적 교회의 전략을 발견하고자 한다.[32] 그러나 과연 1세기 제자들이 단순히 현존의 방식으로만 복음을 전했는가? 사실 사도행전과 바울서신에 보면 수많은 제자들이 여러 상황 속에서 힘 있게 복음을 선포하거나 복음으로써 불신자들을 설득하고자 했음을 발견할 수 있다.

현존 곧 성품에 의한 복음전도는 모든 전도와 선교에 기초가 된다. 그 어떤 전도와 선교도 그리스도의 사랑에 의해 온전히 변화된 그리스도인의 인격적 삶이 전제되지 않으면 효과가 없다. 특히 현존의 전도는 공산 국가나 이슬람 지역과 같이 직접적으로 복음을 제시할 수 없는 곳에서 매우 중요한

---

30 Ibid., 84.
31 C. Peter Wagner, *Church Growth and the Whole Gospel*, 54-57.
32 Alan J. Roxburgh and M. Scott Boren, *Introducing the Missional Church*, 16-17.

방법이 된다. 그러나 복음을 전할 수 있는 자유가 허용된 곳에서는 현존과 성품 이외에 적극적인 선포와 설득의 방법이 사용되어야 한다.

전반적으로 볼 때 GOCN의 선교적 교회론은 복음전도에 관해 별로 말하지 않는 것처럼 보인다. 삶에서 이웃과의 대화에 참여하는 것을 말하지만 그것으로부터 개인적 회심에 이르는 거리는 너무 멀어 보인다. 아니, 어쩌면 이웃과의 대화와 사귐만 있을 뿐 회심이 일어나지 않을 수도 있다. 따라서 밴 엥겐이 어느 책에서 "나는 GOCN 저자들의 책을 보면서 그들이 왜 회심을 강조하지 않는지 의아하게 생각한 적이 있었다."[33]라고 비판했는데, 이 말은 GOCN이 가지고 있는 약점을 정확하게 지적한 말이라고 볼 수 있다. 옥한흠 목사도 "말로 전하는 복음이 빠진 증거는 세상을 구원할 수 없다."[34]라고 지적함으로써 단순히 이웃에게 윤리적 측면에서 접근하는 방식을 경계하였다. 따라서 그리스도인의 현존과 성품을 강조하는 GOCN의 선교적 교회론은 복음 선포와 적극적인 설득에 의해 보충되어야 한다.

또한 여기에서는 충분히 다루지 못했지만 체계적이고 조직적인 선교 활동이 지닌 긍정성에 대해서도 간단히 언급하는 것이 좋겠다. 복음의 본질을 이해하고 사랑의 마음으로 이웃에게 다가가 그리스도인의 아름다운 성품을 드러내고 멋진 시민정신을 보여주는 것은 중요하지만, 그에 못지않게 교회 공동체의 조직적이고 체계적인 선교 활동 또는 프로그램의 효율성도 무시해서는 안 된다. 이 세상의 모든 고귀한 원리와 정신을 현실에서 실천하기 위해서는 언제나 합리적인 프로그램이 필요하다. 중요한 것은 수단과 방법에 해당하는 프로그램에 매몰되지 않는 것인데, 그러기 위해서는 프로그램보다 본질과 정신을 중시해야 한다.

33 Gary L. McIntosh, ed., *Evaluating the Church Growth Movement: 5 Views* (Grand Rapids, MI: Zondervan, 2004), 106.
34 옥한흠, 『다시 쓰는 평신도를 깨운다』 (서울: 두란노, 1998), 159.

2. 교회성장은 참된 교회를 지향해야 한다

선교적 교회론의 관점에서 교회성장을 바라보는 것은 교회의 성장 자체를 무조건 긍정적으로 평가할 수 없게 만든다. 교회가 올바르고 건강하게 성장하기 위해서는 반드시 선교적 교회로 거듭나야 한다. 다시 말해서, 선교적 교회의 성장이 되어야 한다.

밴 엥겐은 하나님께서 단지 몇 사람만이 아니라 세상의 모든 사람을 구원하기를 원하시고, 교회가 하나님과 그 구원받아야 할 세상 사람들 사이에서 "중보적 기능"을 한다는 헨드리쿠스 벌코프 Hendrikus Berkhof 의 논증에 기초하여 "이렇게 새롭게 출현하는 선교의 특징은 교회로 하여금 역동적으로 성장하고 발전하는 실체가 되도록 촉진한다."고 말한다.[35] 핵심을 찔러 말하자면, 그의 이 말은 교회의 선교적 본질과 교회성장이 매우 긴밀하게 연결되어 있다는 점을 밝힌 것이다. 교회가 아직 구원받지 못한 사람들을 그리스도에게로 인도하는 "중보적 기능"을 제대로 수행하는 만큼 교회는 성장하게 되어 있다는 뜻이다.

어떤 이들은 이런 주장에 대해 반발할 것이다. 그들은 선교적 교회는 그 특성상 교회성장과 연결될 수 없다고 생각한다. 그러나 이런 생각은 선교적 교회의 특성을 제대로 이해하지 못한 소치이다. 선교적 교회는 본질적으로 복음에 충실한 교회이며, 파송된 세상 속에서 복음의 담지자로 살아가기 위해 내적인 역동성과 문화적 적응성을 발전시키는 교회이다. 그렇다면 이런 교회가 역동적으로 성장하는 것은 지극히 자연스러운 현상이 아니겠는가!

'선교적'이라는 형용사의 심층적인 의미에 대해서는 나중에 자세히 다루겠지만, 여기에서 간단히 말하자면 그것은 단순히 선교 행위나 활동을 가리키지 않는다. 그것은 프로그램과 사역의 차원을 넘어 근본적으로 교회가 세

---

35 Charles Van Engen, *God's Missionary People*, 43.

상 속에서 어떻게 존재해야 하는지에 관한 문제와 직결되어 있다. 록스버그가 "문제의 핵심은 이것이다. 이처럼 끊임없이 변화하는 세상 속에서 우리는 어떻게 예수의 교회가 될 수 있는가?"[36]라고 말했을 때 그의 말은 바로 이 점을 가리키고 있는 것이다. 밴 엥겐의 유명한 명제, "선교적 교회The missionary Church는 교회가 되고자 하는 **본래의 모습**을 뜻한다."[37]라는 표현은 이런 맥락에서 타당한 것으로 인정될 수 있다.

그렇다면 참된 교회는 어떤 특성을 지니고 있는가? 지역교회를 참된 교회로 판단할 수 있는 기준은 무엇인가? 그리고 그 기준은 교회성장과 어떤 연관성을 가지고 있는가? 전통적인 교회론에 중요한 기초를 제공한 니케아 공의회 신조에 따르면, 참된 교회의 표지는 네 가지 곧 통일성, 보편성, 거룩성, 사도성이다. 신학적으로 이 네 가지는 참된 교회의 성장을 평가할 수 있는 근거가 되며, 동시에 그렇지 못한 교회에 대한 비판이 된다.[38] 이 네 가지 요소가 교회 안에 충만할 때 참된 교회의 역동성을 확보할 수 있고, 그렇지 않으면 역기능적인 교회가 될 수밖에 없다는 뜻이다. 따라서 선교적 교회가 참된 교회로서 성장하려면 이 네 가지 요소를 활성화해야 한다.

참된 교회성장은 '통일성'에 기초한다

통일성은 다양한 교리와 조직의 차이에도 불구하고 본질적으로 교회는 하나임을 뜻한다. 다양한 신약성경의 본문들(고전 12장, 롬 12:3-8, 엡 4:1-6)은 모든 지체가 그리스도 안에서 한 몸을 이루고 있음을 강조한다. 내적인 통일성을 가진 교회는 유기체적인 결합 곧 "평안의 매는 줄로 성령의 하나 되게 하신 것을 힘써" 지킨다. (엡 4:3)

그런데 교회의 통일성은 교회의 본질과 정체성이 노출되는 모든 영역에 적

---

36 Alan J. Roxburgh, *The Sky Is Falling?* (Eagle, ID: ACI, 2005), 26.
37 Charles Van Engen, *God's Missionary People*, 44.
38 김균진, 『기독교 조직신학』, IV권 (서울: 연세대학교 출판부, 1993), 245.

용되어야 하므로 내향적 차원뿐만 아니라 외향적 차원을 모두 포괄한다. 그리스도의 몸을 세우는 일이 교회의 내적인 일치와 더불어 세상 속에서 감당해야 할 선교적 사명의 일치를 통해서 가능하다는 점을 생각하면 쉽게 이해가 된다.(엡 4:12) 따라서 통일성은 (1) 예수 그리스도를 주로 섬기는 신자들이 유기체적 공동체 안에서 얼마나 사랑으로 하나가 되느냐는 것과 (2) 신자들이 세상을 향한 하나님의 뜻을 얼마나 동일하게 이해하느냐는 것과 (3) 그 하나님의 뜻을 실천하는 일에 얼마나 유기적으로 협력하느냐는 것에 핵심이 있다.

교회의 통일성은 한 개체 교회 안에서 지체들이 서로 유기적으로 통일되어 있다는 의미도 있지만, 교회론적으로 볼 때 실제로는 그 정도의 의미를 넘어선다. 그것은 이 세상 안에 존재하는 모든 교회가 서로 연결되어 그리스도의 몸을 이룬다는 것을 뜻한다. 이런 점에서 교회성장은 결코 종파적 또는 개교회의 자기확장을 위한 도구가 될 수 없다. 오히려 진정한 성장은 다음과 같이 규정될 수 있다.

> 그것은 지체들이 몸에 연결됨으로써 더 큰 하나 됨을 이루는 성장(수적 성장)이요, 세상을 위해 그들의 은사를 사용함으로써 몸의 지체들을 영적으로 발전시키는 성장(유기적이고 영적인 성장)이요, 보냄을 받은 세상에서 그리스도의 몸의 영향력을 증대함으로써 이루는 성장(봉사적 성장)이요, "사람의 속임수와 간사한 유혹에 빠져 온갖 교훈의 풍조에 밀려 요동하지 않게"(엡 4:14) 교회 안에서 그리스도의 주권을 고양함으로써 이루는 성장(신학적 성장)이다.[39]

교회를 이해할 때 각 지역에 붙박고 있는 지역교회가 중요한 것은 사실이지만 그 지역교회들은 결코 분리되어 있지 않다. 오히려 그것들은 서로 유기적인 관계 안에서 더 큰 교회로서 존재한다. 교회 안에서 이루어지는 영적 성장을 위한 모든 시도와 세상을 위한 사역들을 이해할 때에도 마찬가지로 개

---

39 Charles Van Engen, *God's Missionary People*, 51.

교회의 차원을 넘어 더 큰 교회의 차원에서 봐야 한다.

그렇다면 어느 한 지역교회가 어느 정도의 통일성을 갖추고 있는지 알 수 있는 방법은 무엇일까? 통일성의 관점에서 참된 교회의 농도를 측정하기 위해서 다음과 같은 질문들을 던질 수 있다. (이 질문들은 일종의 예시로서 얼마든지 다른 질문들이 추가될 수 있다.)

(1) 교회 안에서 다른 교인들이 겪고 있는 어려움에 얼마나 관심을 가지는가?
(2) 교인들이 그리스도 안에서 얼마나 단합하고 있는가?
(3) 교인들의 의견이 지도부에 충분히 반영되고 있는가?
(4) 당신의 교회는 지역 내 교회들과 얼마나 협력하고 있는가?
(5) 프로그램 또는 특정 사업을 진행할 때 타 교회에 끼칠 영향을 고려하는가?

참된 교회성장은 '보편성'에 기초한다

보편성은 민족과 인종, 문화와 계급 등의 다양한 인간적·사회적 한계에도 불구하고 어느 곳에서든지, 누구에게든지 복음의 진리성을 드러내는 교회의 특성을 말한다. 이것은 종종 로마 가톨릭교회가 주장하는 바와 같이, 지리적 확산, 수적 우위, 시간의 연속성을 가리키지 않는다. 오히려 그것은 하나님의 나라를 향한 교회의 활동 곧 교회의 선교와 희망을 가리킨다. 한스 큉 Hans Küng 은 이것을 구체적으로 "복음에 기초하고 집중된 '복음적 가톨릭성' evangelical catholicity "이라고 부른다. [40] 이는 참된 교회의 표지 중 하나인 보편성이 바로 복음의 보편성을 가리킨다는 뜻이다.

따라서 참된 교회는 복음과 구원의 보편성을 담지한 교회를 가리키는 것으로 이해되어야 한다. 즉 교회는 선교적 관점에서 누구에게나 열려 있는 공동체가 되어야 한다. 만약 암묵적인 기준을 세워놓고 자신만의 문화적 폐쇄성 안에 갇혀 있는 배타적인 교회라면 결코 참된 교회라고 말할 수 없을 것

---

40 Hans Küng, *The Church*, 313.

이다. 문제는 형제의 눈 속에 있는 티는 보면서도 자신의 눈 속에 있는 들보를 깨닫지 못하는 사람들이다. 누구나 자신의 교회만큼은 복음에 열려 있는 진정한 교회라고 주장한다. 그러나 그런 말을 하는 사람들 가운데에는 시혜적인 관점을 가지고 있는 경우가 많다. 이런 관점을 가진 사람들은 자신에게 아무런 피해가 오지 않는 경우에는 얼마든지 개방적이고 친절한 태도를 취하지만 실제로 자신을 불편하게 하는 상황이 벌어지면 쉽게 상대방에 대한 배려를 거둔다.

지역교회가 교회의 본질로서 보편성을 가지고 있다는 것은 무엇을 뜻하는 것일까? 보편성의 관점에서 참된 교회의 농도를 평가하기 위해 제시할 수 있는 기초적인 질문의 예는 다음과 같다.

(1) 교인들 사이에 막힌 담들이 제거된 정도 곧 사랑의 관계는 어느 정도인가?
(2) 방문자가 왔을 때 거부감을 가질 만한 문화적 장애를 가지고 있는가?
(3) 낯선 방문자가 왔을 때 교인들의 관심은 어느 정도인가?
(4) 교회는 '복음의 보편성'이라는 관점에서 국내와 국외에서 어떤 사역들을 펼치고 있는가?
(5) 교회는 사회에서 소외된 계층에 대해서 얼마나 관심을 가지고 있는가?

참된 교회성장은 '거룩성'에 기초한다

교회의 본질 가운데 거룩성만큼 쉽게 위장될 수 있는 것도 없다. 교회의 거룩성은 결코 교인들의 도덕적 또는 종교적 행위에 의해 결정되지 않는다. 거룩성의 주체는 오직 거룩하신 하나님 자신이시며, 그분에 의해 "믿는 자들의 공동체로 부름을 받고 그분께 대한 봉사의 부름에 응답함으로써, 또한 세상으로부터 구별될 뿐만 아니라 동시에 그분의 은혜에 사로잡히고 그 힘으로 살아감으로써 거룩하게 된다."[41] 또한 교회의 거룩성은 특정한 사물

---

41 Ibid., 325.

이나 공간, 제도를 가리키지 않는다. 예로부터 많은 그리스도인들이 기독교 신앙의 진정성과 순수성을 잃어버리고 종교 자체의 허상 곧 미신적인 차원에 빠지는 이유가 바로 여기에 있다. 그들은 단순히 종교적인 의식과 상징 속에서 신앙의 의미를 찾는다. 그러나 거룩성은 교회를 구성하는 각 지체들과 그들의 삶에 연결되어 있다.

그런데 교회 곧 하나님의 백성의 거룩성은 소극적인 측면과 적극적인 측면으로 나눠진다. 소극적인 측면에서 교회의 진정한 거룩성은 세상으로부터의 구분 또는 구별—분리와 단절이 아니라—을 의미한다. 반면에 세상 속에 존재하면서도 고유한 목적과 가치를 상실하지 않고 복음의 빛을 밝히 드러내는 것은 적극적인 거룩성에 해당한다. 거룩성은 바로 이 점에서 세상을 향한 교회의 선교적 본질과 연결된다. 또한 교회 역시 잘못하고 실수할 수 있다는 점에서 그것은 고착화된 어떤 상태를 의미하지 않고 항상 자신을 개혁해나가는 모습 속에서 구현된다.

그렇다면 교회가 내포하고 있는 소극적인 거룩성과 적극적인 거룩성은 구체적으로 어떻게 드러나는가? 거룩성의 관점에서 참된 교회의 농도를 파악하기 위해 던질 수 있는 기초적인 질문의 예는 다음과 같다.

(1) 교인들은 거룩성을 도덕적으로 이해하는가, 아니면 은혜로 이해하는가?
(2) 특정한 사물, 공간, 제도에 대한 교인들의 거룩성 인식 정도는 어느 정도인가?
(3) 교인들은 거룩(성결)을 얼마나 체험하고 있는가?
(4) 교인들이 교회 밖(삶의 현장)에서 말씀대로 어느 정도로 살려고 애쓰는가?
(5) 교회는 갱신과 개혁에 대해서 얼마나 개방적인가?

참된 교회성장은 '사도성'에 기초한다

마지막으로 사도성은 하나님 나라를 위해 파송된 사도들을 따라 세상 속에서 복음의 증언자로서 사도적 봉사를 감당하는 교회의 특성을 가리킨다. 그런데 지금까지 앞에서 논의한 통일성, 보편성, 거룩성은 사도성과의 관계 속에서 온전하게 기능할 수 있다. 큉의 교회론을 정리한 정지련은 "교회의 일치성과 거룩성, 그리고 보편성은 사도성이라는 한계 속에서만 참된 교회의 속성이 될 수 있다. 달리 말하자면, 아무리 폭이 넓고 거룩하더라도 사도성을 상실한 교회는 참된 교회가 아니라고 말할 수 있다."라고 하였다. [42] 이런 점에서 사도성은 다른 세 가지 속성을 묶어 그것에 진정한 교회의 정체성을 부여하는 핵심요소가 된다. 그것은 다른 세 가지 속성이 나아가야 할 방향을 제시하는 역할을 한다.

밴 엥겐은 사도성을 간단하게 "선포하는 힘"으로 보았다. [43] 사도성 이해와 관련하여, 개신교는 기본적으로 로마 가톨릭교회가 행하는 것처럼 주교임직을 통한 사도계승을 따르지 않으며, 오직 교회의 사도직 계승만을 인정한다. 그 사도직은 1세기 사도들에게 부여되었던 과제 곧 하나님 나라의 복음을 전파해야 할 사명을 말한다. 큉은 사도직을 수행하는 활동의 예로서 "복음의 선포와 증언, 시대와 국가를 초월하여 지속되어온 세례 행위, 기도하고 성만찬을 함께 나누는 공동체, 교회 설립, 공동체 육성과 전 세계 교회들과의 연합"을 언급한다. [44]

사도성은 예수 그리스도를 믿고 구원받은 하나님의 백성이 궁극적으로 무엇을 지향해야 하는지를 분명히 말해준다. 그것은 마치 항해하는 모든 배가 의지하는 북극성의 빛과도 같다. 통일성과 보편성과 거룩성에 의해 형성된 내적인 힘은 자연스럽게 교회 밖 세상을 향해 흘러넘칠 수밖에 없다. 이때 그 흘러넘침의 의미를 정확하게 이해하는 것이 중요하다. 여기에서 사도성과 관련하여 참된 교회의 농도를 측정하기 위해 제시할 수 있는 기초적인 질문

---

42 정지련, "한스 큉의 교회론," 한국조직신학회 편, 『교회론』 (서울: 대한기독교서회, 2009), 292.
43 Charles Van Engen, *God's Missionary People*, 68.
44 Hans Küng, *The Church*, 358.

제2장 선교적 교회론은 참된 교회로 거듭나게 한다 | 87

의 예는 다음과 같다.

(1) 성경을 가르치는 교육 프로그램이 얼마나 있는가?
(2) 교인들은 복음전도의 사명에 대해서 얼마나 인식하고 있는가?
(3) 목회자의 설교에서 복음전도에 관한 설교의 비중은 어느 정도인가?
(4) 복음전도를 위해 어떤 활동들을 하고 있는가?
(5) 한 해 동안 전체 교인 대비 수세자 수의 비율은 얼마나 되는가?

3. 교회성장은 교회의 선교적 본질을 구현하는 과정이다

지금까지 우리는 참된 교회의 성장을 실천하기 위해 필요한 신학적 근거로서 선교적 교회론의 기초에 대해 살펴보았다. 오늘날 많은 목회자들이 교회성장에 관심을 가지고 있다. 그러나 교회성장과 관련해서 우선적으로 해야 할 질문은 '어떻게 교회를 성장시킬 것인가?'가 아니라 '무엇이 진정한 교회성장인가?'일 것이다. 교회성장은 근본적으로 하나님의 선교를 수행하는 노력의 결과이다. 따라서 진정한 교회성장은 교회의 선교적 본질을 이해하고 그것을 실천하려는 노력에 의해서만 가능하다. 선교적 교회론이 참된 교회성장을 위한 신학적 토론에 기본적인 토대를 제공할 수 있다고 보는 이유가 여기에 있다.

지금까지 교회성장학의 발전 과정에서 교회의 건강성을 측정하고 평가하려는 노력들이 많이 있었다. 피터 와그너는 성장하는 교회의 특징을 7가지로 제시함으로써 교회의 건강성을 구성하는 요소들을 처음으로 정리하였다.[45] 그의 노력은 교회의 문제들을 사회과학적으로 연구하는 교회병리학 church pathology 또는 교회진단학 church diagnostics 의 고안과 함께 보강되기도

---

45 C. Peter Wagner, *Your Church Can Grow: Seven Vital Signs of a Healthy Church*, 35.

하였다. [46] 이 분야는 이미 일반 학문에서 발전해온 사회병리학이나 경영 컨설팅의 기법을 교회에 적용한 것으로서 당시의 목회자들에게 엄청난 충격을 주었다.

그 후 이 분야에서 뚜렷한 족적을 남긴 인물은 독일의 학자 크리스티안 슈바르츠Christian A. Schwarz이다. 그는 자연적 교회성장Natural Church Development이라는 개념에 기초하여 건강한 교회의 필수적인 질적 특성을 8가지로 제시하였다. [47] 그의 이론은 교회를 단지 사회과학적으로 파악하려는 관점을 넘어 유기체적 관점으로 분석하려고 했다는 점에서 매우 신선했으며, 교회성장을 단순히 양적으로만 이해하는 문제를 극복할 수 있는 대안으로 여겨졌다.

그 밖에도 여러 사람들에 의해 건강한 교회의 표지들이 제시되었지만 와그너와 슈바르츠가 제시한 범주에서 크게 벗어나지 않았다. 와그너와 슈바르츠의 연구는 분명히 의미가 있는 것들이다. 하지만 그들의 노력은 미시적 차원 곧 개체 교회의 성장에만 시각을 고정함으로써 실용주의적 접근방식의 한계를 드러내고 말았다. 진정한 교회성장을 평가하기 위해서는 실용주의적 접근 이전에 반드시 신학적 접근이 필요하다.

이 장의 의도가 여기에 있었다. 실용주의적 접근방식은 단지 교회의 건강성을 평가하기 위해 교회의 사역과 내적인 조직만을 분석하고자 한다. 그러나 이런 접근방식은 교회의 사역과 내적인 조직이 근원적으로 교회의 본질에 대한 성찰로부터 나온다는 점을 간과하고 있다. 밴 겔더는 자신의 선교적 교회론을 전개하면서 교회의 본질이 사역과 조직에 어떻게 연결되는지에 대해서 분명하게 말하고 있다. [48] 참되고 건강한 교회의 사역과 조직은 교회의

---

46 C. Peter Wagner, *Your Church Can Be Healthy* (Nashville: Abingdon, 1979), 14.
47 Christian A. Schwarz, *Natural Church Development* (St. Charles, IL: ChurchSmart Resources, 1996), 22-37.
48 크레이그 밴 겔더, 『교회의 본질』, 61.

본질로부터 자연스럽게 흘러나온다.

교회성장을 선교적 교회론의 관점에서 생각하는 것은 교회성장을 교회의 본질로부터 구현하려는 시도이다. 그것은 교회성장이 교회의 선교적 본질을 구현하는 과정임을 보여준다. 참된 교회의 표지로 제시된 네 가지 요소는 교회의 성장이 과연 얼마나 성경적으로, 그리고 신학적으로 타당한지를 평가할 수 있도록 도와준다. 교회의 성장은 이 네 가지 요소를 모두 포함한 상태로 진행되어야 한다. 그럴 때 성장하는 교회 곧 선교적 본질을 구현하는 교회는 참된 교회로서 성장한다.

제3장

/

“여러분 자신이
선교적 교회입니다!”

MISSIONAL
CHURCH

기독교 역사에서 오늘날과 같이 교회의 존재론적 가치가 문제된 적은 없다. 이런 상황은 어느 날 갑자기 형성된 것이 아니라 이미 오래 전부터 문제들이 누적되면서 형성된 것이다. 처음 출발은 좋았다. 오순절 성령강림 사건을 계기로 탄생한 신앙의 공동체 곧 교회는 기독교 역사 속에서 하나님의 구원 사역을 성취하는 중요한 도구요 수단으로서 기능해 왔다. 또한 적어도 중세 때까지만 해도 교회는 그리스도인들의 삶을 구성하는 핵심 요소이기도 했다. 교회를 배제하고서는 그 어떤 생각과 행위도 의미가 없을 정도였다. 기독교가 국민의 모든 삶을 지배하던 사회 구조는 교회와 선교의 본질을 왜곡하는 문제를 낳기도 하였다. 교회는 위용 있는 건물이나 조직으로 인식되고, 선교는 복음의 전달이 아니라 교회를 세우고 교회를 중심으로 한 서구 문화를 이식하는 것으로 오해되었다.

그런데 크리스텐돔 Christendom 의 조건들이 사라지고 심지어 기독교가 사회의 중심에서 주변부로 밀려난 상황에서도 여전히 과거의 신앙의식이 작용하면서 또 다른 문제가 불거지기 시작하였다. 정치와 종교가 분리된 근대적 삶의 세계가 전개되면서 교회는 여전히 존재하면서도—존재하기 때문에 문제의 심각성을 잘 인식하지 못하고 있다—더는 과거처럼 중심적인 요소로 간주되지 않게 된 것이다. 기독교가 더는 과거와 같이 절대적인 권력과 특권을 유지할 수 없게 되었다. 심한 경우 신앙과 교회는 취미나 오락과 같이 선택적인 차원에 속한 것으로 여겨지고 있다.

이런 종교사회학적 분석과는 무관할 것처럼 보이는 헌신적인 그리스도인들의 경우에도 형편은 비슷하다. 많은 경우에 그들은 신앙을 매우 개인주의적이고 영적인 차원에 제한하고 있다. 신앙이 그들의 모든 삶의 내용을 간섭하는 일이 더는 가능하지 않게 되었다. 이런 관점에서 교회 역시 그들의 사회적 삶의 세계로부터 분리되었다. 따라서 사회를 읽고 해석하고 변화시키는 회중 공동체, 다시 말해서 이 땅에서 하나님의 선교를 수행하는 주체로서의 교회 개념은 그들에게 낯설게 느껴질 수밖에 없다. 한국교회의 신앙 양태도

대체로 이 범주 안에 속한다고 볼 수 있다.

기독교 역사에서 가장 심각한 위기를 맞고 있는 오늘의 상황에서 우리 그리스도인들이 해야 할 일차적인 과제는 무엇인가? 그것은 교회의 존재성을 회복하는 일이다. 세상 속에서 교회는 복음의 영향력을 끼칠 수 있어야 한다. 하나님을 믿지 않는 불신자들도 교회가 사회에서 꼭 필요한 존재라고 인정할 수 있어야 한다. 그러기 위해서 우리는 먼저 교회를 올바르게 이해해야 한다. 교회가 무엇인지, 그 교회가 세상 안에 존재하는 의미가 무엇인지 이해해야 한다. 간단히 말하자면, 그것을 논의하는 작업이 바로 선교적 교회론이다.

나는 지난 제1장과 제2장을 통해서 선교적 교회론의 역사와 학문적 위치, 그리고 선교적 교회에 관한 학자들의 이해를 다루었다. 어쩌면 그 두 개의 장은 선교적 교회론을 안내하는 역할을 한다고도 볼 수 있다. 따라서 선교적 교회에 관한 나의 의견은 제3장에서부터 본격적으로 전개된다. 선교적 교회를 설명하는 긴 여정의 출발은 '선교적 교회란 무엇인가?'라는 질문이다. 사실 이 질문은 '교회란 무엇인가?'라는 질문과 별반 다르지 않다. 왜냐하면 교회는 근본적으로 선교적 교회이기 때문이다. 다시 말해서 교회는 본질적으로 선교적이기 때문이다.

1. 모든 선교는 삼위일체 하나님의 주권적 활동의 수행이다

선교적 교회에 관해서 말하고자 할 때 가장 먼저 언급할 것은 삼위일체 하나님의 주권적 선교 개념이다. 현대 선교적 교회론에 신학적 근거를 제공한 인물로 평가되는 레슬리 뉴비긴 Lesslie Newbigin 은 "선교는 하나님의 것"이며 삼위일체 하나님의 선교야말로 선교를 가능하게 하는 근거가 된다고 말한다.[1] 이런 진술에는 그동안 수많은 선교 행위가 하나님의 뜻과 상관없이 단지 교회의 선교, 심지어는 교회 또는 선교 지도자들의 의지와 욕심에 의해

---

1 Lesslie Newbigin, *The Open Secret*, 18, 28.

이루어졌음을 비판하려는 의도가 담겨 있다.

그런데 '하나님의 선교'missio Dei 라는 용어는 근본적으로 선교의 주체를 교회가 아닌 삼위일체 하나님으로 규정한다. 이 개념에 따르면 선교 행위는 근본적으로 성부 하나님의 구원 계획으로부터 시작되고, 이 땅에 성육신하셔서 복음을 전하고 십자가에 달리시고 부활하신 성자 하나님의 사역 안에서 선취되었으며, 아들의 승천 이후 이 땅에 오셔서 교회를 창조하셨을 뿐만 아니라 하나님의 백성을 돕고 이끄시는 성령 하나님의 사역을 통해 계속 수행된다. 한마디로 이 땅에서 이루어지는 모든 선교는 삼위일체 하나님에 의해 주권적으로 수행되는 활동에 종속된다. 이런 하나님의 선교 개념은 모든 인간적 수단과 방법을 상대화시킬 뿐만 아니라 그것들을 하나님의 관점으로 분별하도록 요구한다.

삼위일체 하나님의 주권적 선교의 개념으로부터 교회에 관한 핵심적인 이해 곧 삼위일체 하나님이 교회의 존재론적 근거가 된다는 논리가 도출된다. 신약성경에서 교회는 종종 '하나님의 에클레시아'(고전 1:2, 10:32, 11:22) 또는 '그리스도의 에클레시아'(롬 16:16)로 표현된다. 예수에 의해 예기되고, 보혜사이신 성령의 임재에 의해 탄생한 교회 공동체는 창조, 재창조, 완성의 과정을 통해 모든 사람을 구원하시려는 하나님의 원대한 계획을 수행하는 도구로서 존재한다. 교회가 태생적으로 선교적 본질을 가지게 된 이유는 바로 이것이다. 교회는 결코 인간들의 임의적 또는 자발적인 모임이 아니다. 교회는 처음부터 하나님의 선교를 수행하기 위해 만들어졌다.

교회를 삼위일체 하나님의 관점에서 이해할 때 교회는 하나님께서 소유한 백성으로 규정된다. (벧전 2:9) "교회는 하나님의 통치를 소유하지 않으며, 오히려 교회가 하나님에 의해 소유되어야 한다."[2] 교회의 모든 행위는 바로 이 진리로부터 시작되어야 한다. 그렇게 함으로써 교회는 하나님의 구원 계

---

2 크레이그 밴 겔더, 『교회의 본질』, 139.

획을 실행하는 진정한 대행자 곧 선교적 교회가 될 수 있다. 또한 하나님께서 교회를 소유하고 있다는 사실에 기초할 때 신앙 공동체 안에서 일어나는 모든 억지스러운 조작과 불편한 동원이 근절되고 성령의 인도하심에 따른 자발성이 함양될 수 있다.

일찍이 중국 선교사로 사역했던 롤랜드 알렌 Roland Allen 은 성령의 자발성이 신자 개인에게 나타날 수도 있고 교회에도 나타날 수도 있다고 간파함으로써 무엇이 진정한 교회를 이루는 속성인지를 가르쳐 주었다.[3] 합리성과 효율성에 기초한 비즈니스 모델은 종종 교회 안에서 성령의 자발성을 억압하고 위축시킨다. 근대 상업의 기본 정신을 주도하고 있는 비즈니스 모델은 오늘날 비영리 조직에까지 영향을 미침으로써 비인격성을 확산하고 있다. 합리성과 효율성은 그 자체가 문제되지는 않으나 체제에 의한 기계적 작동 방식에 의해 왜곡될 수 있다. 이런 현상들은 모두 근대주의가 낳은 폐해로서 오늘날 선교적 교회의 작동 방식과 크게 대립한다.

2. 교회는 사람이다

한국교회의 주류를 형성하고 있는 전통적인 기독교에 만연해 있는 교회 개념 중의 하나는 건물로서의 성전聖殿이다. 그들에게 교회는 일정한 공간을 점유하고 있는 건물로 인식된다. '교회에 간다.'는 표현은 이런 사고를 전형적으로 보여준다. 그러나 성경은 그 어디에서도 건물로서의 성전을 강조하지 않으며 오히려 그런 성전 개념에 대해서 비판적인 입장을 취하고 있다. 이렇게 성경이 성전을 비판하는 이유는 거룩하신 하나님께서 결코 일정한 공간 안에 갇혀 지낼 수 없기 때문이다. 제1성전을 지어 봉헌한 솔로몬조차 야웨 하나님을 성전에 가둘 수 없음을 고백하였다. (왕상 8:27) 성전은 근본적

---

3 Roland Allen, *The Spontaneous Expansion of the Church and the Causes Which Hinder It* (Grand Rapids, MI : Eerdmans, 1962), 12.

으로 공간 지향적이고 모임 중심적인 특성을 지니고 있었다. 포로기에 시작된 것으로 추정되는 회당 역시 마찬가지였다.

예수께서는 눈에 보이는 가시적 성전을 부정하고 십자가와 부활 사건을 겪는 자신의 몸을 대안적 성전으로 제시하셨다.(요 2:19-21) 사도 바울은 이것을 '그리스도의 몸'(롬 12:4-8, 고전 12:27)이라는 개념으로 승화시켰으며 그 개념을 통해 교회를 설명하고자 하였다. 그는 또한 공간 중심의 성전 개념을 공동체 중심의 개념으로 이동시켰다.(고후 6:16 참조)[4] 이와 같이 성경은 건물로서의 성전 개념을 비판하고 그리스도 중심적인 공동체 개념을 발전시키고 있다.

교회를 가리키는 신약성경의 표현들은 오늘날 만연해 있는, 교회에 관한 왜곡된 인식들을 비판한다. 교회를 의미하는 단어 에클레시아 ekklesia 는 근본적으로 하나님께서 그리스도와 성령을 통하여 세상으로부터 불러낸 사람들의 공동체를 가리킨다. 이 단어는 본래 그리스 사회에서 민회 곧 특정한 문제를 결정하기 위해 부름받은 사람들의 모임을 뜻했는데, 기독교가 '그리스도인들이 모이는 공동체'라는 뜻으로 사용하면서 종교적인 전문 용어가 되었다. 이 개념에서 볼 때 교회는 결코 건물, 제도, 조직 구조, 성직자, 모델, 프로그램으로 인식될 수 없다.

오히려 교회는 사람(들)이다! "교회는 사물이 아니라 사람이다. 교회는 특정한 사명을 공유하며 함께 예수님을 따르고 교제하며 세상에 영향을 미치는 제자들이다."[5] 여기에서 이 말의 순서를 뒤집으면 안 된다. 사람 또는 사람들 자체가 교회가 될 수는 없다. 이런 사고방식은 자칫 공동체에 속한 특정 인물(예를 들면 교황, 사제, 담임목사) 또는 특정 집단(예를 들면 성직자 집

---

4 Roh Sik Park, "The Background and Function of Pauline Temple Imagery in 2 Cor 6:14-7:1," 「신약연구」 제9권 4호 (2010) : 749.

5 Neil Cole, *Church 3.0: Upgrades for the Future of the Church* (San Francisco, CA : Jossey-Bass, 2010), 61.

단, 평신도 집단)을 교회로 간주하는 오류를 낳을 수 있다. 종종 기독교 역사에서—심지어 오늘날에도—이런 일이 자주 일어났다. '교회는 사람(들)이다.'라는 단순한 표현은 사실 교회가 어떤 건물이나 조직이 아니라 하나님께서 세상으로부터 불러내어 구원하시고 다시 사명을 주어 보낸 바로 그 '사람들'이 교회라는 점을 강조하려는 의도를 내포하고 있다.[6] 신약성경에서 교회를 가리키는 '하나님의 백성'laos tou theou, 히 4:9, 11:25, 벧전 2:9-10이라는 표현이 이 이해 방식을 지지한다. 제도와 성직자 중심으로 교회를 이해하는 로마 가톨릭교회에 맞서 개신교가 교회를 '성도들의 교제'Communio Santorum 라고 부르는 것도 같은 맥락에서 이해할 수 있다.[7]

선언적 목적으로 사용된 '교회는 사람(들)이다.'라는 표현은 구체적으로 다음 두 가지 의미를 내포한다. 첫째, 교회는 예수 그리스도에 대한 신앙을 고백하고 그에게 순종하는 사람들로 구성된다. 둘째, 교회는 단순히 개별 신자들을 가리키지 않고[8] 그리스도의 이름으로 모인 신자들의 공동체를 가리킨다. 신앙고백과 순종, 그리고 공동체 이 두 가지는 교회의 구성요건 중에서 핵심적인 역할을 한다. 공동체로 존재하는 교회는 그리스도 안에 있어야 하며 더 나아가 그리스도께서 교회 안에 계셔야 한다. 그렇게 함으로써 진정한 신앙고백과 순종이 가능해진다.

디트리히 본회퍼Dietrich Bonhoeffer 는 이 세상에서 집단인격으로 존재하는 신앙 공동체를 그리스도와 연결함으로써 이 두 가지 구성요건을 그리스도 중심적 관점으로 종합하려고 했다. 그에 따르면 "모든 개인이 아니라 교회가 전체로서 그리스도 안에 있으며, '그리스도의 몸'이다. 교회는 '공동체(교회)로서 존재하는 그리스도'이다."[9] 이 말은 결코 교회가 그리스도와 동일하

---

6 George R. Hunsberger, "Missional Vocation," 79-81.
7 이신건, 『교회에 대한 오해와 이해』 (서울: 신앙과지성사, 2012), 62.
8 Hans Küng, *The Church*, 127.
9 디트리히 본회퍼, 유석성·이신건 역, 『성도의 교제』 (서울: 대한기독교서회, 2010), 171.

다는 것을 뜻하지 않는다. 오히려 그것은 신앙 공동체가 그리스도 안에 있어야 하고, 그리스도께서 교회 안에 계실 때 비로소 교회로서 존재할 수 있음을 뜻한다. 따라서 교회는 공동체로서 존재하는 그리스도 안에 있는 '사람들'로 구성된다.

3. 모이는 교회 vs 흩어지는 교회

앞에서 논의한 것처럼, 교회가 건물, 제도, 조직 구조, 성직자, 모델, 프로그램 등과 같은 부차적인 것이 아니라 예수 그리스도 안에서 신앙을 고백하는 사람들이라면 그 신앙 공동체의 유연성과 역동성은 매우 자명하다. 인간은 건물이나 제도처럼 고정된 존재가 아니라 끊임없이 움직이는 존재이기 때문이다. 앞서 교회가 그리스도에 대한 신앙을 고백하는 사람들의 구별된 모임이라고 규정한 것이 옳다면 기본적으로 교회는 모이는 교회 the gathering church 로서 존재한다.

모이는 교회로서 믿는 사람들은 약속된 특정 시간과 장소에 특정한 목적을 위해 모임을 갖는다. 하나님을 예배하고, 성도들과 교제하며, 성경 말씀을 배우는 일이 모임에서 이루어진다. 이런 활동을 통해서 사람들은 믿음으로 구원받고 새로운 존재로 거듭날 뿐만 아니라 새로운 가치관과 존재양식을 가진 사람들로 양육된다. 목회적 차원에서 교회를 세운다고 말할 때 그것은 일차적으로 이런 사람들을 세우는 것을 의미한다.

그런데 교회는 모이는 교회로 존재할 뿐만 아니라 흩어지는 교회 the scattering church 로도 존재한다. 교회는 하나님의 백성 곧 믿는 '사람들'을 뜻하기 때문에 고정된 존재가 아니며 그들의 삶에서 활동하는 만큼 움직이는 교회요 걸어 다니는 교회가 된다. 다시 말해서 흩어진 공동체로 존재하는 교회는 인간의 삶이 미치는 모든 차원과 지평에서 교회의 존재성을 드러내야 한다.

교회를 "사람들을 다스리는 권위 또는 구원과 교리와 직임의 요소들을 지닌 제도가 아니라 그 사람들 가운데서 일어나는 **사건**"[10]으로 규정한 데이빗 보쉬David Bosch의 표현은 이 생각을 보충적으로 설명해준다. 공동체로 존재하는 믿는 사람들의 존재와 행위가 그들의 삶에서 드러나는 방식에 따라 교회의 모습을 형성한다. 앞에서 교회를 '사람들'이라고 설명했을 때 그 의도가 바로 여기에 있다.

교회를 사건으로 해석하는 관점은 모이는 교회로 존재할 때든지 흩어지는 교회로 존재할 때든지 동일하게 적용될 수 있다. 모이는 교회에서 신자들은 하나님께로부터 받은 은혜와 사랑을 서로 나누며 교제한다. 그들 사이에 그리스도가 존재하며 십자가에 달리고 부활하신 그리스도의 사랑이 그들을 하나로 묶는다. 마찬가지로 흩어졌을 때에도 그들은 그 십자가와 부활의 복음을 간직한 교회로 존재하고 살아야 한다. 그들은 세상 속에서 흩어진 교회로서 하나님을 알지 못하는 불신자에게 성품과 행위와 말을 통해서 그리스도의 존재를 드러내거나 알려줘야 한다. 이런 이해로부터 세상 안에서 흩어져 살아가는 그리스도인들은 하나님의 선교적 백성으로 정의된다.

지금까지 기독교 신학은 주로 모이는 교회만 강조해왔다. 그러나 교회의 궁극적 존재 목적은 흩어져 삶의 현장에서 복음의 담지자로 살아가는 데 있다. 바로 이 흩어지는 교회가 선교적 교회의 양상을 드러낸다. 사실상 복음전파는 하나님의 백성이 흩어질 때 가능하기 때문에 흩어짐 없이는 진정한 복음전파가 불가능하다. 하나님 나라의 관점에서 이 세상은 달라지고 변화되어야 한다. 그러나 하나님의 백성이 흩어져서 선교적 삶을 살아가지 않는 한 세상은 변화되지 않는다.

성경에서 하나님의 백성이 세상에서 살아야 할 선교적 삶의 양상을 가장 잘 표현한 것으로 소금과 빛의 유비類比(마 5:13-16)를 들 수 있다. 이 유비에

---

10 David Bosch, *Transforming Mission: Paradigm Shifts in Theology of Mission* (Maryknoll, NY: Orbis, 1991), 380. [글씨를 굵게 한 것은 추가한 것임]

서 소금은 은밀하게 스며드는 삶의 양식을 뜻하고, 빛은 드러내는 삶의 양식을 뜻한다. 이 두 가지는 모두 세상에서 흩어진 교회로 살아가는 하나님의 선교적 백성이 실천해야 할 섬김의 양상들이다. 신자들은 예수 그리스도의 복음으로 먼저 변화된 사람으로서 세상 가운데로 들어가야 한다. 그것은 마치 하나님의 아들 예수께서 이 땅에 오신 방법과 같다. 구체적으로 그들은 이웃과 직장과 지역사회 안에서 성육신의 자세로 살아야 한다. 그리고 필요한 때에는 담대하고도 단호하게 복음을 증언하고 진리를 드러내야 한다.

그런데 직접적인 선교 행위가 하나님의 백성이 흩어지는 교회로 존재할 때 일어나긴 하지만, 그렇다고 해서 모이는 교회가 선교적 백성의 개념과 전혀 무관한 것은 아니다. 모이는 교회는 흩어지는 교회로 살아갈 하나님의 백성을 선교적으로 구비具備시키는 기능을 한다. 말씀과 성례전이 포함된 예배는 선교적 백성의 정체성을 재확인하고 제고한다. 교제는 선교적 백성의 정서를 함양하고, 교육과 훈련은 선교적 백성으로 살아가는 원리와 방법을 가르쳐 준다.

따라서 선교적 백성으로 모이는 교회가 없다면 선교적 백성으로 흩어지는 교회도 존재할 수 없다. 종종 선교의 사회적 지평을 강조한 나머지 하나님의 선교를 흩어지는 교회에만 적용하고 모이는 교회의 선교적 기능을 무시하는 사람들이 있다. 어떤 경우에는 모이는 교회에 대한 강조를 '끌어들이는 교회' the attractional church 로 매도하기도 한다. 그러나 이런 태도들은 통전적 선교의 관점에서 볼 때 균형과 조화를 상실한 것으로 평가된다. 좀 더 엄밀하게 말하자면 모이는 교회와 흩어지는 교회는 순환하는 구조 안에서 서로 맞물려 있다. 이 점에 관해서는 제6장에서 좀 더 자세히 설명할 것이다.

4. 지역적인 것이 세계적인 것이다

교황을 중심으로 통일된 하나의 교회, 보편적 교회 또는 우주적 교회를 강조해온 로마 가톨릭교회는 개별적으로 존재하는 지역교회에 특별한 의미를 부여하지 않았다. 또한 근대 이후 교리 또는 조직 체계의 차이에 따른 교단의 등장과 함께 형성된 개신교에서도 지역교회의 중요성은 그다지 부각되지 않았다. 개신교 체계 내에서 선교는 주로 선교단체가 담당하는 것으로 여겼고, 지역교회는 기껏해야 교인들을 돌보기 위해 존재하는 것으로 간주되었다.

사실 세계 어디에나 존재하는 교회를 뜻하는 보편적 교회의 개념은 각 지역의 고유한 상황에 따른 개별 교회의 다양성을 해치지 않는다. 보편적 교회는 지역교회들의 존재를 통해서 그 정당성을 인정받을 수 있으며, 지역교회들 역시 보편적 교회의 개념을 통해서 서로 연결되며 그 동질성을 확인할 수 있다. 따라서 이 두 범주는 상호 보완적인 관계에 있다고 봐야 한다. 그럼에도 불구하고 보편적 교회의 개념은 그동안 다양하면서도 본질적인 개체 교회의 교회됨을 부정하는 것으로 여겨 왔다. 비가시적으로 존재하는 우주적 교회의 개념 역시 개별 교회의 의미를 약화하는 데 한몫을 해왔다.

그런데 최근에 선교적 관점에서 지역교회의 중요성이 재발견되고 있다. 뉴비긴은 공적 영역에서 공적 진리의 우위성을 되찾아오기 위해서는 복음의 유일한 해석자인 회중 곧 지역교회만이 해답이 될 수 있다고 주장한다.[11] "선교하는 교회는 일차적으로 세계 전역에 존재하는 지역교회이다."라고 말하는 보쉬는 이 생각이 신약성경에 깔려 있는 근본적인 사고임에도 불구하고 그동안 기독교 역사에서 너무나 오랫동안 무시되었다고 주장한다.[12] 사실 신약성경에 언급된 에클레시아는 결코 구체적인 상황이 결여된 추상적인 개념이 아니다. "바울서신에서 '에클레시아 투 데우'Ecclesia tou Theou, 하나님의 교회라는 이름은 고린도, 빌립보, 또는 데살로니가에 있는 하나님의 교회와 같이 단순히 그들이 살았던 지명들에 의해 규정된, 죄인인 남녀의 실제적이고

---

11 Lesslie Newbigin, *The Gospel in a Pluralist Society*, 227.
12 David Bosch, *Transforming Mission*, 378.

가시적인 집단들에 적용된다." [13] 로버트 뱅크스 Robert Banks 는 다음의 글을 통해서 우주적 교회와 개별 지역교회의 관계를 명확하게 설명해준다.

> 지역 모임들은 흔히 말하는 우주적 교회의 한 부분도 아니고 하늘 교회의 한 부분도 아니다. 바울은 한결같이 그 모임들이 특정한 장소에서 모이는 교회 **자체** 라고 말한다. 심지어 한 도시에 여러 모임이 있을지라도 각 모임은 그곳에 있는 교회의 **일부**가 아니라 그곳에서 모이는 '교회들' 중 **하나**로 여겼다. 이는 다양한 지역교회들 하나하나가 하늘 교회의 실제적인 표현이며, 성격상 본질적으로 영원하고 무한한 것을 일정한 시공간에 나타낸 것임을 뜻한다. [14]

물론 완성될 하나님 나라의 관점에서 볼 때 지역교회는 결코 자기 충족적이지 않으며 궁극적인 목표로 인식되지도 않는다. 오히려 그것은 성령의 주도적인 사역 아래에서 하나님의 선교가 수행되는 구체적인 장소로서 상대적인 가치를 지닌다. "교회는 하나님의 구속적 통치에 의해 형성된 사람들이다. 교회는 그 자체가 목적이 아니다. 교회는 이 세상에서 하나님의 구원 능력의 실재를 증명해야 할 분명한 사명을 가지고 있다." [15] 이 사명 안에서 지역교회는 모든 사람을 구원하시려는 하나님의 선교를 수행하는 일차적 공동체 또는 센터의 역할을 한다. 이런 한계를 전제로 할 때 지역교회는 그 자체로 선교적 본질을 지닌 온전한 교회라고 말할 수 있다.

주님의 대위임령(마 28:18-20)에 대한 새로운 해석도 지역교회의 선교적 중요성을 회복하는 데 크게 이바지하였다. 지금까지 기존 교회들은 선교를 주로 지리적인 관점에서 해외로 선교사를 파송하는 것으로 이해해 왔다. 그

---

13 Lesslie Newbigin, *Foolishness to the Greeks* (Grand Rapids, MI: Eerdmans, 1986), 145.
14 Robert Banks, *Paul's Idea of Community*, revised edition (Peabody, MA: Hendrickson, 1994), 41-42; Hans Küng, *The Church*, 85-86을 참조하라.
15 크레이그 밴 겔더, 『교회의 본질』, 141.

리고 그 일은 전문적인 선교기관이 담당해야 하고 교회의 사명은 그 선교기관들을 재정적으로 돕는 것이라고 생각해왔다. 심지어 교단 중심의 선교조차도 별도의 선교기구로 인식되었다.

이 사고방식의 배경에는 주님의 대위임령에 대한 잘못된 해석이 자리를 잡고 있다. 사람들은 "하늘과 땅의 모든 권세를 내게 주셨으니 그러므로 너희는 가서 모든 민족을 제자로" 삼으라는 주님의 명령 중에서 '가서'라는 이중변화 보조분사에 초점을 맞춤으로써 선교를 어딘가로 멀리 여행하는 지리적인 이동으로 해석했던 것이다.[16] 그러나 사실 이 명령문의 주동사는 '가서'가 아니라 '제자를 삼아'이다. 따라서 주님이 선교명령을 통해서 강조하려고 한 것은 어디를 가든지 또는 어디에 있든지 제자를 삼는 것이었다. 장소는 이제 중요한 문제가 되지 않는다.

이런 관점에서 볼 때 지역교회의 선교적 중요성은 자명하다. 선교는 신자들 자신이 몸담고 살아가는 삶의 현장 곧 지역사회에서부터 시작되어야 한다. 물론 그렇다고 해서 해외선교를 등한히 해도 된다는 것은 아니다. 종종 선교적 교회론자들이 지역교회만을 중요하게 생각한다는 비판이 있다. 그러나 선교적 교회론의 의도는 과거에 해외선교에만 집중하던 왜곡된 생각을 바로잡아 균형 있는 선교를 추구하려는 것이다.

만약 지역교회의 선교를 지역 이기주의적 차원에서 생각하는 사람이 있다면 그것은 대단히 큰 착각이 아닐 수 없다. 앤서니 기든스Anthony Giddens에 따르면 시간과 공간이 분리되는 근대화된 세계에서 사회 체계들은 특정한 장소에만 귀속되지 않는다.[17] 최근에 '세계적'을 뜻하는 '글로벌'global이라는 단어와 '지역적'을 뜻하는 '로컬'local을 합친 '글로컬'glocal이라는 단어가 많이 회자되고 있는데, 이 현상도 이러한 인식을 뒷받침한다. 가장 세계적인 것

---

16 요하네스 니센, 최동규 역, 『신약성경과 선교』(서울: CLC, 2005), 35.
17 Anthony Giddens, *The Consequences of Modernity* (Stanford, CA: Stanford University Press, 1990), 21.

이 되기 위해서는 가장 지역적인 것이 되어야 한다.

5. 거룩한 교회는 세상 안에 존재한다

하나님의 교회가 근본적으로 선교적 본질을 지니고 있다는 말은 교회가 복음을 전해야 할 사람들과 그들의 삶의 세계로부터 분리된 채 존재할 수 없음을 뜻한다. 어떤 의미에서 '선교적'missional이라는 단어는 교회와 복음을 들어야 할 세상과의 관계성을 가리킨다고도 볼 수 있다.

종종 교회의 거룩성을 부정否定의 방식 곧 세상으로부터 물러남의 방식으로 지킬 수 있다고 생각하는 사람들이 있지만, 그것은 결코 거룩성을 지킬 수 있는 진정한 방법이 아니며, 더 나아가 하나님의 선교를 수행하는 방법도 아니다. 거룩성은 악하고 더러운 것을 행하지 않음으로써가 아니라 하나님의 선한 뜻을 적극적으로 행함으로써 지킬 수 있다. 따라서 선교적 교회는 세상 안에서 거룩한 공동체로 존재하고자 애쓸 때 교회다워질 수 있고 복음의 능력을 나타낼 수 있다.

성경적 관점에서 선교적 교회의 존재 방식은 예수의 성육신적 사역과 초대교회의 삶을 모델로 삼는다. 예수께서는 하나님이심에도 불구하고 만인의 구원을 위해 인간의 몸을 입고 이 땅에 내려오셨으며, 이 세상에 존재하는 사람들과 동일하게 생활하면서 복음을 전하는 사명을 감당하셨다. 그러나 그렇다고 해서 예수께서 이 세상에 존재하는 죄악을 수용한 것은 아니었다. 그분은 이 세상의 삶으로 깊이 들어와 하나님의 구속적 통치를 실현하기 위해 치열한 삶을 살았으며, 자신이 구원할 인간들의 희로애락을 깊이 체휼했지만 죄와는 상관없이 사셨다. (히 4:15) 이것이 바로 성육신의 원리이다. 예수께서 보여주신 성육신의 원리는 그분이 변화시키기 위해 관여했던 세상과의 동화와 분리, 양자의 긴장 안에서 작동했다.

이런 선교적 교회의 존재 방식은 예수께서 공생애를 마감할 즈음에 이 세상에 남겨질 제자들을 위해 간절히 기도하는 내용(요 17:11-19)에 잘 드러나 있다. 예수의 기도 언어에는 제자 공동체 곧 이 세상에 남겨질 신앙 공동체가 세상과 맺을 수 있는 네 가지 관계가 표현되어 있는데, "세상에" 또는 "세상에서"in the world, 11절과 13절, "세상에 속하지"of the world, 14절과 16절, "세상에서 데려[가시기를]"out of the world, 15절, "세상에 보내신" 또는 "세상에 보내었고"into the world, 18절가 그것들이다.[18] 여기에서 "세상에" 또는 "세상에서"는 물리적으로 세상 안에서 살아갈 수밖에 없는 실존적 조건을 의미하며, "세상에 속하지"와 "세상에서 데려[가시기를]"은 그리스도인들이 피해야 할 삶의 양식 곧 종속과 분리를 표현한다.

반면에 선교적 교회가 취해야 할 태도는 "세상에 보내신" 또는 "세상에 보내었고"의 양식으로서 복음의 사건이 일어나야 할 삶의 자리Sitz im Leben로 들어가는 것을 뜻한다. "그것이[교회가] 존재하는 자리는 세상 '안'in이지만 그것의 삶이 가진 독특성은 세상에 '속하지'of 않는다는 것이다."[19] 이는 리처드 니버H. Richard Niebuhr가 말한 '문화의 변혁자 그리스도'의 개념과도 연결될 수 있다.[20] 예수께서는 남겨질 제자 공동체, 그리고 새롭게 세워질 교회 공동체가 세상 안에 존재하면서 하나님 나라에 대립하는 악하고 왜곡된 문화와 각종 구조들을 변화시키기를 원하셨다.

선교적 교회는 교회가 "하나님과 세상 사이의 교차로에 존재"하고 있음을 분명하게 인식한다.[21] 이 말은 선교적 교회로서 하나님의 백성이 자신들이 처한 삶의 세계에서 복음에 대한 공적 증언의 책임을 지고 있음을 뜻한다. 여기에서 '증언'이라는 말이 지닌 다의적 차원을 이해하는 것이 중요하다. 그

---

18 송인규, 『평신도신학(1)』(서울: 홍성사, 2001), 77-78.
19 George R. Hunsburger and Craig Van Gelder, eds., *The Church between Gospel and Culture* (Grand Rapids, MI: Eerdmans, 1996), 285.
20 H. Richard Niebuhr, *Christ and Culture* (Grand Rapids, MI: Harper Torchbooks, 1951), 190-229.
21 크레이그 밴 겔더, 『교회의 본질』, 136.

것은 복음에 대한 선포 proclamation 와 함께 하나님의 통치를 드러내는 현존 presence 을 포함한다. 여기에서 현존이란 그리스도인들과 신앙 공동체의 인격적 삶을 가리키는 말이다. 그런데 이 두 가지는 상보적인 관계에 있기 때문에 서로 분리해서 생각해서는 안 된다.

또한 선교적 교회의 증언은 개인적 차원을 넘어 공적 영역에서 이루어진다는 사실을 기억할 필요가 있다. 인간은 누구나 홀로 존재할 수 없고 수많은 사람들과 다양한 방식으로 관계를 맺으며 살아간다. 이런 점에서 인간은 공적 영역 안에서 살아간다고 말할 수 있다. 신앙이 개인주의적 차원으로 축소된 현상은 근대 이후 신앙이 사사화私事化되면서 시작되었다. 그러나 선교적 공동체가 추구하는 제자도는 개인적 차원에 머물지 않고 사회적 지평, 공적 영역으로 확대된다.

오늘날 많은 복음주의 계열에 속한 교회들에 부족한 점이 바로 이것이다. 물론 여기에서 선교적 지평을 공적 영역으로 확대하는 것을 특정한 사회 정치적 프로젝트에 참여하는 것으로 생각할 필요는 없다. 이런 사고방식은 선교가 근본적으로 인간의 사역이 아니라 **하나님의** 사역이라는 점을 망각한 데서 비롯된다.[22] 창조신학의 관점에서 하나님의 선교가 이루어지는 곳은 교회의 울타리 안이나 특정한 정치적 공간이 아닌 일상적 삶의 영역이다.[23] 선교적 교회의 증언이 이루어져야 할 장소는 바로 이곳이다.

또한 선교적 백성의 증언은 개인적 차원과 더불어 공동체적 차원에서 이루어져야 한다. 그들은 공동체로서 하나님의 통치를 드러내도록 부르심을 받았기 때문에 그 사명은 다른 곳이 아닌 그들 자신에게서부터 실현되어야

---

22 Lesslie Newbigin, *The Gospel in a Pluralist Society*, 136.
23 Ibid., 230. 이벤트나 프로그램 중심의 선교를 강조하던 과거와는 달리 최근에는 일상 생활에서 이뤄지는 선교가 강조되고 있다. 한 예로 다소 보수적인 입장에서 복음전도 사역이 이뤄지는 현장으로서의 일상을 강조하는 팀 체스터와 스티브 티미스를 들 수 있다. Tim Chester and Steve Timmis, *Total Church: A Radical Reshaping around Gospel and Community* (Wheaton, IL: Crossway, 2008), 63.

한다.[24] 본래 신약성경의 교회가 주님께로부터 받은 신앙과 선교적 사명은 공동체적인 것이었다. 선교적 공동체는 세상보다 앞서 하나님의 통치를 경험해야 했다. 교회를 선교의 수행기관이 아닌 "선교의 장소" 또는 "증거의 장소"로 설명한 뉴비긴의 의도가 여기에 있다.[25] 교회는 하나님 나라가 아니지만 적어도 하나님 나라를 미리 맛보고 경험할 수 있는 곳이어야 한다.

더 나아가 선교적 백성의 증언은 공동체 외부 곧 세상에서 이루어져야 한다. 그런데 교회가 증언 공동체로서 세상에서 살아간다는 것은 하나님 나라의 현실을 드러냄으로써 대항문화를 창조해나가는 대안 공동체가 되는 것을 의미한다.[26] 진정한 제자도는 불신자들과 함께 어울려 살아가는 세상 가운데서 실천되어야 한다. 그런데 하나님의 관점에서 볼 때 그 삶의 현실은 결코 거룩하거나 완전하지 않으며 변혁되어야 할 악한 문화의 요소를 상당히 포함하고 있다. 바로 이 점에서 선교적 교회는 세상의 악한 문화를 변혁하는 데 초점을 맞춰야 하는데, 그 일은 어떤 정치적인 투쟁이나 성명서를 발표하는 행위가 아니라 하나님의 통치를 드러내는 대안 공동체적 삶을 통해 수행된다.

물론 교회가 세상에서 대안 공동체로 산다는 것이 정치, 경제, 문화 등 사회의 다양한 영역과 무관하게 수도원처럼 살아가는 것을 의미하지는 않는다. 오히려 대안 공동체의 실천은 그 모든 영역 안에서 이루어져야 한다.[27] 거룩한 교회가 세상 안에 존재하고 살아간다는 것은 바로 이와 같이 현실적 삶의 영역에서 복음의 담지자요 해석자로 살아감을 의미한다.

---

24 Darrell L. Guder, ed., *Missional Church: A Vision for the Sending of the Church in North America* (Grand Rapids, MI: Eerdmans, 1998), 103.

25 Lesslie Newbigin, *The Gospel in a Pluralist Society*, 119, 120.

26 Howard A. Snyder, *Decoding the Church: Mapping the DNA of Christ's Body* (Grand Rapids, MI: Baker Books, 2002), 51-52.

27 Darrell L. Guder, ed., *Missional Church*, 119-128.

6. 교회는 유기체이다

　선교적 교회는 본질적으로 유기체적 공동체이다. 얼핏 보면 선교적 교회와 유기체적 공동체 사이에 연관성이 없어 보인다. 하지만 교회를 하나의 유기체로 본다는 것은 교회가 가진 고유한 본성 곧 DNA에 주목한다는 것을 의미한다. 그 DNA가 바로 교회의 선교적 본질이다. DNA가 생물체의 특성을 결정하는 유전물질인 것처럼 선교적 본질은 교회의 교회됨을 보장하는 요소가 된다. DNA가 없는 유기체가 존재할 수 없듯이 선교적 본질이 없는 교회 역시 존재할 수 없다. 교회는 바로 이 선교적 본질이 작용함으로써 유기체적 공동체로서 건강하게 성장하게 된다.

　그런데 교회의 선교적 본질은 단순히 교회가 행하는 외적 선교 행위로 설명할 수 없다. 그것은 오히려 삼위일체 하나님께서 교회와 관련되고 그것에 관여하시는 정도에 따라 평가될 수 있다. 앞서 말했듯이 교회는 삼위일체 하나님의 주권적 선교, 특별히 성령의 역사에 의해 탄생한 공동체이다. 심지어 교회는 '그리스도의 몸'으로 표현되기도 한다. 이런 점에서 교회 공동체는 삼위일체 하나님의 생명을 간직하고 있다. 따라서 교회가 지역사회 또는 세상 속에서 선교적 공동체로 살아가는 것은 그 공동체가 삼위일체 하나님과의 교감을 통해 얻은 내적 생명력이 발현되는 과정으로 봐야 한다.

　신앙 공동체의 유기체성에 관한 실마리는 성경 여러 곳에서 찾아볼 수 있다. 프랭크 바이올라Frank Viola에 따르면 예수께서는 제자들에게 세 가지를 가르치셨는데, 그것들은 모두 유기체적 생명을 경험하고 나누는 것과 관련되어 있다. 그 세 가지는 "신성한 생명으로 살아가는 것(그리스도인의 삶), 신성한 공동체 안에서 교제를 경험하는 것(유기적인 교회 생활), 신성한 생명과 교제를 다른 사람들에게로 확장하는 것(사도적 사역)"이었다.[28] 농촌 지역을

---

28 Frank Viola, *Finding Organic Church* (Colorado Springs, CO: David C. Cook, 2009), 76.

중심으로 사역하신 예수는 하나님 나라의 유기체적 생명성에 대해서도 자주 언급하셨다.

사도 바울은 '그리스도의 몸'이라는 표현을 통해서 교회 공동체의 유기체 성을 설명하였다. 그는 서신에 따라 이 표현을 조금씩 다른 의미로 사용하였는데, 고린도전서와 로마서에서는 개체 교회의 유기적 통일성을 강조하기 위해 사용한 반면(고전 12:27, 롬 12:4-8), 에베소서와 골로새서에서는 전체 교회 또는 세계 교회의 유기체적 성장을 강조하기 위해 사용하였다. (엡 1:23, 4:12, 16, 5:30, 골 1:18, 24)[29] 바울은 이 개념을 통해서 유기체적 공동체의 핵심적인 원리인 상호연관성과 내적 친밀성을 설명하고자 하였다.

'교회는 유기체이다.'라는 말에는 여러 가지 의미가 함축되어 있다. 앞서 말한 바와 같이 그 말은 교회가 생명을 지니고 있음을 뜻한다. 그리고 그 생명은 언제나 예수 그리스도 자신과 그분의 복음이 지닌 능력을 말한다. 우리 주변에는 규모가 큼에도 불구하고 조직, 시설, 재정 등 이차적인 요소가 공동체를 이끌어가는 교회들이 있다. 그러나 예수 그리스도와 복음 이외에 다른 요소가 이끌어가는 교회는 결코 건강한 교회라고 말할 수 없다.[30] 유기체적 공동체로서 건강한 교회는 예수 그리스도께서 머리가 되시고 복음이 교회의 모든 사역과 조직을 이끌어가는 요소로 작용한다.

그리스도의 중심성에 대해서는 폴 히버트 Paul G. Hiebert가 언급한 중심 집합 centered sets 모델을 통해서 잘 설명할 수 있다.[31] 예수 그리스도께 자신의 삶을 드리기로 작정한 사람들은 준거점이 되신 예수를 향해 존재하며 그렇게 살아간다. 이 경우에 직분이나 교회의 규모는 문제가 되지 않는다. 오히려 비중이 큰 직분을 맡은 사람이거나 양적으로 크게 성장한 교회일지라도

---

29 김균진, 『기독교 조직신학』, IV권, 88-89; Hans Küng, *The Church*, 230.

30 Rick Warren, *The Purpose Driven Church* (Grand Rapids, MI: Zondervan, 1995), 75-83.

31 Paul G. Hiebert, *Anthropological Reflections on Missiological Issues* (Grand Rapids, MI: Baker Books, 1994), 122-127.

얼마든지 예수 그리스도를 향하지 않을 수 있다. 그들은 물리적으로는—제도나 형식적으로는—그리스도에게 매우 가까이 있지만, 내면적으로는 그리스도를 지향하지 않고 자신의 욕심이나 성공 또는 세상의 가치를 지향한다. 실제로 예수께서는 당시에 사회적으로 인정받는 종교인들을 향해 그들이 하나님에게서 멀리 떨어져 있음을 강하게 질책하셨으며, 반면에 사회적으로 인정받지 못하는 사람들을 칭찬하시고 격려하신 적이 많이 있었다. 예수께서 말씀하신 양과 염소의 비유는 아마도 일반적인 인식의 구조를 뒤집은 대표적인 사례가 될 것이다. (마 25:31-46)

그런데 이 생명력은 무엇보다도 하나님과의 관계를 통해서 나타난다. '유기적'이라는 말에는 상호작용과 친밀성이 전제되어 있다. 무엇보다도 공동체 내부적으로 생명력이 충만한 교회는 하나님의 임재와 현존을 통해 그분과의 친밀한 교제를 형성한다. 더 나아가서 그 친밀한 관계성은 신자들 간에, 그리고 교회 밖의 사람들과의 관계에서도 나타난다.

교회 공동체를 영적인 가족으로 설명하는 방식도 유기체의 원리로부터 해명될 수 있다. 닐 콜 Neil Cole 이 말한 바와 같이 교회는 "이 땅에서 하나님의 선교를 수행하기 위해 영적인 가족으로 부르심을 받은 그분의 백성 가운데 예수께서 임재하시는 곳"이다. [32] 고린도전서 12:12-27에 따르면, 공동체 안에서 이루어지는 신자들 사이의 유기적 상호작용은 각 지체들이 서로 다른 기능을 가지고 있음에도 불구하고 서로 조화를 이룰 뿐만 아니라 함께 고통을 받고, 함께 즐거워하는 관계 안에 있음을 의미한다. 이런 내적 유기체성은 복음으로 연결된 사랑의 관계, 서로를 섬기고 필요한 것을 채우기 위해 나누는 코이노니아, 종적으로나 횡적으로 자유롭게 소통하는 조직 구조 등을 포함한다.

이런 이해 안에서 교회의 선교는 말로 이루어지든지 행위로 이루어지든

---

32 Neil Cole, *Church 3.0*, 57.

지 간에 공동체에 내재해 있는 생명력이 흘러넘쳐서 세상으로 전파되는 것을 의미한다. 조금 시각이 다르기는 하지만 크리스티안 슈바르츠 Christian A. Schwarz는 이것을 "하나님께서 모든 교회에 부여하신 생명체적 잠재력을 풀어놓는" 것이라고 표현한다.[33] 일정한 컵에 계속 물을 부으면 자연스럽게 밖으로 흘러넘치듯이 성령의 임재와 현존, 그리고 신자들의 사랑의 관계에 의해 증진된 에너지는 자연스럽게 밖으로 퍼져나갈 수밖에 없다. 충만한 은혜를 경험한 신자의 증언과 봉사는 바로 그런 생명적 에너지의 외적 표현이다.

마지막으로, 교회가 유기체적 생명을 가지고 있다는 것은 탄생에서 사멸에 이르기까지 일정한 생명주기를 가지고 있음을 의미한다. 이 점에서 선교적 교회가 성장해야 한다는 주장은 정당성을 얻는다. 물론 "그리스도께서 교회의 머리가 되시고 교회성장의 근원이요 목적이라는 점을 고려할 때 성장은 오직 교회의 머리이신 그리스도께 복종할 때에만 가능하다."[34] 그러나 그렇다고 해서 한 교회가 무한히 성장할 수 있는 것은 아니다. 성장은 항상 개체 교회를 넘어 전체 교회의 맥락에서 평가되어야 한다. 이 점에서 올바른 성장은 한 교회의 무한한 성장이 아니라 네트워크 형태로 확산되는 성장이다. 이때 활용되는 방식은 분립이나 후원을 통한 재생산이다.[35] 소위 교회개척 사역으로 불리는 이 활동은 교회 공동체가 근본적으로 유기체적 본성을 가지고 있기 때문에 가능하다.

7. 문제가 있는 곳에 희망이 있다

가만히 생각해보면 지금 우리가 안고 있는 문제는 크게 두 가지인 것 같다. 첫 번째는 지난 2,000년 동안 기독교를 지배해 온 크리스텐돔 사고방식

---

33 Christian A. Schwarz, *Natural Church Development*, 10.
34 Hans Küng, *The Church*, 238.
35 최동규, "선교적 교회개척의 의미와 신학적 근거,"「선교신학」제28집 (2011) : 273-276.

이다. 기독교 신앙이 사회의 모든 삶을 통제하던 시절의 교만한 태도가 아직도 사라지지 않은 채 우리의 생각을 지배하고 있다. 교회를 건물이나 조직으로 여기고, 주일과 모임 장소만을 중시하고, 이원론적 또는 계급적 의식으로 성직자와 평신도를 구분하는 태도가 아직도 우리의 삶에 만연해 있다. 이런 사고방식은 선교를 무례하고도 강압적인 강요로 변질시킨다.

두 번째는 근대 이후, 특히 종교개혁 이후에 생겨난 자본주의적 목회 행태인데, 이것 역시 오늘날 우리의 신앙생활을 왜곡하는 요인이 되고 있다. 하나의 시스템 안에서 일사분란하게 관리되는 가톨릭교회와는 달리 개신교는 개교회주의를 바탕으로 발전해 왔다. 그런데 이것이 목회자의 성공철학과 맞물리면서 이기적인 경쟁을 부추기고 있다. 이런 환경에서 목회는 성공을 위한 사업으로 변질되고, 선교는 상품을 팔기 위한 마케팅 활동으로 전락하고 만다.

그런데 다행히 최근에 이런 문제를 인식하고 하나님께서 기뻐하시는 진정한 교회의 모습을 회복하려는 움직임이 곳곳에서 나타나고 있다. 마치 풀뿌리 운동처럼 일어나고 있는 이 움직임은 모든 사역과 조직을, 교회가 교회답고 그리스도인이 그리스도인다운 모습이 무엇인지에 대한 깊은 성찰에서부터 시작하려고 한다. 이런 사고방식은 교회를 선교적 본질을 가진 공동체로 이해한다. 건물이나 조직 등 비본질적인 그 무엇으로는 결코 신앙 공동체를 설명할 수 없고 오직 선교적 관점에서만 제대로 이해할 수 있다는 것이다. 또한 교회는 하나님의 백성 자체이며, 그들은 하나님에 의해 부르심을 받고 다시 세상으로 보내심을 받은 공동체를 가리키는 것으로 이해된다.

이런 내용을 말하는 선교적 교회론은 사실 기존의 교회론들과 비교할 때 전혀 새로운 것이 아니다. 물론 현대 선교적 교회론에는 새롭게 발전된 내용도 있지만 그것의 기본적인 원리는 이미 기존의 교회론들이 다뤘던 것들이다. 교회가 선교적 본질을 가지고 있다는 얘기가 무슨 새로운 내용이겠는가! 현대 선교적 교회론은 단지 오늘의 시대와 현실 속에서 교회론의 주제들을 적용하고 해석할 뿐이다. 그런데 그런 주장이 이 시대와 우리의 삶에서 뜨겁게 주목받는 현상은 그만큼 우리의 교회 현실에 많은 문제가 있음을 반증하는 것이라고도 볼 수 있다.

최근에 한국교회에서 일어나고 있는 많은 문제, 본질에서 벗어난 모습들은 우리를 슬프게 한다. 그러나 희망이 없지는 않다. 신앙의 선배들이 전해준 명제 하나가 우리에게 큰 위로와 용기를 주기 때문이다. 교회는 항상 개혁되어야 한다. Ecclesia semper reformanda est! 지금까지 기독교 역사에서 문제가 없었던 때는 단 한 번도 없었다. 진짜 슬퍼해야 할 때는 문제가 있을 때가 아니라 그 문제를 극복할 만한 개혁의 힘이 교회 내에 없을 때이다. 그러므로 문제가 있는 곳에 희망이 있다.

제4장

교회는
성품의 공동체가
되어야 한다

MISSIONAL
CHURCH

1990년대 이후 침체가 장기화되면서 한국교회는 새로운 성장 동력을 찾기 위해 애를 쓰고 있다. 이런 상황에서 최근에 등장한 선교적 교회론은 가뭄에 단비처럼 한국교회에 활력을 불어넣어 줄 수 있는 그 무엇으로 여겨지고 있다. 그러나 아직 이 주제가 충분히 논의되지 않았기 때문에 선교적 교회에 관한 다양한 이해와 실천이 나타나고 있다. 내가 볼 때 신학적 건전성만 확보된다면 다양하게 개진된 이런 의견들이 이론의 발전에 도움이 될 것이다.

정작 문제가 되는 것은 오해와 편견인데, 대표적인 예를 하나 들자면 선교적 교회를 '선교하는 교회' the missionary church 또는 '선교를 행하는 교회' the missions-doing church 로 생각하는 경향이다. 선교적 교회를 이런 관점으로 생각하는 목회자들은 주로 주보에 실린 후원 선교사와 국내기관들의 명단, 정기적으로 다녀오는 단기선교, 어려운 이웃을 돕는 바자회와 같은 다양한 활동을 선교적 교회의 지표로 삼는다.

통계로 볼 때 한국교회는 다른 어느 기관보다도 많은 사회봉사 및 사회복지 활동에 참여하고 있다. 한 예로 기독교윤리실천운동본부가 2014년 2월에 발표한 '2013 한국교회의 사회적 신뢰도 여론조사'를 보면 사회봉사 활동 적극 수행 종교를 묻는 질문에 응답자의 41.3%가 개신교를 꼽아 32.1%의 응답을 얻은 가톨릭과 6.8%를 얻은 불교를 앞질렀지만, 가장 신뢰하는 종교를 묻는 질문에는 21.3%의 응답을 얻어 29.2%의 응답을 얻은 가톨릭과 28.0%의 응답을 얻은 불교보다 신뢰도가 낮은 것으로 나타났다. [1]

왜 한국교회는 많은 사회봉사를 행하고 있는데도 사회로부터 신뢰를 얻지 못하고 있는가? 근본적으로 행위 이전에 존재론적인 문제가 있기 때문이다. 교회가 교회답지 못하고 신자가 신자답지 못하기 때문에 문제가 발생하는 것이다. 여기에 성품에 관한 사고의 출발점이 있다.

선교적 교회는 근본적으로 존재론적 증언을 중요하게 여긴다. 커뮤니케

---

1 "한국교회, 가장 많은 사회봉사 불구 신뢰도는 바닥," http://www.newsnnet.com/news/articleView.html?idxno=1597 [2016년 9월 19일 접속]

이선 과정에서 메시지보다 매체 자체가 전달하는 메시지가 더 근본적이고 중요하다는 사실은 이미 오래 전 미디어 이론가 마샬 맥루한Marshall McLuhan에 의해 충분히 해명되었다. 맥루한은 그의 저명한 저서 『미디어의 이해』 Understanding Media에서 미디어 곧 매체가 메시지라는 유명한 원리를 밝힌 바 있다.[2] 그의 주장은 커뮤니케이션 상황에서 메시지만을 중시하던 기존의 인식을 깨뜨리고 매체의 의미를 새롭게 밝힌 획기적인 것이었다.

매체는 단순히 메시지의 전달 수단에 그치지 않으며 그 자체로 메시지가 된다. 여러 가지 매체 가운데 당연히 사람도 포함된다. 그런데 찰스 크래프트Charles H. Kraft에 따르면 단지 개인들만이 아니라 사람들이 모인 집단 또는 공동체도 커뮤니케이션 과정에 작용하는 매체의 역할을 한다.[3] 아니, 오히려 공동체 매체가 드러내는 메시지는 개별적인 인간 매체들의 메시지보다 훨씬 강하다.

매체의 중요성에 관한 맥루한의 생각은 세상을 향해 복음을 전하고자 하는 교회 공동체에도 동일하게 적용된다. 세상을 향한 복음 증거에서 가장 중요한 요소는 무엇인가? 말로 표현되는 메시지인가, 아니면 메시지의 기능을 하는 매체로서의 공동체인가? 교회의 증거 사역은 결코 사역이나 조직 등 외적으로 드러나는 그 무엇에 제한될 수 없다. 만약 교회가 그런 외적인 사역들에 의존해서 증거 사역을 펼친다면 단기적인 효과를 얻을 수는 있지만 자칫 장기적으로는 역효과가 생길 수도 있다. 교회의 진정한 증거 사역은 본질에서부터 교회다움을 드러낼 때 가능하다.

그런데 문제는 본질을 드러낸다는 것이 무엇을 뜻하느냐는 데 있다. 따라서 선교적 교회가 교회의 본질을 추구하는 것이 구체적으로 어떤 원리에

---

2 Marshall McLuhan, *Understanding Media: The Extensions of Man,* 2nd edition (New York: McGraw-Hill, 1964), 23.
3 Charles H. Kraft, *Communication Theory for Christian Witness,* revised edition (Maryknoll, NY: Orbis, 1991), 119.

의해서 또는 어떤 모습으로 나타나는지를 아는 것이 중요하다. 이에 나는 교회가 선교적 본질을 추구하고 그것에 집중할 때 형성되고 나타나는 실체로서 '성품'character의 문제를 다루고자 한다. 나는 이 장에서 성품을 선교적 교회를 규정하는 가장 근본적인 출발점으로 삼아야 한다는 점을 말하고자 한다. 한마디로 말해서 교회는 성품의 공동체가 되어야 한다.

그 어떤 선교적 활동이나 행위보다 근본적인 것이 성품이다. 아니, 교회는 처음부터 하나님의 본성과 목적을 담지한 공동체로 출발했기 때문에 일정한 성품을 가질 수밖에 없다. 행위는 성품으로부터 나온다. 문제는 교회가 지닌 그 성품이 어떤 것이냐는 것이다. 교회는 근본적으로 성경이 말하고 예수께서 가르치신 성품을 지녀야 한다.

그렇다면 선교적 교회가 성품을 가진다는 것은 무엇을 뜻하고, 선교적 교회가 성품을 드러내는 실천적 차원은 어떻게 나타나는가? 이것이 이 장에서 우리가 대답해야 할 질문이다. 나는 이 질문에 대답하기 위해 기독교윤리학자인 스탠리 하우어워스Stanley Hauerwas의 교회윤리ecclesial ethics를 활용하고자 한다. 그러나 하우어워스의 교회윤리 자체를 논의하는 것은 나의 의도가 아니다. 따라서 필요 이상으로 그의 신학적 사상을 분석하거나 비판하는 일은 피하고 성품 공동체의 의미와 실천를 해명하는 데 집중할 것이다.

1. 성품 공동체를 이해하기 위한 기본 다지기

성품에 관한 다양하고 풍부한 해석에 관하여

선교적 교회를 일종의 성품 공동체로 설명하기 위해서는 먼저 성품에 대해서 분명하게 이해해야 한다. 성품性品은 일반적으로 사람의 성질이나 됨됨이를 뜻한다. 메리엄 웹스터 사전Merriam-Webster Dictionary에 의하면 성품을 뜻하는 영어 단어 character는 "(1) 어느 한 개인을 형성하고 구별 짓는 특성 또는 특징 중의 하나, (2) 무언가를 구분하여 일정한 범주로 분류하는 데 사용되는 특징, (3) 어떤 개인, 집단 또는 민족을 특징짓고 개별화하는 정신적·윤리적 특성들의 집합, (4) 특별히 다른 사물 또는 존재와 뚜렷하게 구분짓는 핵심적인 또는 본질적인 성질"[4]을 뜻한다. 이 사전은 다소 포괄적인 차원에서 이 단어를 정의하고 있기 때문에 한글 '성품'이라는 단어가 가지고 있는 심층적인 의미를 정확하게 잡아내지 못하고 있다.

성품을 기질, 성격과 구분하는 팀 라헤이Tim LaHaye의 설명은 성품의 특성을 좀 더 부각시킨다.[5] 그에 따르면 기질temperament은 유전적 요인이나 국민성, 인종, 성별 등의 조건에 의해 형성되는 행동의 특성을 가리키는 반면에 성품character은 훈련, 교육, 신앙 등에 의해 기질이 변화된 결과를 가리킨다. 라헤이는 이 성품을 인간의 '영혼'soul이라고 부르면서 이것이야말로 인간의 진정한 모습이라고 말한다. 여기에는 기질이란 타고난 것으로서 변하지 않지만 성품은 후천적인 노력에 의해 얼마든지 변화될 수 있다는 전제가 내재되어 있다. 성품을 변화된 기질로 말하는 라헤이의 설명은 심리학적 차원 또는 교육학적 차원에서 의미가 있다고 본다.

기독교윤리학자 하우어워스 역시 성품을 기질 또는 선천적 특성natural trait과 구분해야 한다고 말한다. "왜냐하면 가장 널리 사용되는 전형적인 성품 개념은 인간이 선천적으로 어떤 존재냐는 것과 반대되는 것으로서 인간이 무엇을 결정할 수 있느냐는 것을 가리키기 때문이다."[6] 이런 설명들은 성품이 인간의 자아 또는 삶을 구성하는 데 매우 중요한 역할을 한다는 것을 암시한다.

반면에 라헤이에 따르면 성격personality은 타인들 앞에서 드러나는 인간의 모습을 가리킨다. 성격은 사람마다 다를 수 있고, 제각기 다른 성격은 결

---

4 http://www.merriam-webster.com/dictionary/character
5 Tim LaHaye, *Spirit-Controlled Temperament* (LaMesa, CA: Tyndale, 1966), 5-6.
6 Stanley Hauerwas, *Character and the Christian Life* (Notre Dame, IN: University of Notre Dame Press, 1994), 11-12.

코 좋고 나쁨의 문제가 아니다. 어떤 면에서 보면 성품은 성격을 통제할 수 있을 만큼 좀 더 포괄적인 개념이다. 선교적 관점에서 성격과 성품의 차이를 구분하는 제프 아이오그 Jeff Iorg의 의견이 도움이 될 수도 있다. "선교적 삶을 사는 것이 반드시 외향적인 사람들만을 위한 것은 아니다. …내성적인 사람의 신뢰성, 진정성, 사려 깊은 동정심은 즉흥적이고 자신만만한, A형 성격을 가진 사람의 대담함만큼이나 매력적이다. 당신 자신의 모습 자체, 다시 말해서 하나님께서 허락해주신 성품을 통해 복음을 전하는 것은 거짓으로 꾸며서 하는 전도보다 훨씬 낫다."[7] 그의 의견에 의하면, 선교에 직접적인 관련이 있는 것은 성격이 아니라 성품이다.

성품에 관한 보다 구체적인 이해를 얻기 위해서 덕윤리 virtue ethics의 관점을 살펴봐야 한다. 성품은 아리스토텔레스 이래로 덕윤리의 핵심 주제로 여겨져 왔다.[8] 하지만 지금까지 윤리학은 주로 규범윤리에 속하는 의무론적 윤리와 공리주의 윤리에 의해 지배되어 왔다. 규범윤리에서 가장 중요하게 여기는 것은 무엇이 옳은 행위냐는 것이다. 규범윤리는 인간이 필연적으로 행해야 할 의무와 규범, 그리고 그것을 행하기 위한 결단을 중시한다. 여기에는 성품이 낄 자리가 없다.

그러나 덕윤리는 행위와 결단 이전에 그것을 대하는 인간의 성품을 중시한다. 특정한 성품을 지닌 사람은 그 성품의 본성에 따라 일정한 방향으로 결단할 것이기 때문이다. 따라서 덕윤리의 관점에서 성품은 도덕적 행위를 할 수 있는 능력이 된다. 이 관점에 서 있는 하우어워스는 성품을 다음과 같은 말로 정의한다.

---

7 Jeff Iorg, *Live Like a Missionary* (Birmingham, AL: New Hope Publishers, 2011), 101.

8 아리스토텔레스는 덕(德, virtue)과 성품을 거의 비슷한 개념으로 사용한다. 그에 따르면 덕은 "인간을 선하게 하며 그 자신의 일을 잘 하게 하는 성품"이다. Aristotle, *Nicomachean Ethics*, trans. Martin Ostward (Indianapolis: Bobbs-Merrill, 1962), 41. 덕과 성품을 비슷한 방식으로 사용하는 것은 하우어워스도 마찬가지다.

나는 성품이라는 용어를 신념, 의도, 행위를 통해 표현되는 인간의 자기능력self-agency을 구성하는 자질을 뜻하는 것으로 사용하며, 그것에 의해 인간이 스스로 결정하는 존재로서 자신의 본성에 걸맞은 도덕적 역사를 획득할 수 있다고 생각한다.[9]

누군가 성품을 가지고 있다고 말하는 것은 어떤 의미에서 그가 자기 자신을 통제할 수 있는 능력을 가진 사람임을 뜻하며, 자기 노력을 통해서, 그리고 규칙과 원칙과 개념 등으로 자신의 성향과 행동을 조절할 수 있음을 뜻한다.[10]

꽤 어려운 말로 설명하고 있는 하우어워스는 성품에 관한 적절한 설명이나 공식적인 정의를 내놓기가 쉽지 않다는 점을 지적하면서 결국 그것은 "역사적 존재로서의 인간" 또는 "자아의 본성"에 대한 이해와 깊은 연관성을 가지고 있다는 의견을 피력하는 정도에서 논의를 멈추고 있다.[11] 그럼에도 불구하고 그의 말은 성품을 이해하는 데 매우 중요한 단서들을 포함하고 있다.

성품은 기본적으로 사람들로 하여금 어떤 태도를 취하거나 결단하거나 행동하게 만드는 내적인 바탕 또는 능력을 가리킨다. 그런데 어떤 사람의 성품 형성은 그가 처해 있는 역사적·문화적 환경으로부터 영향을 받지 않을 수 없다. 어떤 이가 특정한 성품을 가지고 있다면 그것은 분명히 그가 처해 있는 역사적·문화적 환경으로부터 형성되었을 것이고, 그 성품이 드러나는 방식이나 그 성품에 대한 평가 역시 역사적·문화적 상황과 깊이 연관될 수밖에 없다.

또한 성품을 인간학과 심리학의 관점에서 해명할 수도 있다. 성품이 자아와 관련된 내적인 바탕 또는 능력이라면 그것은 인간의 내면을 구성하는

---

9 Stanley Hauerwas, *Character and the Christian Life*, 11.
10 Ibid., 13.
11 스탠리 하우어워스, 문시영 역, 『교회됨』 (서울 : 북코리아, 2010), 218-219.

요소들과 불가분의 관계를 가진다. 다시 말해서 성품은 인간의 내면을 구성하는 지·정·의知情意 곧 지적인 요소와 감정적인 요소와 의지적인 요소에 의해 형성되며, 더 나아가 그것들을 통해서 표현된다. 그러므로 "성품을 구비한다는 것은 통전성의 인격이 된다."라는 뜻으로도 묘사된다.[12] 성품은 인간의 지적 구조—특별히 세계관이나 가치관—와 깊은 관련이 있다. 감정적인 차원 역시 성품의 형성과 표현에 직접적으로 관여한다. 성품이 실천적 의지와 관련되어 있다는 것은 이미 앞에서도 충분히 언급했기 때문에 다시 되풀이할 필요가 없을 것이다.

그런데 성품은 일회적이지 않고 지속적이며, 반복적이고 규칙적인 특성을 지닌다. 성품에 대한 강조는 단지 옳은 행위와 결단을 강조하는 규범윤리의 약점을 극복할 수 있게 해준다. 만약 인간의 모든 행위가 성품에 의거하지 않은 채 이루어진다면, 그 행위들이 심지어 칸트 Immanuel Kant 의 생각처럼 합리적 원칙에 따른 것이라고 할지라도 그것들은 얼마든지 비합리적인 동기에 의해 왜곡될 수 있다.[13] 이런 경우 윤리적 일관성에 문제가 생길 수 있다. 물론 행위자가 언제나 완벽하게 행동하고 처신할 수는 없을 것이다. 하지만 적어도 원칙적으로 그 사람의 성품으로부터 행위가 나올 때 행위자의 성실성integrity이 보장될 수 있을 것이다.

성품의 공동체가 교회의 본질과 일맥상통하다는 것은?

성품에 관한 논의는 주로 개인적인 차원에서 다루는 것이 일반적이지만[14]

---

12 Ibid., 226.
13 William K. Frankena, *Ethics*, 2nd edition (Englewood Cliffs, NJ: Prentice Hall, 1973), 65.
14 크리스틴 우드는 성품을 관계를 통한 개인전도의 중요한 수단으로 삼는 성품전도 (character witness)에 대해서 말하는데, 이것은 성품과 관련된 흥미로운 주제이다. Christine Wood, *Character Witness: How Our Lives Can Make a Difference in Evangelism* (Downers Grove, IL: InterVarsity, 2003).

나의 관심은 개인적 차원을 넘어 공동체적 차원, 특히 교회 공동체의 차원에서 다루는 데 있다. 지금까지 성품을 공동체적 차원에서 논의한 사례는 거의 없다. 심지어 윤리학에서조차 성품은 개인윤리의 주제로 인식되어 온 것이 사실이다. 이와 같은 윤리학의 접근방식은 특히 신학과 신앙의 영역에서 더 심하게 나타나는데, 그것은 아마도 교회를 "하나의 목적 곧 선교를 위해 구속받은 전체 공동체가 아니라 그저 구속받은 개인들의 무리 정도로 여기는" 경향[15]이 그리스도인들의 의식을 지배하고 있기 때문일 것이다. 그런데 최근에 하우어워스가 성품을 교회론에 적용함으로써 교회 공동체의 정체성과 본질에 대해 좀 더 깊은 논의를 할 수 있는 기초를 마련해 주었다.

하우어워스는 교회가 어떤 공동체가 되어야 하는지에 천착한다. 그에 따르면 교회가 추구해야 할 윤리적 과제는 "교회 그 자체가 되는 것"to be the church itself이다.[16] 비록 그가 윤리적 관점에서 성품의 문제를 다루었지만 그의 논의는 선교적 관점과 무관하지 않다. 교회가 교회다워지는 것, 그것은 바로 교회가 가장 중요하게 여겨야 할 윤리적 책무이면서 동시에 선교적 책무가 된다. 따라서 그에게 윤리적 과제는 결코 선교적 과제와 다르지 않다. 교회는 본래 교회가 되어야 할 모습, 예수 그리스도와 성령에 의해 의도된 본래적 모습을 드러냄으로써 하나님의 뜻을 이 세상에 구현한다. 그것은 추상적인 차원에서가 아니라 구체적인 차원에서 그렇게 되어야 한다.

따라서 하우어워스의 관심은 자연스럽게 교회의 정체성, 다시 말해서 '교회됨'의 의미로 모아진다. 그에 따르면 교회는 근본적으로 성품의 공동체

---

15 Christopher J. H. Wright, *The Mission of God's People: A Biblical Theology of the Church's Mission* (Grand Rapids, MI: Zondervan, 2010), 96.

16 스탠리 하우어워스, 『교회됨』, 30. 또 다른 곳에서 하우어워스는 이렇게 말한다. "교회— 우리가 예수 안에서 발견하는 하나님의 이야기를 기억하고 말할 수 있는 사람들—의 첫 번째 사회적 책무는 교회가 되는 것(to be the church)이며, 그렇게 함으로써 세상이 자신의 모습을 깨달을 수 있도록 도와주는 것이다." Stanley Hauerwas, *The Peaceable Kingdom* (Notre Dame, IN: University of Notre Dame Press, 1983), 100.

a community of character이다. 그의 이런 생각은 그가 쓴 책 제목 자체가 '성품의 공동체'라는 점에서도 분명하게 드러난다.[17] 그런데 그가 말하는 성품의 공동체는 결코 개별적인 덕목들을 갖춘다고 해서 이루어지지 않으며 어떤 특정한 행위를 한다고 해서 이루어지는 것도 아니다. 오히려 성품 공동체의 형성은 "자아의 본성" 또는 "심층적인 자아형성"과 관련되어 있다.[18] 성품은 개별적인 행위와 구별되는 내적 본질에 해당한다. 바로 이 점에서 하우어워스의 교회 공동체의 성품은 선교적 교회론에서 말하는 교회의 본질과 일맥상통한다.

교회 공동체가 성품에 관심을 가져야 하는 이유는?

성품이라는 주제를 교회에 연결하는 것은 선교적 교회론에 매우 중요하다. 왜냐하면 선교적 교회론은 교회의 개별적인 선교 행위보다 그 교회 자체가 가지고 있는 본질 또는 바탕을 더 중요하게 여기기 때문이다. 최근에 선교학계에서 '선교' mission 와 '선교들' missions 을 구분하는 경향이 바로 이 관점을 반영하는 한 가지 사례가 된다. 전자는 본질적인 관점에서 하나님의 선교를 가리키고 후자는 실천적인 관점에서 개체 교회들이 행하는 구체적인 선교 행위들을 가리킨다.[19] 물론 특정 장소와 시간에 수행되는 구체적이고 다양한 선교 사역과 활동 역시 중요하다. 그러나 선교적 교회론은 교회가 그렇게 사역과 활동에만 치중함으로써 좀 더 거시적인 차원의 선교 곧 하나님의 선교 Missio Dei 를 놓치게 될까 봐 염려하는 것이다.

교회 공동체가 성품에 관심을 가져야 하는 이유는 무엇인가? 선교적 교회는 하나님의 선교가 교회가 행하는 개별적인 선교 '행위' 또는 '활동'으로

---

17 '성품의 공동체'(A Community of Character)라는 용어는 앞서 인용된 번역서 『교회됨』의 원제목이다. 원서의 서지정보는 다음과 같다. Stanley Hauerwas, *A Community of Character* (Notre Dame, IN: University of Notre Dame Press, 1991).

18 스탠리 하우어워스, 『교회됨』, 219, 221.

19 크레이그 밴 겔더, 『교회의 본질』, 48.

성취될 수 없다. 개체 교회들이 열심히 선교 '행위'와 '활동'을 시행함에도 불구하고 오히려 선교 대상자들과 사회로부터 비판과 비난의 목소리를 듣는 현실이 이런 생각을 지지한다. 그러므로 진정한 선교를 구현하기 위해서는 '행위' 또는 '활동'의 차원을 넘어서는 그 무엇이 필요하다. 그것이 바로 교회의 '교회됨'에 의해 형성되는 성품인 것이다.

2. 성품 공동체는 성경적·신학적으로 어떻게 이해될 수 있는가

성경적 관점에서 바라본 성품 공동체

앞에서 선교적 교회론의 관점에서 성품과 성품 공동체의 개념을 살펴보았다. 이 논의의 중심에는 교회가 성품 공동체가 되어야 한다는 주장이 담겨져 있다. 그렇다면 이 주장은 과연 성경적으로 어떻게 이해되고 지지될 수 있는가? 이 글에서 이와 관련된 모든 내용을 자세하게 다룰 수는 없지만 기본적인 이해를 위해서 몇 가지 중요한 주제를 살펴보자.

성경적인 관점에서 볼 때 성품 공동체는 우선 이스라엘 백성에게서 그 근거를 찾아볼 수 있을 것이다. 하나님은 이스라엘을 선택하여 하나님의 백성으로 삼으셨다. 출애굽기 19:4-6은 이스라엘을 선택하신 하나님의 의도를 정확하게 읽을 수 있는데, 이 본문은 이스라엘이 "특권을 위해 부르심을 받은 것이 아니라 봉사를 위해 선택되었음"을 말한다.[20] 하나님께서 이스라엘을 자신의 소유, 제사장 나라, 거룩한 백성으로 삼으신 이유는 그들을 통해 하나님 자신의 뜻을 이루시기 위해서였다.

이스라엘 백성은 애당초 선민의 자격이 없었지만 그럼에도 불구하고 하나님께서는 그들을 자신의 백성으로 삼으셨다. 캐롤 스튤뮬러Carroll Stuhlmueller가 지적한 바와 같이 "이스라엘의 실존이 낮아진 때"에 그들을 부

---

20 Walter C. Kaiser, *Mission in the Old Testament* (Grand Rapids, MI: Baker Books, 2000), 22.

르신 데에는 그만한 이유가 있었다. [21] 따라서 그들은 언제나 하나님 앞에서 겸손할 수밖에 없었다. 하나님께서 그들을 자신의 백성으로 삼으신 궁극적인 이유는 그들을 통해서 세계 만민을 구원하기 위해서였다.

이 일을 위해서 하나님께서는 구심적 선교 방식을 사용하셨다. 이 방식은 이스라엘 백성의 삶을 통해서 주변 민족들이 하나님의 존재와 은혜를 깨닫고 하나님께로 나오게 하는 것이었다. 크리스토퍼 라이트 Christopher J. H. Wright 는 선교적 교회의 본질을 하나님의 성품을 누리고 전이하는 것으로 설명하는데, 그는 오늘의 그리스도인들이 영적인 차원에서 아브라함의 자손이라는 점에서 선교적 교회의 본질과 사명을 하나님이 아브라함을 부르신 사건에서 찾는다. 하나님께서 아브라함을 선택하여 복福이 되게 하신(창 12:3) 이유는 간단히 말해서 "여호와의 도를 지켜 의와 공도를 행하게 하"기 위해서였다. (창 18:19) 여기에서 여호와의 도를 지키는 것, 의와 공도를 행하는 것은 하나님의 성품을 본받는 것을 가리키며, 구체적으로는 신명기 10:12-19에 요약된 대로 "경외하라, 행하라, 사랑하라, 섬기라, 순종하라."는 다섯 가지 실천을 뜻한다. [22] 성경적인 관점에서 아브라함이 받은 복은 하나님과의 친밀한 관계 안에서 근본적으로 변화된 성품과 삶을 가리킨다. 아브라함의 자손들은 동일하게 이 복을 누리는 공동체이며, 그들은 그 복을 다른 민족, 다른 문화의 사람들에게 나눠주어야 할 의무를 지닌다.

또한 이사야 49:6도 이런 구심적 선교 방식을 보여주는 대표적인 구절이다. "그가 이르시되 네가 나의 종이 되어 야곱의 지파들을 일으키며 이스라엘 중에 보전된 자를 돌아오게 할 것은 매우 쉬운 일이라 내가 또 너를 이방의 빛으로 삼아 나의 구원을 베풀어서 땅 끝까지 이르게 하리라."(사 60:1-3 참

---

21 Carroll Stuhlmueller, "The Foundations for Mission in the Old Testament," in *The Biblical Foundations for Mission,* written by Donald Senior and Carroll Stuhlmueller (Maryknoll, NY: Orbis, 1983), 85.

22 Christopher J. H. Wright, *The Mission of God's People*, 72-73, 89.

조) 이스라엘 백성은 이방 민족들에게 하나님의 빛을 비추는 "종의 공동체"가 되어야 했다. [23] 한마디로 말해서 이방 민족들에게 남다른 삶을 보여줌으로써 하나님의 존재와 성품을 인식하도록 하는 것이 그들의 사명이었다. 언약을 통해 그들에게 주어진 율법은 바로 이런 삶을 위한 것이었다. 그들은 율법을 실천함으로써 특별한 성품의 공동체가 되어야 했다. 그러나 이스라엘 백성은 하나님께서 원하시는 진정한 성품의 공동체가 되는 데 실패하였다.

신약시대에 들어서 이스라엘을 대신하여 예수 그리스도의 십자가와 부활을 믿는 하나님의 자녀들이 등장하고 구심적 선교 방식이 원심적 선교 방식으로 바뀌었지만 '하나님의 백성' laos tou theou 이라는 개념은 그대로 유지되었다. (히 4:9, 11:25, 벧전 2:9-10) 그러나 신약시대에 등장한 하나님의 새 백성 곧 교회 공동체는 근본적으로 예수 그리스도의 인격과 사역에 의존하고 있었다. 다시 말해서 구원받은 새 백성은 예수 그리스도의 성품을 본받는 공동체였다. 하나님의 신적 권리를 모두 포기하고 인간의 세계로 오신 성육신과 삶은 예수의 성품을 잘 보여준다. 그분은 가난한 자, 병든 자, 소외된 자들을 돌보시고 말씀으로 가르치셨을 뿐만 아니라 마침내 십자가에 달리시기까지 모든 사람을 사랑으로 품으셨다.

특히 예수의 말씀 가운데서 성품과 관련된 암시를 발견할 수 있다. 마태복음 7:17-18은 종種과 열매의 필연적 관계에 관해서 말한다. "…좋은 나무마다 아름다운 열매를 맺고 못된 나무가 나쁜 열매를 맺나니 좋은 나무가 나쁜 열매를 맺을 수 없고 못된 나무가 아름다운 열매를 맺을 수 없느니라." 이 본문은 개별적인 그리스도인이든지 교회 공동체이든지 간에 본질적인 성품에 따라 열매가 맺힌다는 원리를 암시한다. 그렇다고 해서 근본적으로 변화된 사람은 결코 죄와 악을 저지르지 않는다는 식의 어설픈 해석을 이본문으로부터 도출해서는 안 된다.

---

23 Arthur F. Glasser, *Announcing the Kingdom* (Grand Rapids, MI: Baker Academic, 2003), 25.

이 본문은 개별적인 행위의 차원을 넘어서 좀 더 근원적인 존재의 변화를 강조하고 있다고 봐야 할 것이다. 어쩌면 이 문제는 구원의 문제를 율법의 차원에 제한하지 않고 하나님과의 친밀한 관계, 이웃을 향한 진정한 사랑의 차원으로 전환한 예수의 의도 속에서 해명될 수 있을 것이다. (마 22:37-40, 막 12:29-31, 눅 10:27 참조) 예수의 관점에서 보면 구원은 결코 율법적인 행위에 의해 이루어질 수 없다. 그것은 오히려 인간의 연약함에 대해 솔직하게 인정하고 겸손하게 하나님의 능력에 의존할 때에만 가능하다. 오직 하나님의 은혜와 그것에 대한 인간의 믿음으로만 구원받는다는 바울의 사상은 바로 이런 예수의 의도와 일치한다.

구약의 이스라엘이든지 신약의 새 이스라엘이든지 간에 하나님께서는 자신의 백성이 성품을 다하여 섬길 것을 요구하신다. 다윗은 아들 솔로몬에게 유언할 때 이스라엘 백성에게 전승되어온 쉐마를 상기시키면서 "마음을 다하고 성품을 다하여" 여호와 하나님을 섬길 것을 권한다. (왕상 2:4)[24] 여기에서 '성품'으로 번역된 히브리어 '네페쉬'nepesh 는 '숨을 쉬다'는 어원을 가지고 있으며 "살아 있는 인간의 총체적 인격으로서 인간이 지니고 있는 보이지 않는 자아로서의 의지나 경향성을 지칭한다."[25] 따라서 성품을 다한다는 것은—그 앞에 나오는 "마음을 다하고"와 결합하여—부분적으로가 아니라 전인격적으로 하나님을 섬기는 것을 의미한다.

신약성경에서 베드로는 자신의 편지에서 예수 그리스도 안에서 새롭게 변화된 그리스도인들을 향해 "세상에서 썩어질 것을 피하여 신성한 성품에 참여하는 자"가 될 것을 권면하고 있다. (벧후 1:4) 종종 어떤 사람들은 사도 바울이 말한 성령의 열매(갈 5:22-23)가 신성한 성품이라고 말한다. 물론 이

---

24 다윗의 유언에 나오는 표현은 쉐마(신 6:5)의 표현으로부터 영향을 받은 것으로서 매우 유사하다. 그런데 개역한글판 성경은 신명기 6:5을 왕상 2:4과 거의 유사하게 "마음을 다하고 성품을 다하고"로 번역하였으나 개역개정판 성경은 그것을 "마음을 다하고 뜻을 다하고"로 번역하였다.

25 권혁승, 『성서와 이스라엘』 (부천: 서울신학대학교 출판부, 2014), 169.

런 주장은 상당히 타당성이 있지만 충분하지는 않다. [26] 성령의 열매들이 하나님의 거룩한 성품에 해당하는 것은 맞지만 거룩한 성품을 성령의 열매에 한정하는 것은 자칫 부분적 진리의 오류에 빠질 수 있다.

그리스도인들과 교회가 추구해야 할 성품은 근본적으로 예수 그리스도의 인격과 삶으로 표현된 성품이다. 만약 그리스도인들과 교회가 세상으로부터 위대하다는 평가를 받게 된다면 그것은 그들 자신이 특별한 능력을 갖고 있어서가 아니라 오직 그들이 예수의 성품과 삶을 본받음으로써 가능할 뿐이다. 하우어워스가 예수의 내러티브 narratives 를 성품 공동체의 원천으로 강조하는 것도 이런 이유에서다.

세상을 섬기기 위한 예수의 성품은 마태복음 5장에 나오는 팔복과 그 뒤에 따라오는 소금과 빛의 은유를 통해서 잘 드러난다. 특히 소금과 빛의 은유는 직접적으로 성품을 가리키지는 않지만 다양한 성품을 유추해낼 여지를 많이 제공한다. 이 두 가지는 드러나지 않는 성육신적 접근과 적극적이고 강한 진리 표현 사이의 균형을 암시한다. 무엇보다도 예수께서 공동체를 향해 세상의 소금과 빛이 되라고 말씀하시지 않고 "너희는 세상의 소금"이요 "세상의 빛"이라고 선언하셨다는 점에 주목해야 한다. [27] 이는 성령에 의해 세워질 교회 공동체가 본질적으로 가지고 있는 선교적 정체성에 집중할 것을 말해준다.

신학적 관점에서 바라본 성품 공동체

선교적 교회론의 관점에서 그리스도인의 성품을 중시하고 성품 공동체의 본질과 정체성을 강조하는 것은 오늘의 시대에 많은 교회가 결여하거나 놓치고 있는 선교적 명제를 뚜렷하게 부각시켜준다. 그것은 "행위자의 존재

---

26 스탠리 하우어워스, 『교회됨』, 237.
27 디트리히 본회퍼, 이신건 역, 『나를 따르라』 (서울 : 신앙과지성사, 2013), 121-122.

being가 행위doing에 우선한다."라는 것이다.[28] 앞에서도 잠시 언급한 바와 같이 지금까지의 선교는 상당 부분 행위와 활동에 초점을 맞춰 왔다. 무엇을 하느냐가 교회 공동체의 가장 중요한 관심사항이었다. 그러나 그 어떤 선교 행위와 활동보다 중요한 것은 그것을 행하는 교회 공동체 자체이다. 다시 말해서 그 공동체가 어떤 존재인지가 중요하다.

성품은 바로 그 존재성을 드러내는 구체적인 특성이다. 물론 그렇다고 해서 선교 행위와 활동이 무익하다는 뜻은 아니다. 문제는 행위와 활동이 가장 중요한 관심사항이 되면 단기적으로 상당한 선교 실적을 올릴 수 있지만 그러는 동안 공동체의 내적 정체성이 흐려지거나 왜곡됨으로써 다른 심각한 부작용을 일으킬 수 있다는 데 있다.

이는 마치 예수를 찾아온 한 부자 청년이 직면한 문제와도 같다. (마 19:16-22) 마태에 의하면 한 부자 청년이 예수를 찾아와 "선생님이여, 내가 무슨 선한 일을 하여야 영생을 얻으리이까?"라고 물었다. 그의 관심은 "선한 일"에 있었다. 그는 선한 일을 '행함'으로써 영생을 보장받을 수 있다고 믿었다. 그러나 예수의 생각은 달랐다. 예수는 제자들이 선한 행위가 아니라 하나님과의 본질적인 관계 안에서 새로운 가치관을 가지고 변화된 삶을 추구해야 한다고 생각하였다. 그것은 결코 행위의 문제가 아니라 "심층적인 자아형성" 곧 어떤 성품의 사람 또는 공동체가 되느냐의 문제였다.[29] 왜냐하면 그가 어떤 사람이냐에 따라 행위가 결정되기 때문이다. 이런 의미에서 앞에서 언급한 "존재가 행위에 우선한다."라는 명제를 "존재가 행위를 결정한다."라는 말로 바꿔서 표현할 수 있을 것이다.

존재와 행위의 관계는 신학적으로 볼 때 믿음과 행위의 관계와 유비될 수 있다. 누구든지 그리스도의 십자가를 통한 구원을 믿음으로만 의롭게 될 수 있을 뿐 행위로는 의롭게 될 수 없다. 사도 바울이 로마서에서 강조한 이 명

---

28 스탠리 하우어워스, 『교회됨』, 221.
29 Ibid.

제는 이미 오랫동안 기독교의 기본 진리로 인식되어왔다. "그러므로 사람이 의롭다 하심을 얻는 것은 율법의 행위에 있지 않고 믿음으로 되는 줄 우리가 인정하노라."(롬 3:28) 이 명제가 행위의 불필요성을 말하는 것은 아니다. 믿음과 행위의 관계는 마치 인간의 내면과 외적인 행동과 같아서 그 두 가지는 서로 불가분의 관계에 있다.

야고보가 지적한 바와 같이 행함이 없는 믿음은 분명히 죽은 것이다.(약 2:17) 반면에 "영혼이 없는 몸이 죽은 것 같이"(약 2:28) 생각이 없는 행동은 인간다움을 드러내지 못한다. 그런데 그 생각은 임의적이지 않으며 일정한 세계관과 가치관에 의해 구조화된 사고로부터 온다. 바로 여기에 인간 존재의 통전성이 있다. 예수 그리스도를 믿는 믿음은 단지 일회적으로 믿는 행위를 말하지 않으며 오히려 그분과의 일정한 관계설정을 통한 자아의 변화에 초점이 있다. 앞서 얘기한 "존재가 행위에 우선한다."라는 말은 존재의 이런 근본적인 변화가 선행되어야 함을 뜻한다. 존재와 행위는 동전의 양면과 같이 상보적인 관계에 있지만 둘 사이에는 우선순위가 있다. 은유적으로 말하자면 로마서에서 야고보서로 갈 수는 있지만 야고보서에서 로마서로 올 수는 없다.

최근에 응용학문이 발전하면서 다양한 방법론과 기술이 사람들의 관심을 끌고 있다. 대부분의 업무에서 마케팅 기법, 커뮤니케이션 기법, 경영학적 방법, 리더십 개발훈련 등이 중요하게 취급되고 있다. 그러나 마이클 프로스트Michael Frost와 앨런 허쉬Alan Hirsch가 지적하고 있듯이 경계적 상황liminal situation 속에서 살아가는 코뮤니타스communitas 곧 선교적 공동체에는 그런 방법론적 기술과 행위보다 성품이 더 중요하다.[30] 어쩌면 가시적 효과와 결과만을 중시하는 가치관이 세상에서 더 뿌리 깊게 내재하고 영향력을 확대할수록 성품의 필요성은 더욱 커질 것이다. 교회 공동체가 붙들어야 할 이 성품은 바로 교회의 본질 자체를 가리킨다.

---

30 Michael Frost and Alan Hirsch, *The Faith of Leap* (Grand Rapids, MI: Baker Books, 2011), 45.

세상 안에 존재하고 있으나 세상에 속하지 아니하였다고 한 예수의 말씀처럼(요 17:11-17) 이 세상과 하나님 나라 사이에서 경계적 삶—나그네의 삶—을 살고 있는 교회 공동체의 일차적인 선교는 공동체 자체의 성품, 다시 말해서 공동체의 본질적 특성으로부터 시작된다. 이 공동체의 삶의 양식은 성품으로부터 나온다. 이 관점에서 하우어워스와 윌리엄 윌리몬William H. Willimon은 산상설교를 예로 들면서 "뺨을 돌려대는 일이 옹호되는 이유는 그것이 어떤 효과가 있느냐의 기준에 의해서가 아니라 그렇게 하는 것이 하나님의 방식이기 때문이다."라고 말한다.[31] 하나님 나라의 복음을 받아들인 사람과 공동체는 하나님의 방식을 따라 살기 때문이다.

따라서 만약 전통적인 방식의 선교를 강조하는 복음주의 진영이든지 마을 만들기와 사회적 기업 등 새로운 방식의 선교를 강조하는 진보주의 진영이든지 간에 그들이 서로 방식만 다를 뿐 특정 행위와 활동만을 중시한다면 그들은 모두 성품 공동체로부터 거리가 먼 집단으로 전락할 수 있다. 이와 관련하여 하우어워스는 교회가 제공하는 봉사에 의해 교회가 교회다워질 수 있다고 생각하는 사고방식을 비판한다. "물론 봉사와 좋은 분위기가 문제될 것은 없다. 문제라면 그것들 자체가 목적이 되어버렸다는 점이다. 이렇게 될 때 교회와 목회는 불가피하게 감상주의에 빠지게 되는데, 우리가 보기에 감상주의는 오늘날 교회에서 발견되는 가장 심각한 타락상이다."[32]

또한 하우어워스는 "오늘날 사람들이 기독교의 사회적 관심사라고 주장하고 있는 것들은 좌파의 주장이든 우파의 주장이든 대개 진정한 교회가 되기를 포기한 교회가 내세우는 사회적 관심사일 뿐이다."라고 작심한 듯 강한 어조로 비판한다.[33] 복음주의 진영이 강조하는 교회개척과 복음전도, 진

---

31 스탠리 하우어워스·윌리엄 윌리몬, 김기철 역, 『하나님의 나그네 된 백성』(서울: 복있는 사람, 2008), 129.

32 Ibid., 184.

33 Ibid., 121.

보주의 진영이 내세우는 사회적 봉사활동 모두 귀한 일임에 틀림이 없다. 그러나 그 모든 행위가 성품에서부터 나오는 것이 아니라면 "진정한 교회가 되기를 포기한 교회"로 전락할 수도 있다는 것이다.

한편 성품 공동체로서의 선교적 교회가 행하는 선교전략은 전통적인 교회성장학에서 제시한 '3P전도'―현존 presence, 선포 proclamation, 설득 persuasion―중에서 현존의 전도와 유사해 보인다. 나는 이 책 제6장에서 선교적 교회의 실천 양식을 세 가지 곧 존재 being, 행위 doing, 말 telling로 제시했는데, 그중에서 존재의 선교가 성품의 선교와 매우 유사하다. 사실 나는 그 글을 쓸 당시에 '존재'과 '성품' 중에서 어느 용어를 사용할 것인지 고민했었다. 선교적 교회로서 존재한다는 것은 그 교회 공동체가 드러내는 정체성과 본질에 의해 일정한 성품이 나타나지 않을 수 없음을 의미하기 때문이다. 따라서 두 용어는 서로 상당히 호환성을 가지고 있다고 볼 수 있다.

3. 성품 공동체 형성을 위해서는 무엇이 필요한가

지금까지 선교적 교회론의 관점에서 성품과 성품 공동체의 개념을 이해하고 그것들이 성경적·신학적으로 어떤 근거와 의미를 가지는지 살펴보았다. 그렇다면 어떻게 성품 공동체를 형성할 수 있는가? 구체적인 방법론의 차원에서 말하자면 성품 공동체의 형성은 한두 가지 사역이나 프로그램만으로 이루어질 수 없다. 물론 가장 중요한 영역으로는 교육 분야를 꼽을 수 있지만 교육만 잘 한다고 해서 쉽게 성품 공동체를 이룰 수 있는 것은 아니다. 오히려 성품 공동체를 이루기 위해서는 교육 이외에도 예배, 친교, 사역 등 다양한 영역에서의 종합적인 노력이 필요하다. 따라서 이런 구체적인 노력을 다루는 것은 다음 기회로 미루고 여기에서는 성품 공동체 형성에 우선적으로 필요한 몇 가지 핵심적인 원리를 살펴보는 데 집중하고자 한다.

세상 안에서 살면서 세상과 구별된 방식 보여주기

선교적 교회가 성품 공동체로서 형성되기 위해서는 존재양식 또는 삶의 양식에 대한 뚜렷한 비전이 있어야 한다. 어차피 세상 가운데서 살아가야 하는 선교적 교회에 중요한 것은 그 세상 가운데서 어떤 모습으로 살아가느냐는 것이다. 교회가 성품 공동체가 됨으로써 하나님의 선교에 참여하는 일은 그 교회의 존재 자체가 세상 속에서 하나의 뚜렷한 메시지가 되는 것으로부터 시작되어야 한다. "교회는 사회 전략을 갖지 않는다. 교회 자체가 사회 전략이다."라고 한 하우어워스의 말이 이것을 말해준다.[34] 그의 말은 교회의 존재 방식과 삶의 방식이 세상 속에서 일반화된 것들과 분명하게 달라야 한다는 점을 의미한다. 한스 큉 Hans Küng은 교회의 거룩성을 설명하면서 그것의 의미를 다음과 같이 말한다.

> 교회는 이 세상과 구별되고, 이 세상의 다른 공동체들과 다른 자신만의 길을 가야 한다. 교회는 자연공동체, 다시 말해서 가족, 민족, 국가와 같이 동일한 삶의 방식으로 묶인 사람들과 다르다. 또한 흥미를 중심으로 모인 공동체와도 다르며, 노동조합이나 전문직협회, 경제조직 또는 문화조직과도 다르다. 교회의 길은 다른 사회단체들의 길과 달라야 한다. 교회는 다른 것으로 대체될 수 없는 자신만의 토대가 있고, 다른 공동체에서 빌려올 수 없는 자신만의 방법이 있고, 다른 공동체의 목적과 구분되는 자신만의 목적이 있다.[35]

오늘날 교회가 직면하고 있는 문제는 결코 세상을 따라잡지 못하는 문화와 기술의 부족에 있지 않다. 오히려 20세기 중반부터 광풍처럼 일어난 일반 사회과학과 응용과학에 대한 관심이 우리의 발목을 잡고 있는 형국이다. 많은 목회자와 선교사들이 발전된 방법과 기술을 목회와 선교에 도입하려

---

34 Ibid., 61.
35 Hans Küng, *The Church*, 329.

고 노력하였다. 그런 관심과 노력이 1세대 교회성장학의 출현으로 열매 맺었다고도 볼 수 있을 것이다. 그러나 사역의 방법과 기술이 크게 발전했음에도 불구하고 교회 공동체의 본질적인 정체성과 고유한 특성들을 잃어가는 문제가 발생하기 시작하였다. 한스 큉의 지적은 이런 문제의식으로부터 나온 것이었다.

세상을 향한 가장 탁월한 선교는 교회 공동체가 행하는 어떤 행위와 활동이 아니라 성품 자체로부터 나오는 구별된 존재 방식 또는 삶의 방식이다. 따라서 선교적 교회론에서 교회의 정체성과 본질적 특성에 관한 이 같은 이해는 매우 중요하게 취급될 수밖에 없다. 칼 바르트 Karl Barth 는 이런 선교 전략에 대해서 다음과 같이 표현한다. "공동체는 세상에 속해 있지만 세상이 자신에 대한 눈을 뜨고 자신에 대한 무지에 종말을 고하는 세상 내의 장소이다. 공동체는 세상이 자신을 있는 그대로 진실하게 인식할 수 있는 장소이다."[36] 성품 공동체의 존재가 세상을 비판하는 기능을 수행한다는 뜻이다.

하우어워스 역시 바르트와 비슷한 방식으로 성품 공동체의 선교에 관해서 말한다. "세상은 파괴되고 타락한 상태에 있으며 또한 구원받을 필요가 있다는 사실을 이 세상이 알 수 있는 방법은, 교회가 세상을 도와서 세상이 제공하는 것과는 전혀 다른 것을 맛보도록 해주는 것이다."[37] 세상은 결코 교회가 행하는 행위나 활동에 의해 비판되지 않는다. 세상을 비판할 수 있는 근거는 오직 교회 공동체의 성품에 있다. 그 성품은 어쩌면 "교인이 아닌 자들에게, 모든 사회적 삶에 미치는 하나님의 구속의 은혜를 보여주는 표징, 도구, 맛보기"라고도 말할 수 있다.[38] 레슬리 뉴비긴 Lesslie Newbigin 에 따르면 그것이야말로 교회의 진정한 존재 목적이다.

이렇게 뚜렷하게 세상과 구별된 삶의 방식은 종종 '대조사회' the contrast

---

36 Karl Barth, *Church Dogmatics*, vol. IV/3-2 (Edinburgh: T. and T. Clark, 1962), 769.
37 스탠리 하우어워스·윌리엄 윌리몬, 『하나님의 나그네 된 백성』, 143.
38 Lesslie Newbigin, *The Gospel in a Pluralist Society*, 233.

society 또는 대안문화 alternative culture 의 전략으로 불린다. [39] 이 전략은 구심적 선교 패턴에 속한다. 구약시대에 이스라엘 백성이 언약공동체로서 이방 민족들에게 새로운 삶의 모델을 보여주어야 했던 것처럼 선교적 교회는 오늘의 세상에서 뚜렷하게 다른 성품을 드러내야 한다. 그런데 이 전략은 세상으로부터 분리되거나 세상에서의 삶을 거부하는 것을 의미하지 않는다. 오히려 "교회가 세상을 섬기되 그 자신의 방식으로 섬겨야 한다는 뜻"이며 "교회는 교회 자체의 방식에 충실해져야 한다."라는 뜻이다. [40] 하나님의 백성은 세상 안에서 살아가야 하지만 세상적인 삶의 방식을 따르지 않고 자신만의 고유한 삶의 방식을 보여줌으로써 새로운 성품을 지닌 공동체의 가능성을 제시해야 한다.

일반적으로 선교적 교회의 삶은 각 지역교회가 처한 상황과 환경에 따라 다르게 나타날 것이다. 그러나 적어도 그것은 세상에 대하여 동일한 한 가지 선언, "우리가 어떻게 서로 사랑하는지를 보라."라는 선언에 상응하는 것이 되어야 한다. [41] 선교적 교회의 삶은 세상이 자신의 삶의 양식에 대해 깊이 성찰하고 부끄러워할 정도로 강력한 것이어야 한다.

그런데 교회가 대조사회로서의 삶을 사는 것은 결코 쉬운 일이 아니다. 대조사회로 산다는 것은 세속사회가 지배하고 있는 문화에 저항하고 대안적인 삶의 모델을 제시하는 것을 뜻한다. 따라서 이 일에는 많은 위험이 따

---

39 Darrell L. Guder, ed., *Missional Church*, 119-124. '대조사회'라는 말은 가톨릭 신학자 게르하르트 로핑크(Gerhard Lohfink)가 제시한 전문 용어이다. 그는 예수 주변에 형성된 집단을 대조사회(Kontrastgesellschaft)라고 표현했는데, 이 용어는 국가나 민족 개념과 같이 세속적인 어떤 집단을 가리키지 않고 예수가 선포한 하나님 나라의 가치에 따라 세속적인 삶의 방식과 전혀 다른, 다시 말해서 '대조적인' 삶의 방식을 가진 공동체를 가리킨다. 그것은 하나님께 부르심을 받고 세상 속에서 하나님의 선교를 감당하며 살아가는 하나님의 백성 자체를 가리키는 말이다. 게르하르트 로핑크, 정한교 역, 『예수는 어떤 공동체를 원했나』(왜관: 분도출판사, 1985), 201-217.
40 스탠리 하우어워스, 『교회됨』, 171-172.
41 Ibid., 113.

른다. 루이스 배럿 Lois Y. Barrett 은 현장에서 복음을 위해 헌신하는 교회들이 현장에서 구체적으로 어떤 위험들을 감수하는지를 보고하면서 "이 교회들은 지배문화와는 다른 규칙을 가지고 사는 것 같다. 그들은 다른 우선순위를 가지고 있다. 그들은 '상식'에 저항한다. 그들은 주변 사회보다도 예수 그리스도께 맞추려고 애를 쓴다."라고 말한다.[42] 따라서 선교적 교회가 세상 가운데서 새로운 성품을 지닌 대조사회로 살아가기 위해서는 위험과 희생을 각오하지 않으면 안 된다.

1세기 초대교회는 이런 대안문화의 전형이 될 만큼 뚜렷한 삶의 패턴을 보여주었다. 그들은 비록 거대한 로마제국 안에서 주변부에 속한 비주류 공동체였지만 매우 새롭고도 독특한 삶의 양식을 가지고 있었다. 그것은 구체적으로 "독특한 문화 곧 하나님의 형상에 따른 성품을 형성하는 삶의 양식"이었다.[43] 그들이 독특한 삶의 양식을 가졌다는 것은 단지 조직이나 예배 등 외적인 모습에서 독특했다는 것이 아니다. 그보다는 성만찬을 중심으로 한 공동체성의 구현, 예수 그리스도의 십자가에 근거한 사랑과 용서, 소유가 아닌 나눔과 환대를 실천하는 등 그들의 삶의 양식 자체가 남달랐다는 것이다. 무엇보다도 그들이 결코 자신들의 신앙을 사적인 영역으로 후퇴시키지 않고 공적인 것으로 여겼다는 점이 중요하다. 심지어 그들은 죽음도 두려워하지 않았다. 성경과 기독교 역사가 증명하듯이 초대교회가 보여준 남다른 삶의 양식은 놀라운 선교 결과로 나타났다.

예수의 성품을 닮은 교회가 되기 위해 예수 이야기 실천하기

오늘날 많은 그리스도인과 교회들이 '어떻게 하는가?' 곧 방법론에 집중

---

42 Lois Y. Barrett, "Taking Risks as a Contrast Community," in *Treasure in Clay Jars: Patterns in Missional Faithfulness*, ed. Lois Y. Barrett (Grand Rapids, MI: Eerdmans, 2004), 74-76.

43 Rodney Clapp, *A Peculiar People: The Church as Culture in a Post-Christian Society* (Downers Grove, IL: InterVarsity, 1996), 82.

함으로써 교회됨을 잃어버리고 있다. 교회가 집중해야 하는 것은 '어떻게 하는가?'가 아니라 '어떤 존재가 되느냐?'이다.[44] 교회가 예수의 성품을 닮은 공동체가 되는 길은 교회 그 자체가 되는 길밖에 없다.

그리스도인들이 모인 교회 공동체는 예수의 제자들이 모인 공동체이다. 따라서 그들은 끊임없이 자신이 예수의 진정한 제자 또는 제자 공동체로서 존재하고 있는지 성찰해야 한다. 우리는 과연 예수께서 지닌 사랑과 연민의 마음을 가지고 있는가? 우리는 예수께서 자신의 삶과 십자가를 통해서 보여주신 희생과 섬김의 정신을 가지고 있는가? 우리는 하나님 나라의 진리를 앞세우고 불의에 타협하지 않는 용기를 가지고 있는가?

시카고에 위치한 윌로우크릭 커뮤니티 교회의 담임목사인 빌 하이벨스 Bill Hybels 는 성품이란 "아무도 보는 사람이 없을 때 우리가 하는 행동"이라는 독특한 표현을 사용한다.[45] 누가 보든지 보지 않든지 간에 하나님의 사람들이 형성한 공동체는 세상을 향해 일관되게 성숙한 성품을 보여줄 수 있어야 한다. 하나님의 마음을 닮은 성품은 프로그램과 이벤트의 한계를 넘어서며 평판과 체면의 한계를 극복한다. 또한 그런 성품은 타인의 시선을 의식하고 이기적으로 계산하면서 봉사하거나 섬기지 않는다. 성공이나 성취를 추구하지 않으며, 하나님 나라의 시각에서 그 일이 꼭 필요하다면 손해와 희생을 감수하고서라도 기쁘게 그 일을 한다. 제자 공동체로서 이렇게 예수 그리스도의 인격과 삶을 본받는 것을 제자도 discipleship 라고 한다.

따라서 제자도는 성품 공동체의 형성과정에 핵심적인 역할을 한다. 성격은 선천적으로 주어지지만 성품은 후천적으로 형성되는 것이다. 그러므로 올바른 성품을 얻기 위해서는 부단한 훈련이 필요하다. "도덕적 성품을 배우는 일은 언어를 배우는 것과 상당히 비슷하다. …사람들은 다른 사람이

---

44 스탠리 하우어워스·윌리엄 윌리몬, 『하나님의 나그네 된 백성』, 193.
45 빌 하이벨스, 박영민 역, 『아무도 보는 이 없을 때 당신은 누구인가?』 (서울: IVP, 1998), 7.

말하는 것을 듣고 그것을 흉내 냄으로써 말을 배운다."[46] 단순히 알고 이해하는 것만으로는 좋은 성품을 얻을 수 없다. 누구든지 지식을 넘어 예수의 인격과 삶을 본받아 훈련하지 않으면 결코 "신성한 성품"(벧후 1:4)에 참여할 수 없다.

교회 공동체 역시 성품 공동체가 되기 위해서는 성령의 능력 안에서 끊임없이 예수의 인격과 삶을 본받으려고 노력해야 한다. 이런 제자도의 훈련은 오늘날 지역교회들이 종종 범하고 있는 것처럼 일정한 프로그램으로 축소될 수 없다. 그것은 그리스도인과 교회 공동체의 삶 전반에 걸쳐서 예수의 메시지와 삶의 정신을 분명하게 이해하고 철저하게 따름으로써 자신의 삶 자체를 근본적으로 변화시키려는 헌신이 되어야 한다.

여기에서는 제자도가 예수 내러티브로부터 연원한다는 사실이 중요하다. 그런데 예수 내러티브에서 연원하는 것은 제자도뿐만이 아니다. 기독교적 성품 역시 예수 내러티브로부터 연원한다. 하우어워스에 따르면 성품은 내러티브에 의해 형성된다.[47] 그리고 성품은 단 하나의 내러티브로 형성되지 않고 수많은 내러티브와 대화하고 교감하는 방식으로 형성된다. 성품 계발과 내러티브의 관계를 설명하는 하우어워스의 의견을 들어보자.

성품은 자아의 고유한 특성이라 할 수 있으며, 내가 보기에, 성품의 계발은 우리가 지닌 내러티브 "안에 들어가 살기"를 배워갈 때 가능하다. … 성품의 계발에는 원칙을 위한 원칙 그 이상의 의미가 담겨 있다. 성품 계발을 위해서는 우리가 행한 것과 행하지 않은 것을 정합성 있게 설명해줄 내러티브가 필요하다. 내러티브 중에는 거짓된 것도 있고, 결과적으로 거짓된 성품을 낳을 수도 있다. 신실한 내러티브의 기준은 새로운 도전요소들을 감당할 수 있는가 하는 점이다. 신실한 내러티브라면 삶의 다양성을 부정하지도 않고, 이제껏 바르게 살아왔던 것은

---

46 스탠리 하우어워스·윌리엄 윌리몬, 『하나님의 나그네 된 백성』, 147.
47 스탠리 하우어워스, 『교회됨』, 255-263.

물론이고 후회가 남는 일까지도 내가 책임이라고 기꺼이 주장할 수 있도록 이끌어주는 것이어야 한다.[48]

이런 설명에 의거해볼 때 그리스도인과 교회 공동체의 성품은 예수 내러티브 곧 예수 이야기를 경청하고 그것을 실천함으로써 형성된다고 볼 수 있다. 성경은 풍부한 예수 이야기를 담고 있다. 복음서들은 직접적으로 예수의 성육신으로부터 그분의 메시지 곧 하나님 나라와 그것을 드러내는 삶, 궁극적으로 죽음과 부활에 이르는 이야기들을 담고 있다. 복음서에 담겨 있는 예수에 관한 풍부한 내러티브들은 그리스도인과 교회 공동체의 성품을 형성하는 원천이 된다.[49] 좀 더 실용적으로 말하자면 복음서는 "새로운 공동체의 구성원이 되기 위해 필요한 훈련의 매뉴얼"이기도 하다.[50] 어느 시대, 어느 지역에서든지 교회 공동체는 복음의 증인으로 살아야 한다. 그러기 위해서는 교회 공동체가 세속적인 경영전략이나 방법론에 관심을 둘 것이 아니라 예수 내러티브를 성품화하는 데 초점을 맞춰야 한다.

직접적으로 예수의 이야기를 담고 있는 복음서가 중요하지만 그렇다고 해서 성경의 다른 부분들이 무익하다는 것은 아니다. 그것들은 다양한 이야기의 피류 속에서 예수의 이야기와 직간접적으로 연결된다. 성경을 내러티브로 읽기 위해서는 성경을 단순히 문자적으로 읽고 따르는 일차원적 독서방식을 극복해야 한다. 내러티브 중심의 독서는 다양한 삶의 맥락 속에서 하나님의 의도가 어떻게 작용하고 있는지를 이해하고 오늘의 삶의 현실에서 어떻게 해석될 수 있는지, 그리고 더 나아가 어떻게 하나님의 의도에 적합하게 실천할 수 있는지를 모색하는 과정이라고 볼 수 있다.

---

48 Ibid., 291-292.
49 Stanley Hauerwas, *The Peaceable Kingdom*, 100.
50 스탠리 하우어워스, 『교회됨』, 107. 예수의 내러티브를 성품 공동체의 중심으로 삼는다는 점에서 하우어워스의 신학은 상당히 기독론 중심적인 특징을 보인다.

더 나아가 해석자의 현재적 삶의 정황이 본문의 이해에 영향을 미친다는 점에서 내러티브 독서는 어느 정도 해석학적 순환 구조를 가지고 있다고 볼 수 있다. 한 가지 단적인 예를 들자면 오늘날 교회들이 종종 범하는 오류처럼 제자훈련을 율법적으로 이해함으로써 예배 출석, 헌금, 기도생활, 성경 암송 등 어떤 특정한 행위들을 하면 좋은 제자인 것처럼 생각하는 것은 매우 위험하다. 왜냐하면 그리스도인과 교회 공동체가 살아내야 할 제자도는 그런 단순한 차원을 넘어 훨씬 더 심층적이고 복합적이기 때문이다.

성령의 능력 안에서 성품 훈련하기

선교적 교회가 주님의 성품을 닮은 공동체가 되기 위해서는 훈련이 필요하다. 성품은 결코 저절로 형성되지 않으며, 근본적으로 성령께서 각 개인에게 역사하시는 능력과 인도하심에 의해 형성된다. 하지만 특별한 경우들을 제외하면 정상적인 성령의 역사는 대체로 성품의 형성에 영향을 끼친다. 성품은 그 특성상 어떤 사건이나 타인의 행위에 대하여 즉흥적이거나 우연한 방식으로 반응하는 것을 의미하지 않는다. 오히려 그것은 결단하고 행동하는 방식을 일정하게 유지함으로써 삶의 통전성integrity을 드러낸다. 따라서 아리스토텔레스가 지적한 바와 같이 성품은 습관과 밀접한 관련이 있다.[51] 반복적인 행동 패턴이 성품을 반영하는 경우가 많기 때문이다.

인간에게는 죄성이 있기 때문에 자동적으로 높은 수준의 성품을 가지는 사람은 한 사람도 없다. 그리스도인과 교회 공동체가 예수 내러티브를 통해서 고상한 성품을 갖기 위해서는 의도적인 훈련이 필요하다. 하우어워스에 따르면 "우리는 그리스도인다운 습관을 계발시켜야 한다. 우리가 계발시켜야 할 습관들은 우리로 하여금 삶의 모호성과 갈등에 직면하라고 요구한다. 이를 통해 우리의 덕성이 함양될 수 있을 것이다."[52] 이런 노력은 근본적

---

51 Aristotle, *Nicomachean Ethics*, 33.
52 스탠리 하우어워스, 『교회됨』, 289.

으로 앞에서 언급한 제자도와 깊이 관련될 수밖에 없다. 예수께서 이 땅에 오신 목적을 성취하기 위해 제자들을 모으시고 그들을 강도 높게 훈련하신 것처럼 탁월한 성품의 제자들을 육성하기 위해서는 고도의 훈련이 필요하다.

이런 생각에는 일정한 습관이 형성되면 자연스럽게 그에 상응하는 성품이 만들어진다는 전제가 깔려 있다. 그러나 문시영이 지적하는 바와 같이 습관을 지나치게 강조하면 자칫 인간적 노력에 의해 성품이 형성될 수 있는 것으로 오해될 수 있다.[53] 그렇게 되면 인간의 변화와 성숙에 주권적으로 역사하시는 성령의 역할이 무시될 수 있다.

현실적으로 습관을 형성하기 위한 인간적인 노력이 성품에 큰 영향을 미치는 것은 사실이다. 그러나 인간의 그런 노력에도 불구하고 모든 인간의 성품 변화를 계획하시고 주도하시는 분은 성령이시다. 보다 높은 차원에서 보면 습관 형성을 통한 성품의 변화조차 성령의 계획과 역사에 포함된다. 따라서 좋은 성품을 갖추기 위해 노력해야 할 책임이 인간에게 있지만, 그럼에도 불구하고 좋은 성품의 형성은 오직 하나님의 은혜 안에서 가능하다는 사실을 명심해야 한다.

이런 사실을 염두에 둔다면 성품과 행위 사이의 순환적인 관계를 충분히 이해할 수 있을 것이다. 어떤 행위들을 반복적이고 지속적으로 행함으로써 특정한 성품을 얻을 수 있다고 말할 수 있지만, 반면에 특정한 성품을 가지고 있는 사람이 어떤 행위들을 반복적이고 지속적으로 할 수 있다고 말할 수도 있다. 여기에서 일정한 행위를 통한 성품 형성은 앞에서―습관과 성품 형성의 관계를 다룬 부분에서―설명한 바와 같지만, 특정한 성품을 가지고 있는 사람이 자연스럽게 그 성품에 어울리는 행위들을 한다는 말은 성품 형성에 성령의 능력이 개입할 수 있는 여지를 준다.

비슷하게 성품과 행위 사이의 순환구조를 말하는 아리스토텔레스는 특

---

53 문시영, 『교회됨의 윤리: 하우어워스의 교회윤리 연구』 (성남: 북코리아, 2013), 127.

정한 성품을 지니고 있는 사람이 일정한 종류의 행위를 실천할 수 있는 근거로 인간에게 내재되어 있는 실천이성의 사용을 제시한다.[54] 그러나 인간의 전적인 부패를 말하는 신학적인 관점에서는 이런 설명을 받아들이기 어렵다. 오히려 인간의 근본적인 성품 변화는 오직 외적인 힘 곧 성령의 능력에 의해서만 가능하다고 말해야 한다.

따라서 성품과 행위 사이의 순환성에 관해서는 이렇게 정리할 수 있을 것이다. 근원적인 변화는 오직 삼위일체 하나님에 의해서만 가능하다. 그러나 그렇게 변화된 뒤 모든 그리스도인은 습관의 형성을 통한 성품 변화를 위해 노력해야 한다. 이 경우는 오직 중생한 그리스도인에게만 해당된다. 이것은 마치 믿음과 행위의 관계를 설명하는 방식과도 유사하다. 믿음이 있는 사람은 믿음에 맞게 행동할 것이다. 그러나 그것이 저절로 이루어지지 않기 때문에 인간의 윤리적 노력이 필요하다. 하나님의 뜻에 부합한 삶을 살기 위해 부단히 훈련하고 성찰해야 한다.

하지만 이 모든 것은 구원받은 사람에게만 의미가 있다. 선하게 살기 위해 노력한다고 해서 누구나 믿음과 구원에 이르는 것은 아니라는 말이다. 교회가 본질에 집중하는 성품 공동체가 되어야 할 이유가 바로 여기에 있다. 예수의 인격과 삶을 본받고 따르는 교회 공동체는 예수의 성품을 닮아 그에 걸맞은 실천을 하게 된다. 물론 그 실천은 교회가 위치한 지역사회의 필요와 실천방안에 대한 적절한 연구를 전제하고 있다. 그러나 성품에 대한 관심 없이 단지 선교적인 행사와 활동에만 치중하는 교회는 결코 선교적 교회가 될 수 없을 것이다.

공동체 안에서 그리스도인의 성품 훈련하기

성품 형성과 관련하여 마지막으로 한 가지 더 언급해야 할 것이 있는데,

---

54 Aristotle, *Nicomachean Ethics*, 38-40.

그것은 공동체의 중요성이다. 각 개인의 성품은 근본적으로 공동체적 맥락에서 형성된다. 성품 형성이 공동체적 특성을 지니는 이유는 성품이 인간의 상호적인 관계 안에서 형성되기 때문이다. 이는 교회의 본질을 관계적 관점에서 이해하는 선교적 교회론과 무관하지 않다.[55] 하우어워스 역시 "인간이 덕스러워질 수 있는 능력은 공동체에 달려 있다는 점, 즉 신실한 내러티브를 가진 공동체에 의존하는 것이라는 점"을 강조한다.[56] 하우어워스는 교회가 성품을 훈련하는 곳이 되어야 한다고 말한다. 여기에서 먼저 전제되어야 할 것은 공동체가 신실한 내러티브를 가지고 있어야 한다는 점이다. 만약 교회가 예수의 성품과는 상관없이 특정한 부류의 이익을 대변하거나 세속적인 가치관에 물들어 있다면 그 안에서 살아가는 구성원들의 올바른 성품 형성은 보장될 수 없을 것이다.

오늘날 교회 안에서 개인주의 신앙 관념이 보편화되고 있다. 이 현상은 근대 이후 서구에서 발전된 개인주의가 서구 기독교의 세계화와 맞물려 마치 기독교의 본래적 모습인 양 그리스도인들의 의식 속에 자리를 잡음으로써 생겨났다. 종교가 사사화私事化, privatization 됨으로써 공적 기능을 상실한 것도 이런 현상이 확산되는 데 부채질했다. 본래 예배는 교회가 공동체로서 함께 하나님 앞에 나아가는 것이 되어야 하지만 오늘날 한국교회의 예배는 상당히 개인주의화되어 있다. 예배뿐만 아니라 신앙생활 자체가 '나와 하나님과의 관계'로서 정의되기 때문에 공동체성은 찾아보기 어려운 상황이다.

이런 상황에서 그리스도인의 성품 형성과 함양은 전적으로 개인이 책임져야 할 것으로 보인다. 그러나 이런 사고방식은 매우 잘못된 것이다. 교회는 근본적으로 공동체로서 존재한다. 따라서 개별 그리스도인의 신앙과 삶은 철저하게 공동체와 관련되어야 한다. 그들의 신앙과 삶은 공동체로부터 형

---

55 Byungohk Lee, "Toward a Korean Missional Church," 「장신논단」 44권 3호. (2012. 10): 281.
56 스탠리 하우어워스, 『교회됨』, 226.

성되고 육성되어야 한다는 말이다.

따라서 개인의 성품과 공동체의 성품은 근본적으로 상호관련성이 있다고 봐야 한다. 한 예로 라르쉬 공동체의 설립자인 장 바니에 Jean Vanier 는 자신의 책에서 공동체에 속한 구성원들의 성장이 공동체의 성장과 어떻게 연결되는지를 설명한다.[57] 신체장애인들을 돕기 위해 찾아온 봉사자들은 공동체 안에서 그들과 함께 사는 동안 남을 돕기에 앞서 자신이 먼저 도움을 받아야 한다는 사실을 발견하고 충격을 받는다. 그들은 공동체 안에서의 삶을 통해서 자신의 모습을 성찰하고 자신이 어떤 모습으로 변화되어야 하는지를 깨닫게 된다. 그들은 또한 다른 사람들의 변화와 성장에 영향을 끼치게 된다.

이와 같은 상호적 체험들은 예수 내러티브 안에서 또 다른 내러티브들을 만들어낸다. 그들은 이런 체험들을 통해서 예수의 제자도를 배워가며, 예수 내러티브를 배우고 체득하는 만큼 그들의 성품도 성숙해진다. 그리고 그들이 성숙해지는 만큼 공동체의 성품도 성숙해진다.

4. 한국교회의 정신은 성품에 달려 있다

지금까지 교회 문화를 지배해온 개인주의 신앙의 관점에서 성품은 철저하게 그리스도인의 개별적인 문제로 여겨져 왔다. 그러나 최근에 공동체의 중요성을 인식하고 교회 공동체의 선교적 본질을 통한 공적 증언에 대한 관심을 키워온 선교적 교회론의 관점에서 볼 때 성품은 결코 개인만의 문제가 아니라 공동체의 주요 관심사가 될 필요성이 제기된다. 성품은 공동체를 통해서 육성되고 발휘된다. 따라서 선교적 교회를 꿈꾸는 오늘의 목회자들은 각 지역교회가 어떻게 하나님이 기뻐하시는 공동체적 성품을 형성하고 함양

---

57 J. 바니에, 성찬성 역, 『공동체와 성장』 (서울: 성바오로출판사, 1985), 98-102.

할 수 있는지 진지하게 고민해야 할 것이다.

또한 성품 공동체로서의 선교적 교회는 단지 행위와 활동에 치중해온 기존의 선교 관념과 패턴을 수정한다. 교회의 선교가 진정한 하나님의 선교가 되기 위해서는 단순히 손과 발의 기계적인 움직임을 통한 선교의 한계를 극복하고 심장으로부터 시작되는 성품의 선교를 지향해야 한다. 나는 이 장에서 선교적 교회가 성품 공동체로서 육성되기 위한 몇 가지 핵심적인 원리로서 (1) 교회가 대조사회의 정체성을 분명히 할 것, (2) 예수 내러티브를 통한 제자도에 집중할 것, (3) 지속적이고 반복적인 실천을 모색할 것, (4) 공동체성을 함양할 것을 제안하였다.

일반적으로 복음이 전파된 지 오래될수록 복음의 수용성은 떨어지고 기독교 집단에 대한 비판적 의견은 강해지는 경향이 있다. 이런 경향은 새로운 영적 부흥과 갱신 운동이 일어나기 전까지 계속될 것이다. 이것은 한국교회가 접하고 있는 현실이기도 하다.

이런 경우에는 복음의 메시지에만 의존하는 전도보다 전도자 자신이 메시지가 되는 성품의 전도character evangelism—일반적으로 현존의 전도presence evangelism로 불리는—가 중요하다. 마찬가지로 교회 역시 공적 세계에서 공동체적 성품이 전달될 수 있는 진실하고도 자기희생적인 선교에 집중해야 한다. 이렇게 한국교회가 성품 공동체로서 선교적 교회가 되고자 노력할 때 현재의 난국을 극복하고 밝은 미래를 향한 소망을 얻을 수 있을 것이다.

제5장

'미셔널'의 의미는
생각보다 넓고 풍부하다

MISSIONAL
CHURCH

서구에서 일어난 선교적 교회 운동과 관련된 정보와 학문적 자료들이 전해지면서 한국에서도 조금씩 이 운동을 이해하고 우리의 현장에 적용하려는 움직임이 여기저기서 포착되고 있다. 그러나 아직까지 논의가 충분하게 숙성되지 않은 까닭에 여러 가지 오해와 왜곡 현상이 발생하고 있다.

　　최근 한 대형교회에서 선교적 교회 컨퍼런스를 연 적이 있다. 물론 아직 선교적 교회론이 한국교회에 충분히 알려지지 않은 상황에서 대형교회가 나서서 이런 주제를 다루는 것은 매우 감사한 일이 아닐 수 없다. 그러나 선교적 교회론을 다루는 행사들이 대형교회 중심으로만 열리면 자칫 선교적 교회론이 대형교회들의 이미지 쇄신을 위한 도구로 전락할 수도 있다. 또한 주로 대형교회 목회자들이 그 컨퍼런스의 강사로 나섰다는 점에서 선교적 교회에 관한 담론이 자칫 교회성장을 위한 수단과 방법으로 오해될 수도 있다. 이런 경우에는 선교적 교회가 주로 구두복음전도를 중심으로 한 선교 사역의 확장 정도로 여기게 된다.

　　반면에 한국에서 선교적 교회 운동은 작은 교회 운동과 긴밀하게 연결되어 있다. 이 운동에 참여하는 그룹들은 대형교회 자체를 부정적으로 본다. 물량주의와 수평적 교인 이동으로 성장하고 거대한 조직이 개인의 가치를 집어삼키는 대형교회 구조는 하나님의 선교를 수행하는 데 적합하지 않다는 것이다. 이 그룹들은 주로 도서관, 카페 등을 통한 지역사회와의 교감, 사회적 기업, 생명운동, 환경운동 등에 관심을 두고 있다. 이들의 경우에는 선교적 교회를 사회봉사나 사회참여를 중심으로 한 선교 활동으로 여긴다. 반면에 복음을 통한 개인의 회심은 이들에게서 쉽게 찾아보기 어렵다.

　　본래 어느 사회든지 어떤 운동이 건강하게 발전하려면 획일적인 형태가 아닌 다양한 형태의 실천 그룹들이 나타나야 한다. 이런 점에서 나는 한국에서도 선교적 교회 운동은 다양한 형태로 전개되는 것이 바람직하다고 생각한다. 그러나 안타깝게도 현재 한국에 나타나고 있는 선교적 교회 운동은 다소 불안정해 보인다. 그리 넓지 않은 나라 대한민국에서, 그것도 아직 선교적 교회에 관한 담론이 충분히 알려지지 않은 상태에서 왜 이런 상반된 움직임이 나타나고 있는 것일까? 왜 그들은 선교적 교회에 관해서 서로 다른 그림을 그리고 있는 것일까?

신학적 다양성은 다양한 실천 그룹을 양성하는 자양분이 된다. 그러나 나는 현재 한국에 나타나고 있는 선교적 교회 운동의 양극화 현상이 단순히 신학적 다양성이라는 관점에서 비롯된 것이라고 생각하지 않는다. 오히려 여기에는 '선교적 교회'라는 용어 중 '선교적'이란 단어에 대한 오해가 도사리고 있다고 생각한다. 특히 이 문제의 근원에는 '미셔널'missional, 선교적이라는 단어에 대한 축소주의적 이해가 있다고 본다.

이런 배경 이해를 바탕으로 이 장에서는 '미셔널'이라는 단어 사용에 내재해 있는 축소주의의 문제를 분석하고 진정한 의미의 '미셔널'은 무엇을 뜻하는지 설명하고자 한다. '미셔널'은 통전적인 의미를 지니고 있다. 따라서 그것은 자신의 이익과 욕심을 도모하기 위한 방편으로 사용되어서는 안 된다.

1. 동상이몽으로 사용되는 단어 '선교적'

선교적 교회에 관한 논의는 문자적으로 두 개의 용어 곧 '선교적'missional이라는 용어와 '교회'church라는 용어를 어떻게 이해하느냐에 달려 있다. 하나는 형용사요 다른 하나는 명사로서 두 용어는 서로 깊은 연관성을 갖고 있다. 각각의 개념은 다른 개념을 이해하는 데 중요한 영향을 미친다. 특히 '선교적'이라는 용어는 교회를 설명하는 수식어로서 교회의 일정한 속성 또는 특성을 표현한다.

앞 장에서 우리는 교회 개념에 담겨 있는 오해들에 관해서 살펴보았다. 그런데 '교회'라는 단어에 담겨 있는 왜곡된 이미지 못지않게 '선교적'이라는 형용사 단어의 사용 역시 선교적 교회의 이해를 혼란스럽게 만들고 있다. 문제는 사람들마다 '선교적'이라는 용어를 자신에게 편리한 대로 사용한다는 데 있다.

'missionary' vs 'missional'

모두 다 '선교적'이라는 똑같은 용어를 사용하지만 그 용어에 담는 의미는 제각각 다르다. 어떤 사람은 해외 또는 타문화권에 선교사를 파송하는 것으로, 어떤 사람은 구호 물품을 모아서 보내주는 활동이나 단기선교를 뜻하는 것으로, 어떤 사람은 하나님의 창조세계를 돌보는 환경운동을 뜻하는 것으로 생각한다. 그 밖에도 다양한 의미로 사용되고 있어서 실제로 그 단어를 사용하는 사람의 선교 이해를 파악하기 전에는 그가 사용하는 의미를 쉽게 알아맞히기가 어렵다. 이런 문제는 서구뿐 아니라 한국에서도 동일하게 나타나고 있다.

서구에서는 이미 GOCN 그룹이 이 용어의 전통적인 영어 표기방식인 'missionary'의 개념적 한계를 인식하고 'missional'이라는 신조어를 만들어서 사용하고 있다. 'missionary'라는 단어에는 해외에 선교사를 파송하고 그곳에 교회를 개척하는 등 지금까지 선교라는 이름으로 행해온 기존의 선교 방식이 투영되어 있기 때문에 한계가 있다고 생각했던 것이다. 따라서 그들은 'mission'이라는 단어에 접미사 'al'을 붙여 새로운 의미를 담은 용어로 사용하고자 했다. 그런데 한국에서는 두 개의 영어 단어 모두 '선교적'이라는 말로 번역되어 혼란이 가중되고 있다.

엄밀히 말해서 '선교적'이라는 용어 사용의 근본적인 문제는 사용하는 의미의 다양성보다도 본래의 개념을 획일적으로, 그것도 편협하고 축소된 의미로만 사용하는 태도에 있다. 문제가 되는 편협한 또는 축소된 개념 이해의 한 축은 주로 선교를 전통적인 방식으로 이해하는 부류와 관련이 있으며, 다른 한 축은 아이러니하게도 최근에 일어나고 있는 선교적 교회론 자체의 균형 상실과 맞물려 있다.

'미셔널'이란 용어에 관한 네 가지 접근방식

이와 관련하여 오늘날 '미셔널' missional 이라는 용어가 서구에서 얼마나 다양하게 사용되고 있는지를 밝히고 있는 크레이그 밴 겔더Craig Van Gelder 와 드와이트 샤일리Dwight J. Zscheile의 분석으로부터 시작하는 것이 도움이 될 것이다.[1] 그들은 '미셔널'이라는 용어를 사용하는 저서들을 네 개의 그룹 곧 (1) 미셔널의 발견discovering, (2) 미셔널의 활용utilizing, (3) 미셔널의 참여 engaging, (4) 미셔널의 확장extending으로 구분하고 이들에 대한 비판과 제언을 덧붙였다.

겔더와 샤일리가 분류한 네 개의 그룹은 선교적 교회에 관한 논의에서 각기 다른 접근방식을 보인다. '발견' 그룹은 여전히 교회와 선교를 분리된 실체로 보면서 전통적인 이해 방식을 증진하려고 노력하며, '활용' 그룹은 "하나님의 활동과 관련하여 선교적 교회의 모습이 어떠한지를 깊이 이해하기 위해 노력"하며, '참여' 그룹은 선교적 관점이 교회의 삶과 시스템에 어떤 의미가 있는지를 파악하고 그것들을 변화시키려고 노력하며, '확장' 그룹은 선교적 교회에 관한 논의를 확장하려고 노력한다.[2] 따라서 이 네 개의 그룹들은 '미셔널'에 대해서 각각 서로 다른 입장을 취하고 있는 것으로 볼 수 있다.

나는 기본적으로 이런 분석과 평가가 선교적 교회에 관한 논의에 매우 유익하다고 생각한다. 선교적 교회를 논의할 때 중요한 것은 다양한 관점에서 제시되는 주장과 비판에 대해서 열린 마음을 갖는 태도이다. 저마다의 신학적 입장에 따라 선교적 교회를 추구하는 방식이 다를 수 있지만, 다른 관점에서 제기되는 비판에 귀를 기울일 때 성장과 발전을 기대할 수 있을 것이다.

무엇이 '미셔널'한 것인가? 나는 '미셔널'의 의미를 편협하게 또는 축소주의적으로 사용하는 입장들을 비판한다. '미셔널'을 단순히 선교 행위로 축소하려는 태도와, 과거에 한창 유행했던 사회적 복음 내지는 사회참여로 환원하려는 태도는 '미셔널'의 의미를 파악하는 데 도움이 되지 않는다. '미셔널'의 의미는 이 두 차원을 포괄하면서도 훨씬 더 복합적인 차원을 내포한다.

---

1 크레이그 밴 겔더·드와이트 J. 샤일리, 『선교적 교회론의 동향과 발전』, 23-26.
2 Ibid., 39-40.

그리고 그 용어의 온전한 의미를 드러내기 위해서는 좀 더 균형 있고 통전적인 접근 방법이 필요하다.

2. 선교의 개념이 축소주의에 의해 문제되고 있다

지역교회가 속한 그 사회가 중요한 선교의 현장이다

'미셔널' 곧 '선교적'[3]이라는 개념은 선교를 어떻게 생각하느냐에 따라 달라진다. 한국의 많은 목회자와 신자들은 대체로 선교를 축소된 개념으로 인식한다. 이런 인식을 가진 사람들은 '선교적'이라는 용어를 자신들의 선교 개념에 맞춰, 다시 말해서 축소된 의미로 해석하는 경향을 보인다.

'선교적'이라는 용어의 첫 번째 축소주의적 의미 해석은 지리적 선교 개념과 관련이 있다. 이것은 한국교회에 가장 만연해 있는 선교 개념이다. 1세기이래로 가장 오랫동안 기독교 신자들의 의식을 지배해온 이 개념은 선교를가급적 멀리 떨어진 곳으로 선교사를 파송하는 것이라 여긴다. 이런 생각은기독교 역사에서 가장 중요한 선교의 동기로 인정되어온 마태복음 28:19-20 곧 예수의 대위임령 the Great Commission 으로부터 영향을 받아 형성되었다. "(그러므로) 너희는 가서"의 헬라어 분사 '포류텐테스' poreuthentes 에 대한 강조는 복음을 전하기 위해 가급적 먼 지역으로 여행하는 것이 선교라는 관념을 만들어냈다.[4] 사도행전 1:8에 나오는, '땅 끝'이라는 용어도 지리적 선교이미지를 형성하는 데 한몫을 하였다.

지리적 관점에서 이해된 선교 개념은 지난 2,000년 동안 기독교의 선교사역을 확장하는 데 크게 이바지하였다. 수많은 그리스도인들이 예수의 대

---

3 나는 한국 상황에서 선교를 축소주의적으로 이해하는 그룹들을 설명할 때 의도적으로 '미셔널'이 아닌 '선교적'이라는 용어를 사용한다. 왜냐하면 이런 방식의 선교 개념을 가지고 있는 사람들은 대체로 아직까지 선교적 교회에 관한 논의에 접근하지 못했고, 따라서 '미셔널'이라는 용어 자체도 모르는 사람들이기 때문이다.

4 요하네스 니센, 『신약성경과 선교』, 35.

위임령에 자극을 받고 선교사로 자원하여 먼 곳으로 떠났다. 그러나 이 관념은 그 효과에도 불구하고 선교를 해외선교로 축소하는 문제를 낳았다. 오늘날 많은 신자들이 선교를 훈련된 선교사를 해외로 파송하는 것으로 생각하는 경향이나, 그 일은 지역교회가 아닌 전문적인 선교기관이 담당해야 하고 교회는 단지 그 선교기관들을 재정적으로 지원하면 된다고 생각하는 경향이 이러한 관념과 관련이 있다.

이들의 사고방식에서 선교적 교회는 해외선교를 열심히 하는 교회를 뜻한다. 그러나 그렇게 해외선교에 열심인 교회들 중에는 자신이 속한 지역사회에서 전혀 선교적 공동체로 살아가지 못하는 교회도 많이 있다. 선교역사학자 윌버트 쉔크 Wilbert R. Shenk 는 이 점을 꼬집어서 이렇게 말한다. "선교적 증언이 먼 곳으로 보내지는 소수의 사람들 때문에 유보될 때마다…교회라는 실체가 왜곡되었고 그 존재이유로부터 단절됨으로써 하찮은 것으로 여겨졌다."[5] 선교를 단지 해외선교로 축소함으로써 그리스도인들이 자신의 일상적 삶 전체를 통해서 선교적 증인으로 살아야 할 사명을 망각하게 되었다는 것이고, 교회 개념에 대한 오해가 여기서부터 비롯됐다는 것이다.

선교를 단순히 지리적으로만 이해하려는 오류는 근본적으로 서구 교회들의 잘못된 사고방식에서 생겨났다. 서구 교회는 기독교 역사에서 상당히 오랫동안 선교를 자문화 중심적인 ethnocentric 관점에서 해석하는 잘못을 저질러왔다. 서구의 그리스도인들은 선교를 문명화된 서구로부터 문명화되지 않은 비서구 사회로 가는 것으로 정의하였다. 그들은 '땅 끝'을 지리적인 관점에서 서구로부터 가장 먼 곳으로 생각하거나 문화적인 관점에서 서구 문화로부터 가장 멀리 떨어져 있는 곳을 가리키는 것으로 이해하였다.

그러나 최근에 서구의 여러 학자들은 이런 관점에 많은 문제가 있다는 점을 인정하고 있다. 대표적으로 요하네스 블라우 Johannes Blauw 는 "그러므로

---

5 Wilbert R. Shenk, *Changing Frontiers of Mission* (Maryknoll, NY: Orbis, 1999), 16.

'땅 끝'이라는 말에서 비성경적인 '서구적' 관념이 일소되지 않는 한 '해외선교'로서의 선교를 '끝날'과 '땅 끝'의 상관관계 위에 세우는 것은 신학적으로 정당해보이지 않는다."[6]라고 말했다. 그의 말 가운데 '땅 끝'이라는 단어에 담긴 "비성경적인 '서구적' 관념"이란 바로 지리적 관점에서 선교를 생각하는 태도를 뜻한다. 그런데 이런 잘못된 선교 의식이 서구로부터 한국에 그대로 전래되어 한국교회의 선교를 왜곡하고 있는 것이다.

하지만 선교를 지리적 관점으로 생각하는 사고방식은 오늘날 더는 작동하지 않는다. 앤드류 커크 J. Andrew Kirk의 말처럼 "선교는 더 이상 해외 또는 다른 문화권에서 이루어지는 교회의 활동으로 생각되지 않고 있다. 선교의 전방 mission frontier은 일차적으로 지리적인 영역이 아니라 신앙, 확신, 헌신의 영역에 있다."[7] 주변을 돌아보라. 만약 그곳에 복음이 필요한 사람들이 있고 그들을 향한 그리스도의 마음이 느껴진다면 그곳이 바로 선교의 전방이 된다는 뜻이다.

사실 백 번 양보하여 선교를 지리적인 관점에서 보더라도 과연 자신에게서 가장 먼 '땅 끝'은 어디인가? (지구가 둥글기 때문에) 자신이 서 있는 곳 바로 옆이 아니겠는가! 약간 농담같이 보이는 이 말은 자신이 살아가는 그 삶의 자리, 교회의 차원에서 말하자면 지역교회가 속한 바로 그 지역사회가 중요한 선교의 현장이라는 점을 일깨워준다. 여기에서 나는 지역사회가 '중요한' 선교 현장이라고 했지 '가장 중요한' 선교 현장이라고 말하지는 않았다. 전략과 상황에 따라서 선교의 우선순위가 달라질 수는 있지만 일반적으로는 어떤 선교가 더 중요하고 어떤 선교는 덜 중요하다고 말할 수 없다는 뜻이다.

요점은 그동안 해외선교만을 선교의 영역으로 생각해온 것에 비해 지역사회에서의 선교가 지나치게 등한시되었다는 것이다. 사실 엄밀하게 말하자면 사도행전 1:8에 나오는 표현 "예루살렘과 온 유대와 사마리아와 땅 끝"

---

6 Johannes Blauw, *The Missionary Nature of the Church*, 112.
7 J. 앤드류 커크, 최동규 역, 『선교란 무엇인가』 (서울: CLC, 2009), 48-49.

은 지역사회, 국가 단위의 동일문화권, 문화적 차이가 크지 않은 타문화권, 문화적 차이가 큰 타문화권을 가리킨다고 볼 수 있다. 그런데 이 네 개의 지역은 모두 '-와'kai라는 등위접속사로 연결되어 있다. 이 말은 네 영역의 선교적 중요성이 모두 같다는 것을 의미한다. 다만 선교의 영역이 예루살렘에서부터 점차 더 넓은 지역으로 확장되고 있다는 점을 고려할 때 지역교회의 선교는 자신이 몸담고 있는 지역사회로부터 시작되는 것이 지극히 당연하다고 말할 수 있다.

선교는 지금 여기에 존재하고 있는 교회 자체이다

한국에서 '선교적'이라는 용어의 의미를 축소해서 이해하는 두 번째 사례는 행사 또는 사업적 선교 개념이다. 종종 많은 교회에서 선교는 일정한 활동, 프로그램, 이벤트, 사업 등으로 이해된다. 이런 이해 방식은 주로 교회 중심의 선교를 전제로 하고 있으며, 특히 조직으로서의 교회가 펼치는 행위를 선교로 생각하는 경향을 보인다. 예를 들자면 해외선교와 관련해서는 주로 선교사를 파송하고 후원하는 일, 비전 트립vision trip을 다녀오는 일, 선교지에 다양한 물품을 지원하는 일 등이 대표적이고, 국내선교와 관련해서는 주로 선교단체와 어려운 교회를 지원하고, 주민센터와 협력하여 어려운 주민들을 돕는 일 등이 해당된다. 조금 앞서가는 교회들 중에는 국내외에 재난을 당한 지역에 긴급구호대를 파견하는 교회도 있다.

이 모든 일은 조직으로서의 교회가 펼치는 활동 또는 사업이다. 직접적으로 복음을 전하는 전도 또한 조직으로서의 교회가 중심이 되어 실시된다. 총동원전도, 태신자전도, 소그룹전도 등 다양한 사역이 이루어지지만 이 모든 일이 프로그램을 중심으로 진행된다. 대상 지역이 해외이든지 국내이든지, 방법이 사회봉사이든지 직접적인 복음전도이든지 간에 모든 일이 교회가 주관하는 프로그램 또는 행사를 중심으로 전개되기 때문에 신자들은 그 프로그램 또는 행사에 참여할 때에만 선교에 참여한다고 생각한다. 이 말은 그 프로그램 또는 행사 이외의 시간, 다시 말해서 일상생활에서 더 많은 시간 동안 신자들은 선교와 무관한 삶을 살아간다는 것을 뜻한다. 그런데 이런 방식의 선교―행사와 사업적 선교를 중시하는 선교―에 열심인 교회들이 스스로를 '선교적' 교회라고 생각한다는 것이다.

그러나 하나님의 선교 missio Dei 개념이 등장하면서 이와 같은 활동 또는 사업 중심의 선교가 가진 한계가 드러나게 되었다. 하나님의 선교는 기본적으로 선교의 주체가 하나님이라는 관점을 견지하기 때문에 살아계신 하나님께서 활동하시는 모든 곳을 선교의 영역으로 간주한다. 선교를 이해하는 관점으로 구속 redemption 과 함께 창조 creation 를 강조해야 하는 이유가 여기에 있다. "창조는 모든 생명체의 상호관계를 세우는 삼위일체 하나님의 선교적 행위이다."[8] 따라서 세상은 하나님의 지속적인 창조가 이루어지는 장소가 되며, 선교 개념은 개별적인 교회의 선교 활동이나 사업에 국한되지 않고 오히려 교회인 하나님의 백성이 세상 안에서 치유와 온전함을 위해 살아가는 것으로 이해되었다.

이런 관점은 단수로서의 선교 mission 와 복수로서의 선교들 missions 을 구분함으로써 좀 더 발전되었다. 전자는 주로 세상을 향해 자신을 드러내시는 행위 또는 세상에 개입하시는 하나님의 행위를 의미한다. 반면에 후자는 하나님의 선교에 참여하는 구체적인 시간과 장소, 필요와 관련된 특정 형식들을 가리킨다.[9] 오늘날 전자는 대체로 하나님의 선교 자체를 가리키는 말로 이해되고, 후자는 그 하나님의 선교에 참여하는 교회의 구체적인 선교 활동 또는 사업을 가리키는 말로 이해된다.

이렇게 폭넓은 선교적 시각이 확보되자 그동안 교회를 중심으로 해서, 특히 조직으로서의 교회가 펼치는 활동과 사업에 초점을 맞추어온 선교의 한계가 여실히 드러나게 되었다. 이 축소된 이해 방식을 따르는 신자들은

---

8 크레이그 밴 겔더·드와이트 J. 샤일리, 『선교적 교회론의 동향과 발전』, 107.
9 David Bosch, *Transforming Mission*, 10.

자신이 하나님의 선교에 매우 열심히 참여하고 있다고 자부할 수 있었다. 그러나 그러는 동안 하나님의 선교적 백성이 그들의 일상생활에서 하나님의 선교에 성육신적으로 참여하는 일이나 세상 안에서 공적 제자도를 구현하기 위한 노력 등은 무시되어왔다.

앨런 록스버그 Alan J. Roxburgh 와 스콧 보렌 M. Scott Boren 은 종종 '끌어들이는 교회' the attractional church 에서 이런 패턴을 쉽게 찾아볼 수 있다고 말한다. 끌어들이는 교회란 될 수 있는 대로 매력적인 교회를 만들어 불신자들을 끌어들이는 데 사역의 초점을 맞추는 교회를 뜻한다.[10] 이런 교회의 모든 선교 활동 및 프로그램들은 불신자들에게 교회를 매력적이게 보이도록 만들기 위한 수단에 불과하다.

그러나 "'선교적이 된다는 것은 [단순히] 좀 더 나은 방식으로 선교를 **행하는** 교회를 의미"하지 않는다.[11] '미셔널'은 결코 선교 활동으로 축소될 수 없다. 그것은 선교를 행하는 프로그램이나 프로젝트와 동일시될 수 없다. 오히려 그것은 "자신의 지역사회로 들어가 주민들 옆에 앉아 그들과 복음에 관한 대화를 나눌 때 이루어지는 것"이다.[12] 만약 교회가 단지 활동 또는 사업에만 초점을 맞춘다면 앞에서 언급한 하나님의 선교와 상관이 없는 활동과 사업이 될 수도 있다. 또한 그 활동 또는 사업을 하는 동안에만 선교를 행할 뿐 다른 시공간에서는 선교와 상관없이 살아갈 가능성이 많다.

선교는 결코 시간과 공간에 제한되지 않는다. 엄밀한 의미에서 "선교는 교회가 하는 어떤 행위가 아니다. 그것은 교회로 부르신 기억과 교회로 형성된 신비를 통해 지금 여기에 존재하고 있는 교회 **자체**이다."[13] 여기에서 선교가 곧 교회 자체라는 논리가 가능한 것은 교회를, 움직이지 않는 부동산

---

10 Alan J. Roxburgh and M. Scott Boren, *Introducing the Missional Church*, 18.
11 Ibid., 72.
12 Ibid., 65.
13 Ibid., 45.

이 아니라 생명을 지니고 살아가는 하나님의 백성으로 이해하기 때문이다. 움직이며 살아가는 하나님의 백성은 복음의 담지자로서 세상으로 보내심을 받은 존재들이다. 따라서 그들은 근본적으로 선교적 본성을 지니고 있다. 그리고 그들은 일정한 시간과 공간에서만이 아니라 그들의 삶 전체를 통해서 하나님의 백성으로 살아가야 한다. 바로 이런 점에서 '미셔널'은 모든 시간, 모든 공간에 드러나는 하나님의 선교적 백성의 존재 양식을 가리킨다.

문제는 '복음'의 축소주의에 있다

세 번째로, 전통적인 기독교 집단 또는 목회 갱신을 추구하는 교회에는 '선교적'이라는 용어를 복음전도 evangelism 의 관점에서 이해하는 사람이 많이 있다. 이런 시각을 가진 사람들은 복음전도야말로 교회의 가장 중요한 사역 중의 하나라고 믿으며, 그렇기 때문에 복음전도에 힘쓰는 것이야말로 선교적 교회의 가장 뚜렷한 특징이라고 생각한다. 이런 생각의 밑바탕에는 지금까지 복음전도와 교회개척을 선교의 중요한 영역으로 생각해온 전통적인 기독교 선교의 사고방식이 있다. 이 사고방식에 따르면, 예수께서 이 세상에 남겨질 제자들에게 주신 대위임령의 핵심은 바로 복음전도와 그것을 효과적으로 이루기 위한 교회개척이다.

물론 복음전도가 주님의 명령으로부터 왔다는 점과, 그것이 교회가 감당해야 할 중요한 사역이라는 점은 모두 분명한 사실이다. 보쉬 역시 다음과 같은 말로 이 점을 확인해 주고 있다. "선교는 **복음전도**를 자신의 본질적인 차원 중의 하나로 포함한다. 복음전도는 불신자들에게 그리스도 안에서 구원을 선포하고, 그들에게 회개와 회심을 촉구하고, 죄의 용서를 선언하고, 그리스도의 지상 공동체의 살아 있는 구성원이 되어 성령의 능력으로 타인들을 섬기는 삶을 시작하라고 초대하는 것이다."[14]

---

14 David Bosch, *Transforming Mission*, 10.

그런데 문제는 복음전도를 단순히 선포의 차원에 국한하는 데 있다.[15] 물론 복음전도가 선포의 차원을 포함하고 있는 것은 사실이다. 그러나 복음전도는 오늘날의 많은 신자들이 알고 있는 바와 같이 그리스도를 모르는 사람들에게 복음을 구두로 전달하는 것만을 뜻하지 않는다. 오히려 그것은 말씀의 전달뿐만 아니라 교회 안과 밖에서의 삶 전체를 통해서 복음이 드러나는 것으로 봐야 한다. 이런 점에서 데럴 구더Darrell L. Guder는 "복음전도사역이 오직 불신자들만을 위한 것이라는 생각에서 벗어나야 한다."라고 말한다. 복음은 불신자들만이 아니라 신자들도 들어야 하는 것이며, 따라서 "복음을 전하는 교회는 복음화되는 교회이다."[16] 여기에서 복음화는 복음의 본질을 가리키는 하나님 나라의 종말론적 차원을 인식하고 고백하며 그것을 자신의 삶에서 드러내는 것을 말한다.

복음전도는 전도자 또는 복음을 전하는 신앙 공동체의 삶과 분리될 수 없다. 복음전도에서 강조점은 전도를 위한 커뮤니케이션 기술이 아니라 전달 내용 곧 복음에 있다. 그런데 그 복음은 단순한 지식 또는 사실에 그치지 않고 전달자의 삶과 혼연일체가 되는 특성을 갖고 있다. 따라서 "복음전도를 단지 선포라는 관점에서만 생각하는 것은 복음전도를 교회의 삶과 분리하는 행태를 조장하게 된다."[17] 복음전도는 단순한 지식의 전달 곧 구두선포를 넘어서 그리스도인의 증거적 삶과 떼려야 뗄 수 없는 관계를 가진다.

복음전도와 그리스도인의 삶의 연관성은 성경에 나타난 초대교회 신자들의 삶을 통해서 분명하게 확인할 수 있다. 그들은 말과 삶을 통해서 이미 예수께서 선포하셨던 하나님 나라의 도래를 증거하였다. 그들은 자신의 성

---

15 윌리엄 애이브러험은 이 축소현상이 '선포'(proclamation)에 대한 근대의 왜곡된 관념 때문에 생겨났다고 본다. William J. Abraham, *The Logic of Evangelism* (Grand Rapids, MI: Eerdmans, 1989), 60.

16 Darrell L. Guder, *The Continuing Conversion of the Church*, 26. 이런 관점에서 구더는 전도(evangelism)라는 용어보다 복음화(evangelization)라는 용어를 선호한다.

17 William J. Abraham, "A Theology of Evangelism: The Heart of the Matter," *Interpretation* 48, no. 2 (April 1994): 125.

품과 삶을 통해서 예수를 구주로 믿고 구원받는다는 것의 의미가 무엇인지 증거하였으며, 기회가 되는 대로 그 사실을 말로 증언하였다. 따라서 1세기 신자들의 복음전도를 그들의 삶과 유리된 구두복음전도로 축소하는 것은 분명한 잘못이다.

그런데 사실 좀 더 엄밀하게 말하자면 이런 문제의 근원에 '복음'의 축소주의가 있다.[18] 복음을 단순히 죽음 이후의 영생 또는 현실과 유리된 영적인 체험을 말하는 신비한 지식 정도로 여길 때 인격과 삶의 변화는 기대하기 어렵다. 현실 세계에 관심을 가진다고 해도 복음을 기껏해야 복을 누리거나 성공할 수 있는 비법으로 생각할 때에도 사정은 마찬가지다. 이런 조건에서 복음전도는 보험판매원들이 고도의 커뮤니케이션 기술을 가지고 상품을 판매하는 수준을 벗어나지 못한다.

구두선포 중심의 복음전도는 종종 전도를 프로그램이나 방법론으로 축소하는 문제와 결합된다. 오늘날과 같이 기독교가 사회에서 좋지 않은 이미지로 인식되고 있을 때에는 전도자와 불신자 사이에 삶과 삶, 인격과 인격이 만나는 관계전도가 유익하지만, 대부분의 지역교회들은 편의성 때문에 신자들이 쉽게 사용할 수 있도록 고안해 놓은 전도 프로그램과 전도 방법을 사용한다. 그런데 그런 프로그램과 전도 방법이 사용하는 '대본'(요약된 복음)은 신자들을 훈련하기에 유익한 반면 요약된 내용이 복음의 축소로 이어져 결국 복음이 지닌 다양하고 심층적인 차원이 무시되는 문제를 낳기도 한다.

또한 구두선포 중심의 복음전도 개념은 종종 복음전도 과정에서 일어나는 복합적인 상호작용이 고려되지 않은 채 일방적인 전달 행위 또는 비인격적 태도와 결합해 부작용을 낳기도 한다. 선포하는 복음전도를 중시하는 사람들은 주로 종말론적 시각에서 전도의 시급성을 논거로 제시한다. 주님의 재림이 임박했기 때문에 한 명이라도 더 구원하기 위해 "길과 산울타리 가

---

18 축소된 복음에 관해서는 다음 자료를 보라. Ibid., 106-113; 복음에 관한 성경적 설명은 다음 자료를 보라. 김세윤, 『복음이란 무엇인가』(서울 : 두란노, 2003).

로 나가서"(눅 14:23) 복음을 전해야 한다는 것이다. 1세대 교회성장학자인 도널드 맥가브란Donald McGavran도 불이 난 집에서 잠자고 있는 여인이 있다면 그녀를 흔들어 깨워 밖으로 나가라고 강하게 설득해야 한다고 말했다.[19] 물론 맥가브란의 이 말이 무례하고 강제적인 방법을 전제로 한 말은 아니지만, 실제 전도 현장에서는 종종 이런 생각이 과도하게 배타적이고 공격적인 태도로 나타나기도 한다. 이런 문제는 특히 전도자들이 낯모르는 불특정 다수를 향한 전도 활동을 펼칠 때 많이 나타난다.

선교는 오직 교회만 할 수 있다고?

'선교적'이라는 용어를 사용할 때 축소된 의미로 이해하는 네 번째 경우는 교회 중심의 선교 개념이다. 위의 세 개념과 더불어 한국교회에 만연해 있는 이 개념은 종종 선교가 지역교회의 이기적 성장을 위한 도구로 이용되는 부작용을 낳기도 한다.[20] 이 개념은 호켄다이크Johannes C. Hoekendijk가 비판한 '하나님-교회-세계'의 도식에 기초하고 있으며[21] 교회를 하나님의 선교를 대행하는 기관으로 강조한다. 따라서 모든 선교 활동은 오직 교회를 통해서 시행될 때에만 유의미한 것으로 여긴다. 이 선교 패러다임은 교회가 세상에 출현한 이후 거의 20세기 중반까지 거의 독보적으로 기독교 선교계를 지배하였다.

기독교 역사에서 교회 중심의 선교가 끼친 공로와 과실은 분명하다. 교회들은 막대한 자금을 투입하여 선교지에 자신들과 동일한 교회들을 세웠으며, 모든 활동은 교회를 통해 이루어졌다. 따라서 전도와 교회개척은 선교사들이 가장 중시하는 분야였다. 이런 교회 중심의 선교 덕분에 복음은 전 세계로 빠르게 확산될 수 있었다. 그러나 어떤 사람들은 교회 중심적 사고

---

19 도널드 맥가브란, 『교회성장 이해』, 66.
20 이재환, 『미션 파서블』 (서울 : 두란노, 2003), 38.
21 Johannes. C. Hoekendijk, *The Church Inside Out*, 71.

에 집착한 나머지 교회를 하나님 나라와 동일시하는 오류를 범하기도 하였다. 그리고 그 결과 교회는 종종 겸손함을 잃어버리고 하나님의 자리를 대신하는 절대적 권력을 가진 집단이 되기도 하였다.

다른 한편, 교회 중심의 선교가 이루어지는 동안 선교의 다른 영역들이 경시되는 문제가 생겨났다. 기독교 역사에서 교회 중심의 선교를 주장하는 사람들은 대체로 하나님의 창조 세계를 뜻하는 세상 곧 사회와 자연에 큰 관심을 두지 않았다. 그러나 여호와 하나님께서 이사야 선지자를 통해서 말씀하신 바와 같이 하나님은 이 세상 만물을 창조하셨을 뿐만 아니라 그 가운데서 운행하는 분이시다. 하나님의 그리스도인이 살아가는 삶의 모든 영역에 임하시고 현존하신다.

그리스도인들이 직접적으로 몸담고 살아가는 사회는 정치, 경제, 문화 등의 거시적인 영역과 직장, 일터, 이웃 등 미시적인 영역으로 구분된다. 그런데 하나님은 이 두 영역 모두에 개입하기를 원하시고 그곳에서 자신의 뜻을 실현하고 싶어 하신다. 최근에 강조되고 있는 공공신학과 공적 제자도의 개념은 바로 이와 같은 공적 영역에서 그리스도인들이 하나님의 선교적 백성으로 살아가는 문제를 다룬다.[22] 또한 자연 역시 하나님의 창조 사역이 펼쳐지는 장으로 여겨지는데, 이 부분도 최근에 생태계에 대한 그리스도인들의 책임이라는 시각에서 중요하게 다뤄지고 있다.[23] 이런 논의들은 모두 하나님의 구속 사역과 함께 창조 사역을 균형 있게 강조함으로써 지금까지의 신학이 하나님의 구속 사역에만 관심을 집중해온 한계를 극복하고자 한다.

여기에서 하나님의 선교 개념은 교회 중심의 선교를 극복하는 토대 역할을 한다. 하나님의 선교는 교회의 선교보다 훨씬 큰 개념이다. 레슬리 뉴비

---

22 문시영 편, 『공공신학이란 무엇인가』(서울 : 북코리아, 2007); 이형기 외, 『공적 신앙과 공적 교회』(서울 : 킹덤북스, 2010)를 참조하라.

23 송준인, 『개혁주의 생태신학』(서울 : 선학사, 2010); 장도곤, 『예수 중심의 생태신학』(서울 : 대한기독교서회, 2002)을 참조하라.

긴 Lesslie Newbigin에 따르면, "선교는 단순히 교회가 자신의 힘을 사용하여 자기 확장을 꾀하는 일이 아니다. 이런 생각을 받아들이면 선교가 심하게 왜곡될 가능성이 높다. 하지만 실제로 선교의 능동적 행위자는 교회를 다스리고 인도하고 교회보다 앞서 행하시는 하나님의 능력이다."[24] 이와 같이 교회의 선교는 오직 하나님의 선교에 종속될 때에만 의미가 있다.

하나님의 선교 아래에서 교회는 철저하게 도구로서만 기능한다. 교회는 자신의 삶과 사역을 통해서 이 세상에서 하나님의 구속적 통치를 드러내는 표징, 맛보기, 도구로 살아야 한다.[25] 이것은 교회가 조직공동체로서 지역사회 안에서 펼치는 다양한 선교사업과 프로그램을 넘어 하나님의 선교적 백성들이 자신들의 일상생활 곧 이웃과 세상 속에서 소금과 빛(마 5:13-16)으로, 그리스도의 향기(고후 2:15)와 편지(고후 3:3)로 살아가는 것을 의미한다.

3. 사회참여적 '미셔널' 이해의 한계에 갇히다

복음전도와 사회참여는 분리되지 않는다

최근 선교적 교회에 관한 연구가 활발하게 이루어지면서 많은 저서가 출간되고 있다. 이 저서들은 대부분 하나님께서 교회를 세상으로 보내셨다는 선교적 인식을 공유하고 있다. 그러나 이런 공통점에도 불구하고 어떤 저자들은 특정한 영역만을 강조함으로써 '미셔널'의 의미를 제한하는 문제를 노출하고 있다. 그중의 한 예로, '미셔널'을 지나치게 사회참여 지향적으로 해석하고 개인의 회심을 경시하는 경우를 들 수 있다. 이런 태도는 마치 과거에 사회구원과 개인구원을 중심으로 펼쳐진, 에큐메니컬 진영과 복음주의 진영의 갈등 구도를 다시 소환하는 것처럼 보인다.

'미셔널'을 사회참여 지향적으로 해석하는 경향은 GOCN 그룹이 초기 선

---

24 Lesslie Newbigin, *Open Secret*, 56.
25 크레이그 밴 겔더, 『교회의 본질』, 153-154.

교적 대화의 결과로 내놓은『선교적 교회』Missional Church라는 책에서 쉽게 발견할 수 있다. 한 예로 조지 헌스버거George R. Hunsberger는 이 책 제4장 "선교적 소명"에서 선교를 하나님의 통치를 드러내는 것으로 해석한다. 그가 볼 때 "하나님의 통치와 하나님의 정의를 먼저 구하라는 부르심은, 우리의 공적인 행위가 사회구조를 향한 도덕적 의지에서 벗어나 공적 원리와 충성의 대안으로서 개입하시는 하나님의 통치의 구체적인 경험을 지향한다는 것을 뜻한다."[26] 그런데 헌스버거의 글에는 개인의 회심에 관한 언급이 전혀 나오지 않는다. 그는 오히려 개인의 회심을 강조하는 것을 "개인화된 종교적 신앙"으로 치부한다.[27] 헌스버거의 이런 신학적 태도는 회심을 사회정치적 헌신으로 여기는 사회복음의 입장을 대변하는 것으로서 복음주의적 관점에서 볼 때 균형을 잃은 것으로 보인다.

『선교적 교회』에서는 '회심'conversion이라는 단어를 쉽게 찾아보기 어렵다. 루이스 배럿Lois Barrett이 쓴 제5장 "선교적 증언"에 '회심'이 등장하기는 하지만, 이 경우에도 그가 말하는 회심은 사회정치적 영역에 임하는 하나님의 통치에 참여하는 것으로 이해된다.[28] 여기에서는 헌스버거와 배럿의 경우를 예로 들었지만, 사실『선교적 교회』의 다른 집필자들도 사정은 비슷하다. 이런 사례들을 통해서도 알 수 있듯이, 선교적 교회론을 선도적으로 이끄는 GOCN 그룹은 대체로 개인의 회심을 별로 강조하지 않는 것 같다. 이 점에 대해서 찰스 밴 엥겐Charles Van Engen은 다음과 같은 염려를 쏟아냈다.

···나는 GOCN 저자들의 책에서 왜 회심을 강조하지 않는지 궁금하다. GOCN 그룹에 속한 사람들은 현대 교회의 상태, 특히 북미의 공적 영역에서 교회의 영향력이 거의 사라져버린 현실에 대해서 걱정을 많이 한다. 그 점에 대해서는 나도

---

26 George R. Hunsberger, "Missional Vocation," 109.
27 Ibid., 108.
28 Lois Barrett, "Missional Witness: The Church as Apostle to the World," in *Missional Church*, ed. Darrell L. Guder (Grand Rapids, MI: Eerdmans, 1998), 137.

공감한다. 그러나 나는 윤리적 삶과 북미의 공적 영역에 복음의 사회적 영향력을 미치는 것이 교인들의 영적 회심 없이는 불가능하다고 생각한다. 사회에 대한 철학적 분석도 중요하지만 성령께서 신자들의 삶을 근본적으로 변화시키지 않는 한 그것은 결코 사회적 변화로 바뀌지 않는다.[29]

엄밀하게 말하자면 그리스도인의 삶에서 복음전도와 사회참여(또는 사회봉사)는 분리되지 않는다. 그 두 가지 중 어느 쪽을 선택하느냐는 문제는 선교적 상황에 따라서 지혜롭게 판단해야 할 사안이지 상황에 대한 고려 없이 임의로 어느 한 쪽이 옳다고 말할 수 있는 것이 아니다. 부모를 잃어버린 아이에게는 음식보다 부모를 찾아주는 것이 더 시급할 것이다. 이런 관점에서 회심을 뜻하는 "제자화"discipling와 순종을 뜻하는 "온전화"perfecting를 서로 분리할 수 없다고 주장한 뉴비긴의 말은 꽤 의미심장하다.[30] 또한 한 그리스도인의 신앙 발전 차원에서 보더라도 회심을 통해 일어나는 존재의 변화는 자연스럽게 그리스도인다운 선한 행위로 이어진다. 로마서와 야고보서 사이의 거리는 그리 멀지 않다.

교회의 선교적 실천을 위한 커뮤니케이션은 존재와 행위, 그리고 말이다

개인의 회심을 강조하지 않는 사회참여 지향적 '미셔널' 이해는 자연스럽게 구두복음전도를 강조하지 않는 결과로 이어진다. 이런 현상은 GOCN에 속한 대부분의 저자와 다른 저자들에게서 쉽게 발견할 수 있다. 루이스 배럿의 글 "선교적 증언"Missional Witness은 GOCN 그룹에 속한 저자들이 전도에 대해서 어떤 생각을 가지고 있는지를 가늠할 수 있는 자료이다. 이 글에서 배럿은 선교적 증언 곧 복음의 선포를 공적인 차원에서 논의한다. 그에 따르

---

29 Charles Van Engen, "A Centrist Response," in *Evaluating the Church Growth Movement: 5 Views*, ed. Gary L. McIntosh (Grand Rapids, MI: Zondervan, 2004), 106.
30 Lesslie Newbigin, *Open Secret*, 135.

면 "하나님의 활동과 하나님의 통치에 관한 공적인 선포는 교회가 감당해야 할 사도적 과업이다."[31] 하지만 여기에는 개인적 차원의 복음전도가 존재하지 않는다.

사실 이런 문제는 한국 상황에서 선교적 교회를 말하는 학자들이나 목회자들에게서도 발견할 수 있다. 지금까지 다양한 학술지에 선교적 실천과 사례들을 다룬 여러 논문이 실렸지만 그 논문들은 대부분 마을 만들기, 지역사회와 교감하는 사업 등 대부분 사회봉사나 사회참여 모델에 집중하고 있다.[32] 이런 경향은 논문의 저자들이 '미셔널'의 통전성을 잘 알고 있음에도 불구하고 현재 한국교회에 부족한 사회봉사나 사회참여의 차원을 강조하려는 의도에서 생겼을 수도 있고, 논문에서 소개하는 특정한 교회의 목회자들이 대체로 사회참여 지향적인 신학적 입장을 가지고 있기 때문에 생겼을 수도 있다. 그러나 여기서 문제가 생긴다. 바로 이런 경향성이 '미셔널'의 의미가 사회봉사나 사회참여만을 가리키는 것으로 오해할 수 있는 여지를 준다는 것이다.

'미셔널'에 관해서 말할 때 비교적 진보적인 입장을 취하고 있는 사람들은 대체로 불신자들을 포함한 세상 또는 사회에서 하나님의 통치를 드러내는 현존의 삶을 복음전도의 방법으로 인식하고 있는 것 같다. 로버트 웨버 Robert E. Webber 는 로스앤젤레스에 위치한 모자이크 교회 Mosaic Church 의 젊은 목회자 어윈 맥마너스 Erwin McManus 의 말을 인용하면서 선교적 교회를 설명한다. 그런데 그의 말은 그리스도인의 현존 presence 을 강조하는 듯한 뉘앙스를 풍긴다.

---

31 Lois Barrett, "Missional Witness," 136.
32 대표적인 것으로 장로회신학대학교 학술지 「선교와 신학」 30집 (2012년 가을호)에 실린 세 개의 사례와 한국선교신학회 학술지 「선교신학」 제36집 (2014)에 실린 한국일의 논문 "선교적 교회의 실천적 모델과 원리," 황병배의 논문 "선교 공동체로서의 농촌교회와 통전적 선교 가능성 연구"를 들 수 있다.

맥마너스는 "교회를 빠르게 성장시키는 데 도움을 주는 방법이나 문화적 상황에 쉽게 녹아들 수 있는 프로그램"을 배격한다. 선교적 교회의 핵심은 "더 깊고 온전하게 사랑하는 것"이다. 이것이 선교적 교회가 "사람들을 그리스도께로 효과적으로 인도하는" 비결이다. 이 교회는 선교를 "소유하지"having 않고 오히려 그 "자체로"being 하나님의 선교가 된다. 왜냐하면 그 교회는 만물을 다스리시는 하나님의 통치를 증거하는 대안적 백성이기 때문이다. 이것이 바로 선교적 교회의 정신이다.[33]

또 다른 선교적 교회론자들인 마이클 프로스트Michael Frost와 앨런 허쉬 Alan Hirsch 역시 현존에 초점을 둔 선교 방식을 말한다. 그들은 "우리가 사람들을 예배 모임에 초청하는 것을 반대하는 것은 아니라는 사실을 다시 한 번 강조하고자 한다. 선교적(중심 집합) 교회에서도 아직 그리스도인이 되지 않은 사람들을 초청하여 기독교 공동체와 예배를 경험할 수 있게 하는 기회를 제공해야 한다. 그러나 성육신적 유형은 문화적 경계를 뛰어넘어 '그들에게 다가가는' 자세를 더 많이 강조한다."라고 말한다.[34] 성육신적 삶의 자세를 강조하는 논조는 분명히 현존에 의한 전도 개념을 좀 더 풍부하게 만든다는 점에서 긍정적이지만, 그럼에도 불구하고 그들은 구두복음전도에 대해서 전혀 언급하지 않는 한계를 보이고 있다.

그리스도인의 현존이란 하나님의 선교적 백성이 갖는 존재론적 특성 곧 자기정체성이 드러나는 것을 말한다. 그리스도인들은 세상 가운데서, 이웃과 일터 등 다양한 삶의 자리에서 하나님의 선교적 백성으로서 뚜렷한 특성을 드러내며 살아야 한다. 그 특성은 가치관과 세계관, 성품과 행위에 반영되어야 한다. 그러나 문제는 그리스도인들의 복음전도가 단순히 현존의 방

---

33 Robert E. Webber, *The Younger Evangelicals: Facing the Challenges of the New World* (Grand Rapids, MI: Baker Books, 2002), 121-122.

34 Michael Frost and Alan Hirsch, *The Shaping of Things to Come*, 49.

식만으로 충분하냐는 것이다. 오히려 그리스도인의 선교적 삶은 존재를 넘어 선하고 의로운 행위와 말에 의한 복음전도로 이어져야 하지 않는가? 이점에 관해서 제프 아이오그 Jeff Iorg 는 단호한 입장을 취한다.

> 어떤 그리스도인들은 "내 삶이 바로 전도이다."라고 주장하지만 그것은 불가능한 일이다! 성경은 그런 주장을 뒷받침하는 어떤 근거도 제시하지 않는다. 물론 당신의 삶이 전도에 도움이 되고 당신의 전도를 입증할 수는 있지만 그것이 전도를 대체하지는 않는다. …복음은 하나님의 말씀과 그 말씀에 관한 사람들의 말, 또는 그 말씀을 전하는 수화, 점자, 인쇄물 등과 같이 유사한 매체들을 통해 전해진다. [35]

다소 극단적인 특성을 띠고 있는 아이오그의 주장은 그리스도인의 선행이 가진 복음전도의 순기능을 지나치게 축소하고 있다는 점에서 신중하게 접근해야 한다. 그러나 전도를 일상적인 삶으로 해소하려는 태도에 대한 그의 비판은 매우 날카로우며 의미가 있다. 물론 호켄다이크가 경계한 것처럼 그리스도인의 구두복음전도는 자기의 의를 드러내는 선전 propaganda 이 되지 않도록 주의해야 한다. [36] 그것은 오히려 자기희생과 겸손 곧 성육신적인 자세로 임하는 진지한 과정이 되어야 한다.

하나님의 백성 곧 교회의 선교적 실천을 위한 커뮤니케이션은 존재 being 와 행위 doing 와 말 speaking 이라고 하는 세 가지 영역으로 구성되어 있다. 이 세 가지는 그리스도인들의 삶에서 종합적으로 작용해야 하며, 상황에 따라 지혜롭게 드러나야 한다. 그리고 그렇게 되기 위해서는 반드시 신자의 성숙함이 전제되어야 한다. 사실 오늘날 한국교회의 전도 상황에서 벌어지는 부작용들은 주로 이런 성숙함의 부재에서 발생한다고 볼 수 있다. 존재와 행위

---

35 Jeff Iorg, *Live Like a Missionary*, 108.
36 Johannes. C. Hoekendijk, *The Church Inside Out*, 23.

와 말에 대한 좀 더 깊은 성찰은 다음 장에서 다루도록 하겠다.

하나님은 창조 활동과 구속 활동을 모두 하신다

앞에서 선교적 교회론자들 중 일부가 '미셔널'을 단지 사회참여에의 헌신, 그리스도인의 성육신적 현존으로만 해석하는 문제에 관해 설명하였다. 그 설명을 통해서 내가 말하고자 한 바는 사회참여와 성육신적 현존 자체가 옳지 않다는 것이 아니다. 이들의 주장은 지금까지 개인구원과 구두복음전도만을 강조해온 복음주의 진영에 속한 사람들에게 큰 자극과 도전이 되었다. 복음주의자들은 그들이 언급한 영역을 진지하게 다룸으로써 지금까지 유지해온 좁은 선교관을 극복하고 균형 잡힌 선교 활동을 펼칠 수 있을 것이다. 문제는 어느 한 쪽만을 강조하면 자칫 선교의 통전성을 잃어버리게 된다는 것이다.

사회참여 지향적 선교 방식과 성육신적 현존을 강조하는 사람들은 대체로 하나님의 창조에 초점을 맞춘 신학적 이해를 중시한다. 앨런 록스버그에 따르면, 하나님께서는 일정한 질서와 문화를 창조하시고 사람들이 그 안에서 선교적 공동체로 살아가게 하신다. 그리고 자신이 속한 삶의 자리에서 그분의 지속적인 창조 사역을 돕는 협력자로 살아가도록 선교적 공동체를 부르신다. 따라서 "창조는 삼위일체 하나님의 선교적 행위이다. …우리는 창조된 질서의 관계적 신비를 드러낼 기회를 부여받았고…우리는 피조물과 관련된 창조주의 통치권과 치유의 능력을 드러내야 할 선교적 책임을 지고 있다."[37] 결국 이런 관점은 세상을 하나님의 지속적인 창조의 장소로 이해하며, 하나님의 백성을 그 창조 사역의 협력자로 인식한다. 하나님의 창조 활동에 대한 강조는 필연적으로 세상에 대한 긍정을 낳기 때문에 이 둘의 상관

---

37 Alan J. Roxburgh, "Missional Leadership: Equipping God's People for Mission," in *Missional Church*, ed. Darrell L. Guder (Grand Rapids, MI: Eerdmans, 1998), 188-189.

관계는 어느 정도 필연적이다.

창조신학은 지금까지 선교를 하나님의 구속적 관점에서만 이해해온 복음주의자들의 편협한 시각을 넓히는 데 크게 기여하였다는 점에서 매우 긍정적이다. 그러나 문제를 균형 있게 보려면 하나님의 창조 사역을 지나치게 강조할 때 자칫 하나님의 구속 사역을 소홀히 다루는 문제를 낳을 수 있다는 점도 함께 고려해야 한다. 비록 하나님께서 이 세상을 창조하시고 역사를 통해서 지속적인 관심을 표명하신 것은 사실이지만, 그런 관심과 활동은 궁극적으로 이 세상에 속한 모든 사람을 구원하시고 만물의 온전함을 회복하시려는 하나님의 의도로부터 나온 것이다.

종종 에큐메니컬 진영에 속한 사람들 중에서 샬롬shalom을 하나님의 구속활동의 궁극적 목표라고 말하는 사람들이 있지만, 만약 이 샬롬의 개념이 예수 그리스도를 개인의 구주로 믿음으로써 구원받는 의인신앙義認信仰과 상관없이 단지 사회적 정의와 평화를 이루는 것으로 축소된다면 문제가 될 수밖에 없다. 1960년대 WCC의 대표적인 인물인 호켄다이크는 선교를 세상에서 행하시는 하나님의 활동과 일치시킴으로써 하나님의 구속 사역을 선교의 중심에서 밀어내는 결과를 초래하였다.[38] 이 관점에서 하나님 나라의 현실은 세속사의 발전 과정과 크게 구분되지 않는다.

선교적 교회는 다양한 크기로 존재할 수 있다

마지막으로, '미셔널'을 사회참여 지향적으로, 특히 급진적인 선교적 교회론의 입장에서 이해하는 사람들이 종종 선교적 교회를 소형교회(작은 교회)에 국한하려는 경향을 지적하고자 한다. 이들은 선교적 교회를 구현하기 위해서는 필연적으로 소형교회 규모를 유지해야 한다고 확신하며, 이런 관점에서 대형교회는 선교적 교회를 구현하기 어렵다고 판단한다. 그러나 이런 사

---

38 Johannes. C. Hoekendijk, *The Church Inside Out*, 41.

고방식은 분파주의적 태도에 의해 교회의 통일성을 해칠 뿐만 아니라 또 다른 축소주의를 낳는다. 다시 말해서 온전하고 참된 교회를 단지 소형교회로 제한하고 대형교회들을 비판하고 배제하는 결과를 낳는다. 최근에 선교적 교회론에 입각하여 목회 운동을 벌이고 있는 사람들 중에서 많은 사람이 가정교회 운동[39] 또는 작은 교회 운동에 집중하는 현상도 이와 무관하지 않을 것이다.

그들이 이렇게 분파적으로 생각하는 데에는 주로 공동체를 중시하는 사고방식이 작용하고 있는 것으로 보인다. 다시 말해서 교회란 본질적으로 그리스도 안에서 서로 하나 되고 깊은 교제를 나누는 공동체여야 한다는 것이다. 이런 관점에서 볼 때 소형교회는 공동체성을 잘 유지할 수 있지만 대형교회는 교인들이 서로에 대해서 잘 모르고, 심지어는 목회자가 신자들의 얼굴을 잘 알지 못할 정도로 관계적 단절이 심하게 나타난다. 그리고 이런 환경은 목회자나 다른 교인들의 간섭을 피해 편하게 신앙생활을 하려는 명목상의 신자들nominal Christians을 양산하기도 한다.

대형교회들은 태생적으로 회심한 개인이 증가함으로써 발생하는 회심성장보다도 주변 교회들로부터 신자들이 교적을 옮기는 수평적 이동에 따른 이동성장에 의존한다는 점과 일정한 규모를 유지하고 지속적인 발전을 유지하기 위해서 경영적 관점과 기법을 도입할 수밖에 없다는 점도 비판의 대상이 된다. 그러나 이를 비판하는 자들에 따르면, 경영적 관점은 철저하게 생산성과 효율성을 중시하고 결과주의를 옹호하기 때문에 복음의 본질을 흐리고 공동체에 속한 구성원들을 목표 달성을 위한 수단으로 전락시킨다. 이렇게 볼 때 대형교회는 '미셔널'의 정신으로부터 멀리 떨어져 있다고 볼 수밖에 없다.

그러나 정말로 대형교회는 선교적 교회가 될 수 없고 오직 소형교회만이

---

[39] 대표적인 인물로 닐 콜을 들 수 있다. 다음 자료를 참조하라. Neil Cole, *Church 3.0: Upgrades for the Future of the Church* (San Francisco, CA: Jossey-Bass, 2010).

선교적 교회가 될 수 있는가? 이 점에 관해서 나는 선교적 교회가 되는 데 교회의 규모는 결코 걸림돌이 되지 않는다고 생각한다. 대형교회가 여러 가지 단점을 가지고 있기도 하지만 그에 못지않게 선교적 운동에 쓰일 만한 장점도 많이 가지고 있다. 대형교회는 재정이나 교인수보다도 그 교회가 가진 영향력 때문에 중요하게 평가될 수 있다. 에디 깁스 Eddie Gibbs는 최근에 일어나고 있는 대형교회의 변화에 관해 이렇게 보고한 적이 있다.

> 최근까지 메가처치들megachurches이 이머징 교회들과 반대되는 교회이해를 가지고 있다는 생각이 널리 퍼져 있었다. 이는 일차적으로 대부분의 메가처치들이 성육신적 사역보다 끌어들이는 사역에 초점을 맞추는 입장을, 그리고 참여적 태도보다는 소비지향적 태도를 가지고 있는 현실과 관계가 있다. 그러나 오늘날 모든 것이 변하고 있다. 몇몇 유명한 메가처치들이 그들의 전략을 재평가했으며, 그들의 역할을 보다 큰 선교적 운동 안에서 보기 시작했다. 그들은 자신들이 가진 자원으로 기여할 뿐만 아니라 각 교회가 속한 지역 상황에 적응한, 작고 재생산적인 신앙 공동체들의 경험으로부터 배우기도 한다.[40]

지역교회의 차원을 넘어 좀 더 넓은 차원에서 교회를 생각하면 대형교회의 역할을 긍정적으로 볼 수 있는 여지가 생긴다. 생태적 다양성을 지닌 숲은 다양한 교회를 이해할 수 있는 인식론적 틀을 제공하는 이미지이다. 숲을 보라. 건강한 숲에는 큰 나무들과 작은 나무들이 서로 조화를 이루고 있지 않은가! 이와 마찬가지로 보다 넓은 차원에서 교회의 건강성을 생각한다면 **선교적 교회를 지향하는** 대형교회들은 그 나름의 긍정적인 역할을 하는 것으로 이해될 수 있다. 그러나 여기에는 분명한 조건이 선행되어야 한다. 곧 "대형교회는 오직 교회됨being과 실천doing의 **한 가지** 방식이어야 한다."[41]

---

40 Eddie Gibbs, *Churchmorph: How Megatrends Are Reshaping Christian Communities* (Grand Rapids, MI: Baker Academic, 2009), 87.

41 Michael Frost and Alan Hirsch, *The Shaping of Things to Come*, 211.

다시 말해서 대형교회는 그 자체로 모든 교회가 추구해야 할 궁극적 모델이 아니라 선교적 교회의 다양한 모델 중의 하나일 뿐이다.

선교적 교회론자들인 록스버그와 보렌 역시 대형교회들도 선교적 교회로서 기능할 수 있음을 밝히고 있다. 그들에 따르면 "'미셔널'은 다양한 형태와 전통, 다양한 구조와 크기로 표현될 수 있는 교회의 존재 양식을 말한다."[42] 여기에서 주목해야 할 부분은 '다양한 크기'이다. 선교적 교회는 다양한 크기로 존재할 수 있다. 그들은 실제로 최근에 성장하는 대형교회들 중에 다양한 "선교적 실험"missional experiments을 시도하는 교회들이 있음을 지적하고 있다.[43] 이런 대형교회들은 프로그램 중심적인 교회 사역에만 집중해온 과거의 행태를 반성하고 교회 밖에서 이루어지는 하나님의 선교에 동참하도록 신자들을 격려한다. 반면에 그들은 선교적 교회가 크기가 작은 개척교회나 가정교회에 제한될 수 없다고 말한다.[44] 내가 볼 때 대형교회나 작은 교회에 대한 이들의 견해는 지극히 옳다. 이들의 생각처럼 선교적 교회를 어떤 특정한 형태나 모델로 지정하거나 제한하려는 어떤 시도도 거부되어야 한다.

그렇다면 결국 어떤 교회가 선교적 교회인가? 여러 가지 조건과 자격을 논할 수 있겠지만, 이 질문 앞에서 선교적 교회가 되는 일차적인 조건은 무엇보다도 선교적 정신이라고 말할 수 있다. 규모에 상관없이 각 지역교회가 처한 상황 속에서 각자에게 맡겨진 선교적 과제를 발견하고 실천하는 교회가 선교적 교회이다. 따라서 대형교회라도 선교적 정신을 가지고 있는 교회는 선교적 교회로 인정될 수 있고, 반대로 소형교회라도 선교적 정신이 없으면 선교적 교회가 아닌 것이다.

---

42 Alan J. Roxburgh and M. Scott Boren, *Introducing the Missional Church*, 49.
43 Ibid., 52.
44 Ibid., 53. 선교적 교회론자들인 릭 로우즈와 크레이그 밴 겔더는 기존의 중형 또는 대형 교회들이 선교적 교회로 변화되는 과정을 안내하는 책을 저술하였다. 다음을 참조하라. Rick Rouse and Craig Van Gelder, *A Field Guide for the Missional Congregation* (Minneapolis, MN: Augsburg Fortress, 2008).

4. '미셔널'의 통전적 이해를 위해 전제해야 할 것은 무엇인가

통전적 관점에서 선교적 회중론이 필요하다

지금까지 '선교적' 또는 '미셔널'의 의미를 축소해서 이해하는 문제에 관해 설명하였다. 한국의 많은 교회에서 선교라는 용어는 축소된 의미로 사용되어왔다. 지리적으로 먼 곳에 선교사를 파송하는 것, 행사나 사업, 구두복음전도, 교회 중심의 개념이 선교를 이해하는 주된 요소로 자리를 잡았다. 그리고 이런 인식 때문에 교회가 속한 지역사회에 대한 선교적 접근, 교회 안에 내재된 선교적 본질, 선교의 사회적 차원, 세상에 대한 관심이 무시되거나 배제되는 문제가 생겨나기도 하였다. 이런 문제들은 주로 선교적 교회에 관한 논의에 참여하는 그룹들에 의해 제기되었다.

그런데 선교적 교회를 추구하는 그룹에도 문제가 있었다. 모두가 그런 것은 아니지만, 선교적 교회를 추구하는 그룹들 중에는 '미셔널'의 의미를 지나치게 사회참여 지향적으로 해석하는 사람들이 있다. 그들은 사회참여를 강조하지만 개인의 회심에 대해서는 말하지 않으며, 인격적이고 봉사적인 삶을 포함하는 '현존'을 강조하는 대신 구두복음전도에 대해서는 함구하는 경향이 있다. 또한 그들은 신학적으로 하나님의 창조 활동을 강조하는 반면 하나님의 구속 활동에 대해서는 덜 강조하고, 선교적 교회의 범주에 소형교회만 포함하고 대형교회는 배제하는 경향을 보인다. 따라서 이들의 주장을 보면, 이들이 복음의 통전성을 회복하려고 했던 처음의 의도와는 달리, 양상은 다르지만, 그들이 비판하려고 하던 사람들과 똑같이 축소주의적인 선교 이해를 가지고 있는 것으로 나타났다.

내가 보기에 선교적 교회론을 말하는 사람들 가운데 통전적 관점을 강조하는 사람은 그리 많지 않다. 그런데 그중에서도 박보경 교수는 복음주의적 관점에서 사회 지향적 선교 활동과 복음전도의 균형을 강조하는 선교적 회중론을 주장한다는 점에서 주목해볼 만하다.

그럼에도 불구하고 선교적 회중의 구조는 전반적으로는 통전적 구조를 지향한다. 통전적 구조란 교회가 세상을 향한 섬김과 복음전도사역의 균형을 이루는 구조를 균형 있게 만들어내는 것을 말한다. 또한 선교적 회중의 구조는 평신도의 리더십을 허락하여 그들에게 권위를 이양하는 구조를 가지며 예배와 공동체와 선교의 균형적 구조를 가진다. 여기서 예배는 위로 향하고, 공동체는 내부를 향하고, 선교는 외부를 향하는 구조이다. 또한 선교적 회중은 오는 구조와 가는 구조를 모두 균형 있게 가지며, 모든 구성원이 선교사역에 참여토록 하는 구조를 가진다.[45]

박 교수가 말하고 있는 것처럼, 초기 선교적 교회론은 레슬리 뉴비긴의 선교학적 성찰에 기초하여, 교회와 선교가 서로 분리된 실체가 아니며 오히려 교회 자체가 선교적 본질을 가지고 있음을 천명하였지만 다소 추상적이고 이론적인 차원에 머무르는 한계를 노출하였다.[46] 그 후 선교적 교회론을 현장에 접목하는 과정에서 통전적 관점에서 전개된 선교적 회중론이 조금씩 강조되기 시작하였다. 그러나 선교적 회중은 어떻게 앞에서 말한 양 진영의 축소주의적 태도를 극복하고 통전성을 확보할 수 있는가? 안타깝게도 선교적 통전성을 구현할 수 있는 구체적 실천에 관한 논의는 아직 충분히 이루어지지 못하고 있는 실정이다.

'미셔널'에는 개인적 차원뿐만 아니라 사회적 차원도 담겨 있다

그렇다면 축소주의의 문제점을 극복할 수 있는 보다 통전적인 '미셔널'의 이해는 무엇인가? 이 질문에 답하는 작업은 짧게 언급해도 될 만큼 그렇게 간단하지 않다. 가장 먼저 알아야 할 사항은 통전적인 '미셔널'의 이해란 축소주의적으로 이해된 양 극단의 입장을 단순하게 합쳐놓은 것이 아니라는

---

45 박보경, "복음주의 진영의 선교적 회중 모색," 「선교신학」 제32집 (2013): 225.
46 Ibid., 216.

점이다. 복음전도와 사회참여, 구속과 창조, 영적인 것과 삶에 드러나는 것 사이의 간격은 단지 양자를 물리적으로 합친다고 해서 메워지지 않는다. 이미 그런 방식은 과거에 복음주의 진영과 에큐메니컬 진영 사이의 신학적 갈등을 해결하기 위해 시도했던 것과 유사하다. 둘 사이의 간격을 없애기 위해서는 '미셔널'이 가리키고 있는 교회 곧 선교적 교회의 본질적인 이해로부터 출발해야 한다.

교회를 가리키는 용어 '에클레시아' ecclesia는 결코 종교나 건물, 조직이나 사업으로 설명될 수 없다. 그것은 근본적으로 하나님의 백성 자체를 가리킨다. 그런데 그 하나님의 백성은 고정되어 있는 사물이 아니라 움직이며 살아가는 존재들이다. 그들은 함께 창조와 구속의 하나님을 찬양하고 경배하기 위해, 서로 교제하기 위해, 말씀을 배우고 가르침을 받기 위해 모인다. 이뿐만 아니라 그들은 직장과 일터, 이웃 가운데서 복음의 담지자로 살아가기 위해 세상으로 흩어진다. 바로 이 흩어지는 하나님의 백성에게서 '미셔널'의 의미를 찾을 수 있다. 다시 말해서 '미셔널'은 세상에서 복음의 증인으로 살아가는 하나님의 백성들의 삶을 가리킨다. 이런 관점에서 빈티지 믿음 교회 Vintage Faith Church의 담임목사인 댄 킴볼 Dan Kimball은 '미셔널'을 다음과 같이 일곱 가지로 정의하고 있다.

- '선교적'이란 교회가 자신을 선교본부가 아니라 선교사로 인식하는 것이며, 또한 우리가 자신을 자신이 사는 곳의 선교사임을 인식하는 것을 뜻한다.
- '선교적'이란 우리가 자신이 속한 지역사회로 보내심을 받은 예수의 대리자임을 깨닫는 것이며, 또한 교회는 자신이 행하는 모든 것을 하나님의 선교 missio Dei에 맞도록 조정하는 것을 뜻한다.
- '선교적'이란 우리가 교회를 주일에만 가는 장소로 보지 않고 일주일 내내 함께하는 곳으로 인식하는 것을 뜻한다.
- '선교적'이란 사람들에게 주님을 '전하는' 것이 아니라 오히려 주님이 문화 속에

서 일하시고 우리가 그 일에 동참하는 것임을 깨닫는 것을 뜻한다.

- '선교적'이란 우리가 세상 속에서 살아가고 있고 문화와 관계하고 있지만 결코 세상과 타협하지 않는 태도를 뜻한다.
- '선교적'이란 우리가 지역사회를 섬길 뿐만 아니라, 그 지역사회에 속한 사람들을 전도의 대상으로 삼지 않고 오히려 그들과 좋은 관계를 형성하는 것을 뜻한다.
- '선교적'이란 기도와 말씀을 통해 주님과 성령께 의지하고, 또한 지역사회의 다른 동역자들과 서로 협력하는 것을 뜻한다.[47]

따라서 '미셔널'의 의미가 복음전도인가, 아니면 사회참여인가를 따지는 것은 무의미하다. 왜냐하면 한 인간이 사회 안에서 살아가는 삶의 깊이와 넓이는 단순히 이것이냐 저것이냐 식의 이분법적 사고로 가를 수 없을 만큼 깊고 넓기 때문이다. 인간의 삶은 매우 복합적이다. 인간은 가정에서 살면서 동시에 지역사회, 그리고 더 나아가 좀 더 복잡한 사회에서 살아간다. 그 인간의 삶에는 (비록 사회 공동체 안에서이긴 하지만) 개인적인 자기개발과 행복을 추구하는 차원도 있고 사회적 정의와 평화를 추구하는 차원도 있다.

종교를 단순히 개인적인 수준이나 집단적인 차원에서 파악할 수 없는 이유가 바로 여기에 있다. "선교 사역은 복음 선포를 하나님의 정의를 실천하는 행동으로부터 결코 분리할 수 없다."[48]라고 말한 뉴비긴의 의도도 이런 이유와 연관이 있다. 하나님께서 창조의 주가 되실 뿐만 아니라 구속의 주가 되신다면, 그리고 그분이 모든 인간과 세상을 주권적으로 통치하신다면 '미셔널'의 개념 안에 개인적인 차원뿐만 아니라 사회적이고 정치적인 차원이 담겨 있는 것은 지극히 자명하다.

앞에서 언급한 바와 같이 삶이 복합적인 만큼 '미셔널'도 복합적인 의미를 지닌다. 그리고 선교적 실천에서 삶의 복합성과 함께 고려해야 할 조건은 상

---

47 Dan Kimball, *They Like Jesus But Not the Church* (Grand Rapids, MI: Zondervan, 2007), 20.
48 Lesslie Newbigin, *Open Secret*, 91.

황context이다. 누군가에게 섬김이 필요한지 복음전도가 필요한지는 상황이 결정한다. 원리적으로는 복음전도의 흐름이 '존재-행위-말'로 이어지는 것을 바람직하게 여기지만, 현실에서 그 세 가지 중 무엇이 선택되어야 하는지는 상황이 결정한다. 물론 주어진 상황에 따라 세 가지 선교적 표현 방식 중에서 선택된 것은 다른 것들과 분리되지 않고 상호 연결된 방식으로 작용한다.

'미셔널'은 과정과 성육신의 자세를 중시한다

여기에 '미셔널'의 의미를 좀 더 깊이 있게 이해하기 위해서는 두 가지 개념이 더 필요하다. 첫째는 과정process에 대한 인식이다. '미셔널'은 단순히 일회적인 이벤트나 프로그램 방식으로 실천하는 것이 아니다. 그것은 복합적인 삶의 세계 안에서 하나의 과정으로 인식되어야 한다.

한 예로, 최근에 전도에 대한 새로운 접근방식 중에서 여정전도journey evangelism의 모델들이 부상하고 있는 현상을 들 수 있다.[49] 여정전도는 복음을 축약해서 만든 '대본'과, 전도 커뮤니케이션 과정을 기계적으로 정리한 '매뉴얼'에 의한 일회성 전도를 지양하고 삶의 과정에서 인격적 상호교감을 통해 불신자들이 자연스럽게 그리스도께 다가갈 수 있게 한다. 물론 이런 과정조차도 양육그룹과 같이 일정한 프로그램으로 만들어질 때 또 다른 한계에 부딪칠 수 있을 것이다.[50] 그러나 그것이 일정하게 프로그램화된 것이든지 비공식적인 만남에 의한 것이든지 간에 호의와 우정에 의한 새로운 전도 개념의 출현은 '미셔널'을 통전적으로 이해하는 데 조금이나마 도움을 줄 수 있을 것이다.

둘째로 '미셔널'은 기본적으로 성육신incarnation의 정신과 자세를 내포하고 있다. 현재 '미셔널'에 대한 다양한 이해 방식이 생겨나면서 서로 간에 갈

---

49 김선일, "복음은 한국의 문화와 어떻게 만나는가?", 목회와 신학 편집부 편, 『전도』 (서울: 두란노 아카데미, 2011), 35.
50 존 피니, 한화룡 역, 『새로운 전도가 온다』 (서울: 비아, 2014), 144-145.

등과 충돌을 빚는 양상이 나타나고 있다. 하지만 다양한 영역과 노선에도 불구하고 '미셔널'의 실천에서 변할 수 없는 근본적인 원리는 성육신적 사역이다. "성육신은 하나님께서 인간의 삶에 궁극적·선교적으로 개입하시는 행위이다. 말씀은 예수 안에서 육신이 되었으며, 그리스도의 몸인 교회는 모든 인간의 문화와 선교의 계기 속에서 지속적으로 육화되어야 한다."[51] 록스버그는 어느 한 논문에서 성육신적 사역의 관점에서 '미셔널'의 정의를 다음과 같이 말하고 있다.

> '선교적'missional이란 본래, 그것이 새로운 의미를 받아들이지 않는 한, 세속적인 상황에서 비교인非敎人들이 교회에 나갈 생각을 하게 만드는 것을 뜻하지 않는다. …'선교적'이란 예수 그리스도의 성육신적 실재에 의해 현재로 뚫고 들어오는 종말론적 미래의 존재론적 실재를 예시하는 특정한 삶의 방식을 구현하는 것을 의미한다. 이는 '비교인 중심적인' 교회가 되거나 '구도자 중심적'인 교회가 아니라 바로 '교회다운' 교회가 되는 것을 요구한다.[52]

예수 그리스도의 성육신 사건은 오늘날 다양한 선교현장 속에 있는 그리스도인들에게 많은 통찰을 제공한다. 그것은 근본적으로 자기 비움과 참여, 관계적 공감, 연대의 의미를 가르쳐준다. 이것들은 그리스도인들이 사회정치적 현실에 처해 있든지, 타인을 위한 봉사 현장에 있든지, 아니면 개인적으로 복음을 전하는 현장에 있든지 간에 공통적으로 적용되어야 할 원리이다.

5. 통전적 관점에서 봐야 '미셔널'을 제대로 이해할 수 있다

우리가 선교적 교회에 관해서 말할 때 늘 사용하는 '선교적' 또는 '미셔널'

---

51 크레이그 밴 겔더·드와이트 J. 샤일리, 『선교적 교회론의 동향과 발전』, 217.
52 Alan J. Roxburgh, "The Church in a Postmodern Context," 258.

은 어떤 의미를 담고 있는 것일까? 또한 그것의 진정한 의미는 무엇일까? 나는 '선교적' 또는 '미셔널'이라는 단어 사용에 대한 축소주의의 문제가 있다고 보고 그 문제를 두 가지 범주로 구분하여 설명한 뒤 통전적 관점에서 '미셔널'의 의미를 설명하고자 하였다.

내가 볼 때 축소주의의 문제는 먼저 선교를 지리적으로 이해하거나 사업 또는 프로그램으로 이해하는 그룹에게서 찾아볼 수 있다. 그들은 '선교적'이란 용어를 단지 교회 중심의 구두복음전도를 행하는 것으로 이해한다. 이런 문제점에 대한 비판은 주로 GOCN 등 최근에 선교적 교회론을 논의하고 주창하는 그룹에 의해 이루어졌다.

이와는 대조적으로 '미셔널'을 사회참여 지향적으로 해석하는 사람들에게서도 축소주의의 문제를 찾아볼 수 있다. 기독교적 현존에 대한 지나친 강조는 자칫 회심의 중요성을 간과하거나 하나님의 구속 활동을 무시하는 부정적인 결과를 초래할 수 있으며, 선교적 교회의 범주에서 대형교회를 아예 배제하는 잘못을 범할 수도 있다.

'미셔널'의 의미를 제대로 이해하기 위해서는 이런 두 가지 극단적인 이해를 지양하고 통전적인 관점에서 봐야 한다. 하지만 이 장에서는 '미셔널'의 의미를 통전적으로 이해해야 할 필요성과 그 의미를 개괄적으로 윤곽 잡는 데 초점을 맞추었다. '미셔널'의 의미에 관한 좀 더 심층적인 논의는 미래의 과제로 남겨두고자 한다.

한국에서 선교적 교회에 관한 논의는 이제 막 시작 단계에 있다. 서구 학자들이 저술한 수많은 자료들이 쏟아져 들어오고 있고 그런 자료들을 분석하고 이해하는 작업도 필요하지만, 정말 중요한 것은 오늘 우리 한국교회에 적합한 선교적 교회론을 구축하고 우리의 현장에 적용하는 것이다. 또한 귀납적으로, 한국적 상황에서 새롭게 일어나고 있는 선교적 교회의 양상들을 파악하여 한국형 선교적 교회의 모델들을 제시하는 작업도 필요하다.

제6장

/

선교적 교회를 세우기 위한
올바른 '프락시스'는
무엇인가

지금까지 나는 이 책을 읽는 독자들이 선교적 교회에 관해 처음 듣는다고 전제하면서 가장 기본적인 내용부터 차근차근 설명하려고 노력했다. 구체적으로 말하자면 선교적 교회론이 출현하게 된 역사적 배경이라든지, 그것을 말하는 학자들의 의견, 그리고 '선교적 교회'를 구성하는 '교회'와 '선교적'이라는 용어의 의미를 설명하는 데 주력했다. 여기까지 충실하게 따라온 독자라면 어느 정도 선교적 교회에 관한 기초 지식을 얻었을 것이다. 따라서 이제는 본격적으로 선교적 교회의 실제적인 작용 구조와 원리를 살펴볼 때가 되었다.

선교적 교회에 관해서 조금이라도 알게 되면 곧바로 그 교회가 어떤 구체적인 형태를 띠는지에 관해서 궁금해 한다. 내게 그런 질문을 하는 사람들은 대부분 현실에서 감각적으로 느낄 수 있는 교회의 모습을 말해달라고 요구한다. 그러나 선교적 교회는 어떤 정형화된 틀 속에 집어넣을 수 없다. 사실 선교적 교회를 실제로 구현하는 과정에서 시간과 공간을 초월하여 언제 어디에서나 적용될 수 있는 고착화된 법칙이란 존재하지 않는다.

선교적 교회에 관해서 연구하고 말하는 학자들은 대체로 고착화된 법칙에 대해서 알레르기처럼 부정적으로 반응한다.[1] 일정한 모델로 환원하는 것에 대해서도 부정적이며, 심지어 '선교적 교회' the missional church 라는 용어를 너무 쉽게 정의하는 것에 대해서도 위험하다고 경고한다.[2] 선교적 교회를 특정한 모델이나 사업, 프로그램 등으로 이해하려고 하는 시도는 통합적이고 균형 잡힌 사고 없이 기능성만을 지나치게 중시하는 근대주의의 부정적 산물이다.

선교적 교회를 올바르게 이해하고 실천하기 위해서는 선교적 교회를 사변적으로만 이해하거나 단지 매뉴얼 식의 기능과 방법론에만 관심을 기울이는 태도를 넘어 '프락시스' praxis 곧 진정한 의미의 성찰적 행동이 필요하다.

---

1 크레이그 밴 겔더·드와이트 J. 샤일리, 『선교적 교회론의 동향과 발전』, 276.
2 Alan J. Roxburgh M. and Scott Boren, *Introducing the Missional Church*, 22.

현장에서 하나님의 선교를 이루기 위해 실제적으로 요구되는 행동은 더디더라도 반드시 철저한 신학적 성찰에서부터 시작되어야 한다. 반대로 신학적 성찰은 반드시 사변화의 위험성을 제거하고 현장에 쉽게 적용될 수 있도록 삶의 현실과 끊임없이 대화하려고 노력해야 한다.

선교적 교회는 어떻게 작용하는가? 선교적 교회는 삶의 세계에서 구체적으로 어떻게 존재하고 전개되는가? 본격적인 선교적 교회론의 주제들을 다루기에 앞서서 우리는 이 질문에 답해야 한다. 그것은 마치 기계의 각 부분을 다루기에 앞서 전체적인 작용 구조와 원리를 파악해야 하는 것과도 같다. 이것이 이 장에서 다룰 내용이다.

1. 모이는 교회가 흩어지는 교회의 동력이다

끌어들이는 교회 vs 빼내는 교회

'선교적'missional이라는 단어는 일반적으로 교회의 내적 차원보다도 교회 밖, 다시 말해서 세상을 향한 교회의 움직임을 가리키는 것으로 여겨진다. 이런 경향은 자칫 선교적 교회를 논할 때 모이는 교회 the gathering church 의 의미를 평가 절하하는 경향으로 이어질 수 있다.

제1장에서도 설명한 바와 같이, 종종 선교적 교회와 대립되는 개념으로 '끌어들이는 교회' the attractional church 라는 용어가 사용되는데, 이 용어는 자기 자신의 이기적인 성장을 위해 종교적 소비자들religious consumers이 매력을 느낄 만한 예배와 프로그램, 편의시설을 제공하는 데 우선적인 가치를 두는 교회를 말한다.[3] 이 용어에는 이미 비판적인 뉘앙스가 담겨져 있는데, 비판의 대상은 끌어들이는 현상 자체가 아니라 끌어들이는 이유와 목적, 그리고 방법이다. 만약 끌어들이는 이유가 자기 교회만의 이기적인 성장을 위해서라면

---

3 Ibid., 18-19.

문제가 될 것이다. 대체로 이런 교회들은 목적을 위해 수단과 방법을 가리지 않는다. 반면에 끌어들임을 하나님 나라 안으로 불신자들을 편입하는 것으로 상정하고 하나님 나라의 특성에 맞는 수단과 방법을 강구한다면 문제될 것이 없다.

이런 의미에서 볼 때, 조심스러운 표현이긴 하지만 교회는 끌어들이는 일을 하는 것이 옳다. 교회는 예수 그리스도를 모르는 불신자들을 하나님의 나라로 끌어들여야 하며, 가깝게는 하나님 나라의 속성을 지닌 지상의 교회로 끌어들여야 한다. 크리스토퍼 라이트 Christopher J. H. Wright 에 따르면, "하나님의 백성은 **끌어들이는 사람** attractors 이 되어야 한다. 구체적으로 말하자면 그들에게로가 아니라 그들이 경배하는 하나님께로 끌어들이는 사람으로서 살아야 한다."[4] 재미있는 사실 하나는 '끌어들임'을 뜻하는 'attraction'이라는 단어가 동시에 '끌어들이는 힘' 또는 '매력'이라는 의미를 지니고 있기도 하다는 것이다. 이런 점에서 교회는 불신자들이 호감을 가질 만큼 매력을 발산해야 하며, 그렇게 함으로써 그들을 신앙 공동체 안으로 끌어들여야 한다.

이와 관련하여 댄 부셸 Dan Bouchelle 은 '끌어들이는 교회'가 아니라 '빼내는 교회' the extractional church 가 선교적 교회의 반대말이 되어야 한다고 주장한다.[5] 그의 말을 좀 더 구체적으로 들어보자.

교회의 모든 표현은 '매력적' attractive 이어야 하고 사람들을 공동체로 이끌기 위해 노력해야 한다. 심지어 당신이 교회 건물을 떠나 봉사하는 삶을 사는 대부분의 시간에도 당신이 예수 그리스도의 이름으로 행하는 것에 대해서 사람들이 매

---

4 Christopher J. H. Wright, *The Mission of God's People*, 129.

5 마이클 프로스트와 앨런 허쉬도 캐롤 데이비스(Carol Davis)의 말을 인용하여 '빼내는 교회'(the extractional church)라는 용어를 사용하지만 그들은 이 말을 '끌어들이는 교회'(the attractional church)와 같은 부정적인 의미를 지닌 것으로 본다. Michael Frost and Alan Hirsch, *The Shaping of Things to Come*, 72.

력을 느끼도록 노력함으로써 그들이 예수께 매력을 느끼도록 해야 한다. …어떻든지 간에 당신은 사람들이 제자 공동체에 매력을 느껴 예배로 모이고 서로 지지할 수 있게 해야 하며 더 나아가 세속 영역으로 흩어져 하나님을 섬기는 삶을 살도록 해야 한다. 그 어떤 교회도 매력attraction이 없으면 존재할 수 없다. …

[따라서] 선교적 교회의 진짜 반대는 '끌어들이는'attractional 교회가 아니라 세상으로부터 '빼내는'extractional 교회이다. 빼내는 교회는 사람들을 세상으로부터 꾀어내 무익할 뿐만 아니라 세상과 상관없는 닫힌 시스템에 집어넣는다. 빼내는 교회는 사람들이 그들의 가족, 이웃, 직장, 체육관, 모임들 속에서 선교를 감당하며 살도록 구비시키지 않고 단지 '교회유지'do church를 잘 하기 위한 이벤트에만 관심을 가진다.[6]

여기에서 댄 부쉘이 말하는 '끌어들이는 교회'의 개념은 GOCN Gospel and Our Culture Network 그룹이 비판하는 부정적 의미의 '끌어들이는 교회' 개념과 많이 다르다. 그것은 오히려 건강하게 '모이는 교회'의 개념과 비슷해 보인다. 진정한 선교적 교회는 충분히 매력적이며 그런 이유로 사람들이 모이기를 즐겨한다. 뒤집어서 말하자면, 그 교회가 매력적인 이유는 선교적 본질을 분명하게 드러내기 때문이다. 사람들이 그 교회로 모이기를 즐겨하는 이유도 마찬가지다.

핵심은 교회가 그리스도를 모르는 사람들을 끌어들이기 위해 어떤 종류의 매력을 발산하느냐는 것이다. 팀 체스터Tim Chester와 스티브 티미스Steve Timmis는 오늘의 교회들이 "매력적인 이벤트에서 매력적인 공동체로" 관심의 초점을 전환해야 한다고 말한다.[7] 만약에 지역교회가 사람들을 모으기 위해 매력적인 건물이나 이벤트, 프로그램 등을 제공하는 데 관심을 기울인다면

---

6 Dan Bouchelle, "The Opposite of Missional Is Not Attractional," http://danbouchelle.blogspot.kr//?view=magazine#!/2013/03/the-opposite-of-missional-is-not.html

7 Tim Chester and Steve Timmis, *Everyday Church*, 27.

부정적인 의미의 '끌어들이는 교회'가 될 것이다. 반면에 교회 공동체 자체가 불신자들에게 매력을 주는 경우라면 긍정적인 의미의 '끌어들이는 교회'로 평가될 수 있을 것이다.

모이는 교회와 흩어지는 교회 모두가 중요하다

교회 공동체는 세상의 집단들과 뚜렷하게 구별할 수 있는 성품을 지니고 있어야 한다. 그 고상한 성품으로부터 나오는 여러 행위가 지역사회와 세상 사람들에게 매력을 줄 수 있어야 한다. 이런 점에서, (진정한 매력으로 불신자들을) 끌어들이는 교회는 선교적 교회와 떼려야 뗄 수 없는 관계를 가지며, 모이는 교회 역시 흩어지는 교회와 불가분의 관계를 가진다. 모이는 교회의 중요성과 의미가 여기에서 해명된다. 신앙 공동체가 세상을 향한 하나님의 구원 계획을 실천하는 선교적 사명을 감당하려면 기본적으로 모이는 교회가 바르게 세워져야 한다.

이와 관련하여 에드먼드 클라우니Edmund P. Clowney는 예수께서 우리 밖에 있는 자들을 모으기 위해서 오셨다는 점을 언급하면서(요 10:11-30, 마 23:37 참조) 교회를 '모으는 자들'the gatherers과 '모인 자들'the gathered로 규정한다.[8] 교회는 누군가로부터 복음을 듣고 그리스도에게로 모인 자들의 모임이며, 또한 예수로부터 위임을 받아 불신자들을 그리스도에게로 인도하기 위해 모으는 자들의 모임이다. 그들은 그리스도에게로 모여 새로운 공동체성을 확인하고 다시 불신자들을 모으기 위해 세상으로 흩어지는 것이다.

그러므로 엄밀한 의미에서 하나님의 백성이 진정한 선교적 교회가 되기 위해서는 모이는 교회the gathering church와 흩어지는 교회the scattering church라고 하는 두 가지 존재 양식이 모두 강조되어야 한다. 왜냐하면 모이는 교회와 흩어지는 교회는 선교적 교회의 내적 구조와 외적 구조를 형성하기

---

8 Edmund P. Clowney, *The Church: Contours of Christian Theology* (Downers Grove, IL: InterVarsity Press, 1995), 159-164.

때문이다.

찰스 밴 엥겐 Charles Van Engen 에 따르면, 이것은 교회의 통일성이 내향성과 외향성을 동시에 내포하고 있다는 사실로 설명할 수 있다.[9] 교회는 모이는 신자들이 성장하고 성숙해져야 한다는 점에서 내향적일 수밖에 없으며, 그 성숙한 신자들이 세상에서 선교와 봉사의 일을 하도록 안내해야 한다는 점에서 외향적일 수밖에 없다. 따라서 선교적 교회를 단지 흩어지는 교회와 동일시하는 사고방식은 선교적 교회를 단편적으로 이해한 결과이며 이는 교회에 관한 온전한 이해를 방해한다. 모이는 교회가 없이 흩어지는 교회가 존재할 수 없으며, 반대로 흩어지는 교회가 없는 모이는 교회 역시 의미가 없다.

결국 모이는 교회와 흩어지는 교회는 마치 뫼비우스의 띠와 같이 일정한 순환구조 속에 있다.[10] 루스 마이어스 Ruth A. Meyers 역시 예배와 선교의 관계를 뫼비우스의 띠로 설명하는데, 사실 예배와 선교가 모이는 교회와 흩어지는 교회 개념에 포괄될 수 있기 때문에 그의 설명은 모이는 교회와 흩어지는 교회의 관계에도 그대로 적용할 수 있다. 그에 따르면 예배와 선교는 서로 상대편으로 흘러들어간다. 그래서 공적 예배가 선교가 되고, 선교가 공적 예배가 되는 과정이 계속 반복된다.[11] 모이는 교회와 흩어지는 교회의 관계도 이와 마찬가지다. 이는 하나님의 백성 곧 그리스도인들의 삶의 양식과 맞물려 있다. 7일로 구성된 일주일 중에서 그리스도인들의 시간은 주일에서부터 시작되며, 공간적으로는 하나님의 백성이 함께 모이는 일정한 모임으로부터 시작된다.

이렇게 모인 하나님의 백성들을 우리는 에클레시아 ecclesia 라고 말할 수

---

9 Charles Van Engen, *God's Missionary People*, 50.
10 이것은 종종 '가라'(go) 구조와 '오라'(come) 구조의 균형과 조화를 강조하는 방식으로 설명되기도 한다. R. Paul Stevens, *The Other Six Days: Vocation, Work, and Ministry in Biblical Perspective* (Grand Rapids, MI: Eerdmans, 2000), 253.
11 Ruth A. Meyers, *Missional Worship, Worshipful Mission* (Grand Rapids, MI: Eerdmans, 2014), 35.

있다. 하나님의 백성들은 이 에클레시아로서 하나님을 예배하고, 성찬을 나누고, 하나님의 말씀을 배우고, 형제자매들 간에 서로 교제함으로써 하나님의 선교적 백성으로서의 정체성을 확인하고 흩어지는 교회 곧 디아스포라 diaspora로 살아가기 위한 동력을 얻는다. 마이어스의 아이디어를 다시 한 번 빌리자면 그것은 마치 힘차게 돌아가는 팽이의 중심축과 같다.[12] 밖을 향하는 원심력은 바로 그 중심축으로부터 시작된다. 중심축이 무너지면 팽이는 힘을 잃고 쓰러질 수밖에 없고 밖을 향한 운동은 모두 중단될 수밖에 없다.

이는 하나님의 백성들은 주일 이후 월요일부터 토요일까지 세상 곧 하나님의 백성들이 살아가는 삶의 자리에서 선교적 본질을 드러낸다. 주일날 일정한 장소에서 경험한 공동체의 영적 신비와 확인된 정체성은 주중週中에 그들이 살아가는 삶의 현장에서 구현되고 확인된다. 하나님의 백성은 에클레시아로 모인 공동체 안에서 독특한 영적 신비를 경험하지만 흩어지는 교회 곧 디아스포라 역시 주중에 그들이 살아가는 세상 속에서 독특한 영적 신비를 경험한다. 그것은 일상생활 속에서 체험하는 영적 신비라는 점에서 매우 현실적인 특성을 띤다. 흩어지는 교회 디아스포라의 경험은 다시, 모이는 교회 에클레시아 안에서 성찰된다.

'예배, 성례, 교육, 친교'는 모이는 교회 안에서 어떻게 기능하는가

앞에서 언급한 바와 같이, 모이는 교회는 선교적 교회의 내적 구조라는 점에서, 그리고 흩어지는 교회를 가능하게 하는 동력이라는 점에서 매우 중요하다. 모이는 교회가 행하는 주요 기능은 크게 네 가지 곧 예배, 성례, 교육, 친교이다. 그런데 이것들은 모두 개인적인 차원을 넘어 공동체적인 특성을 강하게 드러내는 요소이며, 이런 활동을 통해서 하나님의 백성의 선교적 역량이 증진된다. 그렇다면 이 네 가지 요소가 모이는 교회 안에서 어떻게 기

---

12 Ibid., 38-45.

능하는지 구체적으로 살펴보자.

첫째, 예배는 모인 공동체의 구성원들이 교회로 모이게 하는 가장 일차적인 목적이 된다. 그것은 삼위일체 하나님을 찬양하고 높이며, 그분에게서 말씀을 듣고, 자신을 드리고, 선교적 백성으로서 세상으로 보냄을 받는 과정으로 구성된다. 물론 예배를 심층적으로 이해하면 예배의 의미가 모든 삶에 내재해 있는 것이 사실이지만[13] 공동체가 모여서 드리는 예배는 하나님의 선교적 백성을 공동체적으로 준비시키고 파송하는 중요한 역할을 한다. 특별히 예배 순서 중에서 마지막에 있는 축도는 하나님의 백성을 세상으로 보내기에 앞서서 그들을 격려하고 축복하는 절차라는 점에서 그것의 선교적 의미를 되살려야 한다.

둘째, 세례와 성만찬으로 구성된 성례전은 모이는 교회가 공동체성을 구현하는 데 꼭 필요한 요소이다. 크레이그 밴 겔더Craig Van Gelder에 따르면, "세례예식과 주의 만찬은 단순히 개인적인 은혜의 수단이 아니다. 그것들이 가진 좀 더 큰 목적은 공동체의 삶을 확립하고 성숙하게 만드는 것이다."[14] 여기에서 세례는 신앙 공동체로 들어가는 관문이며, 성만찬은 하나님의 백성 공동체가 그리스도의 대속적 행위 앞에서 자신의 삶을 성찰하고 새롭게 살 것을 고백하는 의식으로서 공동체를 성숙하게 만드는 역할을 한다. 특별히 "성만찬을 통해서 우리는 하나님에 의해 구속받은 백성으로서의 운명 곧 참된 교제communion를 미리 맛보게 된다."[15] 그러므로 예배와 마찬가지로 세례와 성만찬 역시 세상으로 나아가기에 앞서 하나님의 선교적 백성으로서의 정체성을 확인하는 중요한 과정이 된다.

셋째, 교육은 하나님의 선교적 백성으로서, 그리고 그리스도의 제자로서 어떻게 살아야 할지를 직접적으로 가르치고 배우는 사역을 말한다. 흔히 이

---

13 크레이그 밴 겔더, 『교회의 본질』, 231.
14 Ibid., 227.
15 크레이그 밴 겔더·드와이트 J. 샤일리, 『선교적 교회론의 동향과 발전』, 283.

사역은 '제자훈련'이라는 이름으로 불리기도 한다. 그런데 제자훈련은 일반적으로 개인적인 차원에서 다뤄지지만 엄밀하게 말하자면 공동체적 특성이 강한 것이다. 다시 말해서 제자훈련이란 단지 개인의 경건생활을 위한 교육이 아니라 하나님의 자녀로 부르시고 세상으로 보내시는 이유와 사명, 그리고 그 일을 위한 능력을 갖추는 과정이다. 교육의 이런 공동체적 특성은 영적 은사를 개발하고 성령의 열매를 확인하고 증진하는 과정을 통해서 나타난다.[16] 따라서 교회 안에 영적 은사를 확인하고 개발할 뿐만 아니라 은사에 따라 적합한 사역으로 안내하는 시스템을 만들어야 한다.

넷째, 친교는 하나님의 백성들이 서로 마음과 삶을 나눔으로써 사랑의 온도를 높이는 공동체적 활동을 말한다. 그런데 이 활동 역시 근본적으로 개인적이지 않으며 공동체적인 특성을 띤다. 여기에서 삼위일체 하나님의 사회적·관계적 개념은 기본적으로 공동체로 존재하는 하나님의 백성에게 반영되며, 그것은 하나님의 백성이 공동체 안에서 경험하는 만큼 세상에서 다른 사람들에게 적용된다.[17] 다시 말해서 모인 교회에서 하나님의 진정한 사랑을 경험하고 나누지 못한다면 흩어지는 교회로서 세상에서 살아갈 때에도 타인들을 사랑할 수 없다. 친교는 삼위일체 하나님에게서 신자들에게로 흘러가며, 그것은 다시 신자들에게서 세상에 속한 이웃에게로 흘러간다. 하나님은 이 친교를 통해서 하나님의 백성에게 확신을 주고, 격려하며, 치유하신다.

2. 교회의 선교적 실천에 대한 오해와 진실

교회의 선교는 조직적 차원을 뛰어넘는다

교회는 본질적으로 선교적이며, 그 교회는 모이고 흩어지는 순환 과정을 통해 선교적 본성을 드러낸다. 그 교회가 선교적인 양상을 나타내는 방식은

---

16 크레이그 밴 겔더, 『교회의 본질』, 232.
17 크레이그 밴 겔더·드와이트 J. 샤일리, 『선교적 교회론의 동향과 발전』, 204-205.

크게 두 가지이다. 그것은 교회의 두 가지 차원 곧 조직적 차원과 개인적 차원을 말한다. 한스 큉Hans Küng은 교회의 조직적 차원과 개인적 차원에 관해서 다음과 같이 묻고 대답한다. "참된 교회는 어디에 존재하는가? 이 물음은 교회 내의 개인에게 던져진 것일 수도 있고 공동체로서의 교회를 향한 물음일 수도 있다."[18] 이 두 가지 차원을 선교적 실천과 연결하면 교회가 조직적 차원과 개인적 차원에서 선교적 실천을 행한다는 결론을 얻을 수 있다. 그렇다면 이 두 가지 양상이 어떻게 선교적 실천과 연관되는지 구체적으로 살펴보자.

첫째, 교회의 선교적 실천은 조직적 차원에서 이루어진다. 교회는 근본적으로 하나님께서 세상 가운데서 선택하여 불러낸 사람들의 '모임'을 뜻한다는 점에서 공동체성과 조직성을 띨 수밖에 없다. 사람들이 일반적으로 교회라고 부를 때 떠올리는 이미지가 바로 이 모이는 교회의 형태이다. 교회가 선교적 활동을 위해서 일정한 조직 형태를 띨 수밖에 없다는 것은 지극히 당연하다. 교회가 세상으로 보냄을 받았다는 개념은 모이는 교회의 관점에서 볼 때 지역사회 또는 일정한 사회 내에서 선교적 공동체의 정체성을 드러내는 방식으로 나타나기 때문이다.

지역교회는 조직체로서 다양한 선교 사업 및 프로그램을 시행한다. 예를 들어 조직체로서의 교회는 지역사회의 가난한 소년소녀가장들을 돕기 위해 바자회를 개최할 수도 있고, 재난을 당한 지역 주민들을 돕기 위해 재난구호팀을 파견할 수도 있다. 이런 종류의 선교 사역들은 주로 조직체로서의 교회가 공식·비공식적으로 실시하는 사업 또는 이벤트를 통해서 시행된다. 교회 조직이 먼저 선교 활동 프로그램을 마련하면 신자들이 그 프로그램에 참여하는 형태를 띤다.

그런데 선교적 실천을 주로 조직적 차원에서만 이해하는 것은 한계가 있

---

18 Hans Küng, *The Church*, 264.

다. 이런 이해 방식은 선교적 교회의 모델을 제시하는 여러 저자들에게서 나타나고 있는데,[19] 이들은 주로 조직체로서의 교회가 행한 사업이나 프로그램들을 통해서 선교적 교회를 이해하는 경향을 보인다. 그러나 선교적 교회의 실천을 이런 방식으로만 이해하면 그들이 비판하는 사업 또는 프로그램 중심의 선교—기존 교회들이 중시해온, 위로부터 지시된 '행위' 위주의 선교 —로 회귀하는 잘못을 범하게 된다.

사실 선교적 교회의 실천은 조직체의 이런 차원을 무시하지 않는다. 그러나 그것은 조직적 차원을 넘어서 한 단계 발전된 차원 곧 신자들이 자발적으로 일으키고 세우는 선교를 말해야 한다. 이렇게 신자들의 자발성에 의해 촉발된 선교의 영향력은 상상을 초월한다. 한 예로 라투렛 Kenneth S. Latourette 교수가 '위대한 세기'로 언급한 19세기 개신교의 선교는 놀라울 정도로 확장되었는데, 그것은 전적으로 각 교회에서 부흥을 경험한 신자들이 자발적으로 선교에 동참했기 때문에 가능했다. 이와 같이 신자들의 자발성을 함양하기 위해서는 반드시 교회의 내적 역동성이 필요하다.

둘째, 하나님의 백성이 행하는 선교적 실천은 개인적 차원에서도 이루어진다. 개인적 차원의 선교적 실천이 완전히 새로운 개념은 아니지만, 지금까지 교회들이 행한 선교적 실천이 주로 조직적 차원에서 이루어졌다는 점을 고려할 때 그것은 매우 새롭게 느껴질 수 있다. 어쩌면 교회의 선교가 조직적 차원에 머무는 것을 선교적 교회 실천의 1단계라고 한다면 개인적 차원으로 심화되는 것을 2단계라고 말할 수 있을 것이다.

개인적 차원의 선교적 실천이란 하나님의 백성들이 흩어지는 교회로서 자

---

19 다음의 글들을 참조하라. 한국일, "선교적 교회의 실천적 모델과 원리,"「선교신학」제36집 (2014): 373-385; 황병배, "선교공동체로서의 농촌교회와 통전적 선교가능성 연구,"「선교신학」제36집 (2014): 465-472; 신정, "선교적 교회론의 사례: Tripple A를 꿈꾸는 광양대광교회,"「선교와 신학」30집 (2012): 117-146; 이종명, "선교적 교회론의 사례: 송악교회와 송악교회의 마을 만들기,"「선교와 신학」30집 (2012): 147-160; 조주희, "선교적 교회론의 사례: 성암교회의 사회봉사 프로그램,"「선교와 신학」30집 (2012): 161-194.

신들의 삶에서 선교사와 같은 사명을 감당하는 것을 뜻한다. 그러나 "[교회의] 소명이 개인적인 것이 아니라 공동체적인 것"이기 때문에,[20] 흩어졌다고 해서 그들이 교회의 공동체성을 잃어버리거나 포기하는 것은 아니다. 비록 그들이 물리적으로 떨어져 있다고 할지라도 동일한 하나님 나라의 비전을 통해서 하나로 연결되어 있다. 그러므로 그들은 흩어져 있을 때에도 교회로서 존재한다.

어쩌면 교회의 선교적 본질은 신자들이 모이는 교회로 존재할 때보다 흩어지는 교회로 존재할 때 더 뚜렷하고 구체적으로 드러날 수 있다. 이런 점을 고려하면 개인적 차원에서의 선교적 실천이 조직적 차원에서의 선교적 실천보다 더 중요하다고 볼 수도 있다. 물론 조직으로서의 교회는 각 개인이 할 수 없는 영역에서 체계적이고 규모 있는 선교 활동을 펼칠 수 있으며, 자신의 은사와 사명을 찾지 못한 사람들을 안내할 수도 있다. 그러나 하나님의 선교가 각 개인이 살아가는 삶의 현장에까지 미치게 하는 데는 그것으로 충분치 않다. 만약 조직적 차원에서의 선교만 강조하면 각 개인의 일상생활에서 수행되는 선교는 무시될 수밖에 없으며, 선교는 단지 행사나 프로그램으로 전락하게 될 것이다.

목회자들이여, 선교에 관한 오해를 직시하라

여기에서 선교에 관해서 많은 목회자들이 오해하고 있는 몇 가지를 언급하고 넘어가는 것이 좋겠다. 먼저 선교를 단지 교회가 중요하게 여겨야 할 여러 가지 영역 중 하나로 생각하는 사고방식이다. 이런 사고방식을 가진 사람들은 흔히 교회의 5대 영역으로 예배, 교육, 친교, 선교, 봉사를 꼽는다. 이는 선교를 단지 교회가 감당해야 할 영역 가운데 하나로 여긴다는 것을 뜻한다. 그러나 이런 생각은 선교의 개념을 왜곡시킨다.

---

20 George R. Hunsberger, "Missional Vocation," 103.

선교를 특정한 활동이나 사업으로 여기는 태도는 교회 자체가 선교라는 관점을 망각하게 만든다. 이 점에서 앤드류 커크 J. Andrew Kirk 의 말은 매우 의미심장하다. "선교를 교회가 감당해야 할 여러 의무들 중 하나로 전락시키지 않는 한 교회는 본질적으로 선교적이다. 교회가 선교적이기를 중단하는 것은 스스로 교회되기를 중단하는 것과 같다."[21] 이 말은 결국 선교가 교회에 종속된 한 영역이 아니며, 오히려 교회가 행하는 모든 것을 선교적 관점에서 보아야 한다는 점을 일깨워준다.

위의 설명에 비추어볼 때 선교를 조직체로서의 교회가 행하는 선교 사업으로만 생각하는 것도 목회자들이 흔히 가지는 오해라고 말할 수 있다. 존 헨드릭 John R. 'Pete' Hendrick 이 말한 바와 같이, 이런 교회는 '선교를 행하는 교회' congregations with missions 가 될 수 있을지는 몰라도 '선교적인 교회' missionary congregations 는 아니다.[22] 선교적인 교회는 선교 '행위'를 넘어 공동체 자체가 선교인 교회를 말한다. 조직으로서의 교회는 얼마든지 다양한 선교 활동을 펼칠 수 있다. 그러나 그런 차원만을 선교라고 생각하는 것은 옳지 않다. 선교를 구체적으로 실천하기 위해서는 선교를 이벤트, 프로그램, 행사, 사업으로 기획해야 한다. 그러나 그것 자체를 선교라고 말할 수는 없다.

선교학계에서 'mission'(단수)과 'missions'(복수)를 구분하는 이유가 여기에 있다. 일반적으로 'mission'은 좀 더 넓은 차원에서 이루어지는 하나님 나라의 관점에 의한 선교를 가리키는 반면 'missions'는 구체적인 선교 활동이나 사업들을 가리킨다.[23] 만약 교회가 'missions'에 초점을 맞춘다면 여러 가지 '선교 활동들을 행하는' doing missions 교회가 될 수는 있지만 하나님의

---

21 J. 앤드류 커크, 『선교란 무엇인가?』, 59.

22 John R. 'Pete' Hendrick, "Congregations with Missions vs. Missionary Congregations," in *The Church between Gospel and Culture*, edited by George R. Hunsberger and Craig Van Gelder (Grand Rapids, MI: Eerdmans, 1996), 299-307.

23 David Bosch, *Transforming Mission*, 10.

나라를 지향하는 '선교로서 존재하는'being mission 선교적 교회는 될 수 없다. 구체적인 선교 활동에 앞서서 먼저 하나님의 선교를 생각해야 한다. 구체적인 선교 활동에 대한 계획과 실천은 반드시 하나님의 선교에 기초해야 한다.

목회자들이 오해하고 있는 또 다른 하나는 평신도를 동역자로 삼는 목회의 개념이다. 나름 앞서가는 목회를 생각하는 사람들이 평신도를 동역자로 삼는 목회에 관해서 이야기한다. 그런데 그들이 생각하는 동역은 모이는 교회에 필요한 사역들을 맡기는 것이다. 예를 들면 재정부원, 심방대원, 찬양대원, 셀리더, 새가족교사 등과 같은 사역을 맡기는 것이다. 그러나 이것은 하나님의 선교적 백성의 사역을 모이는 교회에서 다른 신자들을 섬기는 정도로 제한하는 결과를 낳는다. 그런데 창조와 구속의 주가 되신 하나님께서 자신의 백성에게 원하시는 바가 이 정도일까? 하나님께서는 자기 백성들이 세상에서 복음의 증인으로 살기를 원하시지 않을까? 이 질문에 대한 대답에 선교적 교회 곧 하나님의 백성이 지니고 있는 선교적 본질이 있다. 선교는 하나님의 백성이 흩어지는 교회로서 이 땅에 존재하며 살아가는 삶의 방식이다.

하나님의 선교적 백성이여, 일상적 삶에서 교회가 돼라

이제 다시, 하나님의 백성이 개인적 차원에서 행하는 선교적 실천에 관해서 좀 더 구체적으로 설명해 보자. 교회가 본질적으로 선교적 공동체라는 말은 흩어지는 교회의 양상, 다시 말해서 하나님의 백성이 살아가는 삶의 양식과 관련이 있는데, 이것은 구체적으로 무엇을 의미하는가?

교회를 뜻하는 에클레시아는 본래 건물이나 조직이나 재정이 아니라 하나님께서 세상으로부터 구별하여 구원한 하나님의 백성을 가리킨다. 다시 말해서 그들은 하나님을 믿는 사람들 자체를 가리킨다. 그리고 그들은 화석화된 존재들이 아니라 움직이면서 생활하는 존재들이며, 월요일부터 토요일까지 예배당이 세워진 일정한 공간을 떠나 세상 속에 흩어져 살아가는 존재들이다. 이런 점을 고려할 때, 다소 은유적인 표현이긴 하지만, 그들은 세상 속에서 걸어 다니는 교회가 된다. 이것이 바로 흩어지는 교회 곧 디아스포라의 개념이다.

걸어 다니는 교회 곧 세상으로 흩어지는 하나님의 백성이 선교적 실천을 수행해야 할 곳은 바로 그들이 살아가는 삶의 현장이 되어야 한다. 그곳은 그들의 일상생활이 이루어지는 곳이다. 일반적으로 이웃과의 삶, 직장이나 사업장, 자신이 거주하는 지역사회는 예나 지금이나 일상생활을 구성하는 가장 기본적인 영역에 속한다. 그러나 과거에 비해 활동 범위가 훨씬 넓어진 오늘의 사회에서 일상생활의 영역은 매우 복합적이고 다원적인 특성을 띨 수밖에 없다. 어쨌든 흩어지는 하나님의 백성은 자신의 일상세계에서 선교적 삶을 살아야 한다. 이를 위해 그들은 비공식적이긴 하지만 스스로 하나님께서 보낸 선교사라는 자의식을 갖고 살아야 한다.[24] 그들은 먼 곳으로 파송되는 선교사처럼 하나님께로부터 보냄 받았다는 의식을 갖고 대상자들의 문화 속으로 들어가 그들의 문화를 익히고 섬겨야 한다.

또한 흩어지는 하나님의 백성은 세상 속에서 '일터교회' the workplace church를 형성해야 한다. 이 일터교회는 "월요일부터 토요일까지 성도들이 각자 일터에 흩어져서 세워나가는 교회"를 뜻한다.[25] 각 신자는 교회로서 자신의 일터에서 교회의 존재양식을 드러내는 사명을 감당해야 한다. 일터교회라고 해서 단순히 직장이나 사업장에서 예배와 선교 활동을 하려고 조직된 신우회와 같은 것을 생각하면 곤란하다. 그런 생각은 교회를 단순히 조직체의 개념으로 축소하는 사고방식에서 생겨난 것이다. 일터교회는 그보다 더 넓은 차원을 말한다. 교회가 하나님께로부터 택함을 받아 구원받은 사람들을 뜻한다면 그들은 하나님과 긴밀하게 소통하고 있는 사람들이어야 한다. 이를 위해 모이는 교회에서 예배와 성례전이 이루어진다. 그 소통의 관계 속에서 하나님께서 말씀하시고, 인간은 듣고 순종한다. 세상 안에서, 특히 일터

---

24 Jeff Iorg, *Live Like a Missionary*, 16.
25 피터 와그너, 이건호 역, 『일터교회가 오고 있다』 (과천: WLI Korea, 2007), 12.

에서 교회로 살아간다는 말은 바로 그렇게 일터에서 하나님의 말씀에 순종하는 삶을 사는 것을 뜻한다.

세상에서 공적 제자도 public discipleship 를 실천하는 것도 하나님의 선교적 백성이 감당해야 할 중요한 선교적 실천에 속한다. 지금까지 신자의 삶에서 강조된 제자도는 주로 개인적 경건에 초점이 맞춰져 있었다. 그러나 최근에는 공적 영역에서 신자들이 그리스도의 제자답게 살아야 한다는 인식이 확산되고 있다. 그리스도인일수록 사회에서 강화된 시민교양 civility 을 가져야 한다는 의견이 최근에 강조되고 있는 것도 이런 맥락에 속한다고 볼 수 있다.[26] 공적 제자도의 범위를 어디까지 잡아야 하는지는 신학적 입장에 따라 조금씩 다를 수 있지만, 적어도 일상적 삶에서 공적인 가치를 존중하고 실천하는 자세만큼은 공통적이라고 말할 수 있다.

교회들이여, 진정한 제자훈련은 의식과 삶의 변화에 있음을 잊지 마라

종종 선교적 교회에 관한 추상적 설명이 그 용어 또는 개념을 모호하게 만들기도 한다. 선교적 교회의 개념을 섣부르게 규정하는 것을 경계하는 태도가 이런 결과를 낳는 데 일조하기도 하였다. 그러나 본래 선교적 교회의 개념 규정을 경계한 이유는 그런 행위가 자칫 선교적 교회를 특정한 모델 또는 패턴으로 축소 내지는 전락시킬 수도 있기 때문이었다.

그렇다면 교회가 '선교적' missional 이라고 말할 때 그것은 구체적으로 어떤 양상을 두고 하는 말인가? 다시 말해서 선교적 교회를 세우려면 구체적으로 무엇에 힘을 쏟아야 하는가? 아마도 이 질문에 대해서 가장 쉽게 떠올릴 수 있는 이미지는 선교적인 활동이나 이벤트일 것이다. 말하자면 선교적인 교회는 선교 활동과 이벤트를 많이 하는 교회라는 생각이다. 그러나 앞에서 말한 바와 같이, 이런 생각은 교회와 선교에 관한 왜곡된 사고방식으로

---

26 리처드 마우, 홍병룡 역, 『무례한 기독교』 (서울: IVP, 2004), 22-23.

부터 출발하고 있다는 점에서 또 다른 문제를 낳는다.

앞에서 설명한 내용을 전체적으로 고려할 때 선교적 교회를 구성하는 여러 가지 지표 중에서 가장 핵심적인 것은 신자들의 의식과 삶이라고 말할 수 있다. 다시 말해서 진정한 선교적 교회는 하나님의 백성의 의식과 삶이 선교적인 특성을 보인다. 흩어지는 교회로서 존재하는 하나님의 백성이 제대로 선교적이기 위해서는 각 신자의 의식과 삶이 선교적이어야 한다. 또한 조직으로서의 교회 곧 신앙 공동체가 선교적이기 위해서도 그 조직에 속한 개별적인 신자들의 의식과 삶이 선교적이어야 한다.

이런 점들을 고려할 때 결국 어떤 신앙 공동체가 선교적인 교회로 세워지고 성장하기 위해서는 그 공동체 구성원들의 선교적 의식이 함양되고 그들의 삶이 뚜렷한 선교적 지향성을 가져야 한다는 결론에 이르게 된다. 정리해서 말하자면, 교회를 세운다는 것은 사람들을 세운다는 것이요 사람들을 세운다는 것은 그들의 의식과 삶을 하나님의 나라와 하나님의 선교를 지향하도록 만든다는 것이다. 교회 안에서 이루어지는 교육 또는 제자양육은 바로 이것을 목표로 삼아야 할 것이다.

이런 점에서, 어느 한 교회가 얼마나 선교적인지를 측정하려고 할 때 목회자의 선교적 리더십 등과 함께 중요하게 여겨야 할 요소는 그 공동체에 속한 신자들의 의식과 삶의 행태를 조사하는 것이다. 신자들의 선교의식과 관련해서는 윌버트 쉥크Wilbert R. Shenk의 의견이 도움이 된다. 그는 신자들이 가져야 할 선교의식으로서 두 가지 곧 내적 선교의식과 외적 선교의식을 꼽는다. 내적 선교의식은 하나님의 백성이 깨닫고 살아야 할 교회의 선교적 본질에 대한 이해를 말하며, 외적 선교의식은 그 선교를 실천해야 할 현장 곧 세상과 문화에 대한 이해를 말한다.[27] 하지만 이 두 가지는 독립적이지 않고 서로 깊은 연관성을 갖는다. 왜냐하면 교회의 본질 자체가 선교적이기 때문

---

27 Wilbert R. Shenk, *Write the Vision: The Church Renewed* (Harrisburg, PA: Trinity Press International, 1995), 86-99.

에 그리스도인들이 세상과 문화에 대한 깊은 이해를 가지는 것은 지극히 당연한 일이기 때문이다.

교회의 선교적 실천은 그것이 조직적이든지 개인적이든지 간에 언제나 선교적 의식으로부터 나온다. 올바른 선교의식은 올바른 선교적 실천을 낳으며, 잘못된 선교의식은 잘못된 선교적 실천을 낳을 수밖에 없다. 그런데 많은 그리스도인들이 자신의 교회가 다양한 선교 사업과 봉사 활동을 한다는 점을 언급하면서 그 교회가 매우 선교적이라고 자평한다. 물론 조직적 차원에서 이루어지는 선교가 매우 가시적이고 실적 위주로 진행되기 때문에 대부분의 교회가 이 방식을 선택하지만, 실제로 중요한 것은 신자들의 의식과 삶의 행태이다.

어떤 신자들은 개인적으로 경건한 삶을 살면서 교회가 주관하는 선교와 봉사 활동에 참여하는 것으로 충분한 신앙생활을 하고 있다고 생각한다. 그러나 그들이 과연 이웃과 직장 또는 일터를 포함한 일상생활에서 선교적 삶을 살고 있는가? 스스로 하나님의 복음을 간직한 비공식 선교사와 같은 존재라고 생각하고 있는가? 자신의 일생을 통해서 감당해야 할 선교적 사명을 발견하고 실천하고 있는가?

한국교회의 역사에서 이런 선교적인 삶을 살았던 사람들의 이야기를 예로 들어보자. 우리나라에 복음이 전해진 지 얼마 되지 않은 때에 복음을 듣고 그리스도인이 된 사람들 중에서 어떤 사람들은 교회가 없는 지역으로 이사하여 그곳에서 복음을 전하고 결신자들을 중심으로 교회를 설립하였다.[28] 비록 그들은 오늘날과 같이 충분한 성경공부나 제자훈련을 받지 못한 사람들이었지만 구원에 관한 확신과 복음에 대한 열정만큼은 매우 분명하였다. 그들은 폭넓은 지식을 소유하지는 못했지만 적어도 분명한 선교의식을 가지고 있었던 것이다.

---

28 Harry A. Rhodes, ed., *History of the Korea Mission, Presbyterian Church in the USA, 1884-1934* (Seoul : Chosen Mission Presbyterian Church, 1934), 249.

그렇다면 진정한 제자훈련은 무엇을 지향하는가? 진정한 제자훈련을 위해서는 진정한 제자를 육성하는 데 초점을 맞춰야 한다. 예수 그리스도를 통해서 구원받고, 하나님 나라와 복음에 관해 분명하게 이해하고, 자신의 삶 전체를 드려 이 세상에서 하나님의 선교에 동참하는 사람이야말로 진정한 제자이다. 그런데 지금까지 교회에서 시행된 제자훈련은 대부분 성경과 기독교에 관한 지식을 배우고 좀 더 교양 있는 그리스도인이 되는 수준을 넘지 못했다. 따라서 하나님의 선교에 진지하게 참여하려는 교회라면 제자훈련을 신자들의 선교적 의식과 삶을 하나님의 나라와 하나님의 선교를 중심으로 재편해야 한다.

이를 위해서는 위의 사례가 보여주듯이 공식적인 교육과정을 넘어선 통전적 차원의 교육과정이 상정되어야 한다. 오늘날과 같은 지식사회에서 사람들의 의식과 삶을 변화시키기 위해서는 기본적으로 각종 성경공부와 제자훈련을 포함하는 공식적 교육 formal education 과 교회의 안과 밖에서 개최되는 간헐적인 집회와 세미나 등의 비공식적 교육 nonformal education 이 필요할 것이다. 그러나 신자들의 삶 전체에서 이루어지는 다양한 경험 자체가 교육의 중요한 매개가 된다는 점에서 이것들 못지않게 무형식적 교육 informal education 이 중요하다.

제자훈련의 관점에서 볼 때 다양한 예배와 설교, 기도회도 교육의 일환이 될 수 있고, 일상적 삶에서 이루어지는 대화, 그리고 더 나아가 자신이 직접 참여하는 봉사 자체도 중요한 교육의 매개가 될 수 있다. 신자들의 삶 자체와 분리된 채 단지 지식 전달을 위해 일정하게 정해진 공간에서 이루어지는 활동만을 교육 방법으로 생각하는 사고방식은 위험하다.

오히려 진정한 교육은 공식적인 학습 행위와 삶을 통한 성찰의 순환 구조 속에서 이루어진다. 이것은 일정한 시공간 안에서 모이는 교회가 주중週中에 세상으로 흩어지는 교회와 순환적 구조 안에 들어와 조화를 이룰 때 온전한 선교적 교회를 이룰 수 있는 것과 같은 이치이다. 따라서 목회자들은 자신의 공동체를 온전한 선교적 교회로 만들기 위해 신자들이 교회 안과 밖에서 이루어지는 다양한 삶의 경험들을 종합적으로 활용해 하나님의 선교적 백성의 의미를 깨닫고 실천 방법들을 배우게 해야 한다.

3. 선교적 실천은 존재와 행위와 말의 순서를 따른다

지금까지 선교적 교회의 구조적 차원 곧 모이는 교회와 흩어지는 교회의 순환적 구조, 그리고 조직적 차원과 개인적 차원의 선교적 실천의 균형에 대해서 설명하였다. 그렇다면 삶의 현실에서 선교적 의도는—특히 사역의 관점에서—구체적으로 어떤 양상으로 나타나는가?

선교가 실천되는 과정은 직접적이든지 간접적이든지 간에 복음이 전달되는 과정이라고 말할 수 있다. 그런데 선교적 실천의 커뮤니케이션 곧 복음이 전달되는 방식은 존재being와 행위doing와 말telling이다.[29] 특수한 경우를 제외하면 이 세 가지는 존재 → 행위 → 말의 순서를 따르는 것이 가장 이상적이다. 하지만 이 세 개념 사이의 관계성을 분명하게 규정하는 것이 중요하다. 이 선교적 실천에서 가장 기초가 되는 것은 존재로부터 흘러나오는 선교적 영향력이다. 사랑과 정의에 의한 선한 행위와 선포적 선교 개념은 이 존재의 선교로부터 나와야 한다. 다시 말해서 존재로부터 나오는 것이 아니면

---

[29] George R. Hunsberger, "Missional Vocation," 108. 데릴 구더와 크리스토퍼 라이트도 이와 비슷한 의견을 피력하고 있다. 구더는 한곳에서 그리스도인의 증인됨을 '존재'(being), '행함'(doing), '말'(saying)의 세 가지 방식으로 설명하며[Darrell L. Guder, *Be My Witnesses: The Church's Mission, Message, and Messengers* (Grand Rapids, MI: Eerdmans, 1985), 91], 다른 곳에서는 "인격으로서의 증언(증인의 존재), 행위로서의 증언(증인의 행함), 커뮤니케이션으로서의 증언(증인의 말)"이라는 표현을 사용한다. (Darrell L. Guder, *The Continuing Conversion of the Church*, 70) 라이트에 따르면 "그리스도인과 기독교회의 모든 존재와 말과 행동은 하나님의 세상에서 하나님의 선교에 의도적으로 참여한다는 점에서 선교적이어야 한다."(Christopher J. H. Wright, *The Mission of God's People*, 26)

그 어떤 선한 행위와 말도 선교적 missional 의미를 갖지 못한다. 이를 도식으로 표현하면 다음과 같다.

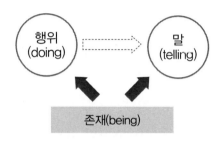

존재와 행위와 말의 상관관계

이와 유사한 개념들이 전통적인 교회성장학자들에 의해서 제시된 적이 있다. 피터 와그너 C. Peter Wagner 는 3P전도—현존 presence, 선포 proclamation, 설득 persuasion—개념을 건물에 비유하여 설명하면서 특히 현존이 건물의 맨 아래층에 해당한다는 점을 강조하였다.[30] 어찌 보면 존재와 현존은 서로 유사한 개념이다. 그러나 3P전도에서 선포와 설득은 모두 말에 해당하고 거기에는 행위가 빠져 있다는 점에서 '존재-행위-말'의 선교적 실천과는 다르다. 아래에서 이 세 가지 개념에 대해 좀 더 자세히 살펴보자.

선교적 특성을 드러내는, 그 자체인 존재

하나님의 백성이 살아가는 삶의 양식은 세속적인 삶의 양식과 전혀 다르다는 점에서 그 존재 자체가 선교적 특성을 드러낸다. 교회는 근본적으로 거룩성을 지닌 공동체이기 때문에 세상과 구별될 수밖에 없다. 그러나 여기에서 그 거룩성은 단순히 세속적인 것으로부터 분리된 신비한 차원이 아니라 예수 그리스도에 의해 존재론적으로 변화된 차원을 가리킨다. 그 차원은 구

---

30 C. Peter Wagner, *Strategies for Church Growth*, 123.

체적으로 뚜렷하게 다른 공동체의 가치관과 삶의 방식을 가리킨다.

이때 선교적 교회의 존재를 규정하는 삶의 방식은 구체적인 선교 행위들과 구별되어야 한다. 물론 엄밀하게 말하자면 선교적 교회의 삶의 방식은 선교 행위와 무관할 수 없다. 그 두 가지는 서로 깊은 연관성을 갖고 있다. 그러나 삶의 태도와 방식은 개별적인 선교 행위보다 가치관에 더 가까운 개념으로서 개별적인 선교 행위들에 방향을 주는 역할을 한다. 가치관과 삶의 방식 면에서 볼 때, 삼위일체 하나님의 창조와 구속의 섭리 아래 살아가는 교회는 세속적인 기업이나 이익단체와는 다른 비전을 가질 수밖에 없다. 세속적인 기업이나 이익단체들은 자신의 이해관계에 따라 물질과 권력을 좇는 것을 당연하게 받아들이지만 교회는 구원받은 백성으로서 하나님의 통치를 누리고 확산하는 일에 초점을 맞춘다.

이러한 교회의 존재론적 특성은 공동체 또는 조직으로서의 교회가 일차적으로 세상에 대해 대안 공동체가 되어야 함을 뜻한다. 루이스 배럿Lois Y. Barrett에 따르면 "교회를 둘러싸고 있는 정부와 사회가 얼마나 자애롭든지 또는 적대적이든지 간에, 교회는 모든 문화 현장에서 대안문화를 보여주도록 부름을 받았다. 만일 기독교 신앙이 행위 면에서 차이점을 만들어낼 수 있다면 교회는 주변 문화들과 소통할 때 대안적 행위와 대안적 윤리를 행하고, 대안 관계를 만들도록 부름받는다."[31] 이런 점에서 교회의 선교적 실천에서 존재적 차원이 가지는 의미는 그 어떤 선교적 행위보다 중요하다.

신약성경에 의하면 예수의 메시아 공동체는 그 당시의 유대교와 로마 제국에 속한 그 어떤 집단과도 달랐다. 예수의 메시아 공동체를 다른 집단들과 뚜렷하게 구분시켜 주는 가장 큰 요인은 바로 하나님 사랑과 이웃 사랑의 실천이었다. 예수는 상벌 개념에 기초한 율법적 신앙을 하나님을 '아빠 아버지'(막 14:36)로 부르는 친근한 관계로 전환시켰으며, 그 사랑의 에너지

---

31 Lois Barrett, "Missional Witness," 119.

를 가지고 자신을 희생하고 섬김으로써 이웃을 사랑하도록 제자들에게 요구했다. 마태복음 5장에 의하면 예수는 "너희는 ~를 들었으나 나는 너희에게 이르노니"라는 표현을 반복적으로 사용함으로써 자신의 공동체가 기존의 집단들과 다른 가치체계를 가지고 있음을 피력하였다.

실제로 예수는 율법의 내용을 더 강화하는 방식으로 새로운 윤리를 가르쳤다. 또한 그분은 아랫사람들을 임의로 주관하고 권세를 부리는 이방 집권자들과는 달리 "누구든지 크고자 하는 자는…섬기는 자가 되고…누구든지 으뜸이 되고자 하는 자는 모든 사람의 종이 되어야" 하는 섬김의 자세를 가르쳤다.(막 10:43-44) 그분이 최종적으로 보여준 십자가와 부활은 비폭력과 섬김, 희생의 윤리를 통해 비전을 성취하는 길을 극명하게 보여준 사건이었다.

게르하르트 로핑크 Gerhard Lohfink 는 이렇게 예수에 의해 형성된 집단의 독특성을 '대조사회'라는 말로 표현하였다.[32] 예수께서 자신의 제자 공동체를 가리켜 세상의 소금과 빛(마 5:13-14)이라고 선언하였을 때 그분은 제자 공동체가 세상과 구별된 대조사회가 되어 그 세상에 복음의 영향력을 끼치는 대안적 삶을 살아야 한다는 것을 의도한 것이었다.

예수의 부활 이후 성령에 의해 탄생한 초대교회 역시 당시의 일반적 관습과 비교할 때 뚜렷하게 구별된 삶의 모습을 보여주었다. 루이스 배럿은 그 초대교회가 당시의 사회 집단들과 뚜렷하게 구별된 대안적 정치공동체요 대안적 경제공동체, 더 나아가 대안적 윤리공동체요 대안적 문화공동체였다고 말한다.[33] 존 하워드 요더 J. Howard Yoder 가 "교회는 그 자체로 하나의 사회이다. 교회의 참된 실존, 즉 교회 회원들의 형제애적 관계, 형제들 간의 필요와 다름을 다루는 방식은 정녕 사회적 관계 안에서 사랑이 무엇을 의미하는가에 관한 하나의 본보기이며, 또한 본보기가 되어야만 한다."[34]라고 말했

---

32 게르하르트 로핑크, 『예수는 어떤 공동체를 원했나』, 97.
33 Lois Barrett, "Missional Witness," 119-124.
34 존 하워드 요더, 김기현 역, 『국가에 대한 기독교의 증언』 (서울: 대장간, 2012), 40.

을 때 그는 교회가 세상을 향해 뚜렷한 대안 공동체가 되어야 함을 지적했던 것이다.

초대교회 신자들은 기존의 국가 체계와는 달리 하나님 나라에 속한 시민들이며 하나님의 통치에 복종하는 자들이라는 자기인식을 가지고 살았다. 예루살렘 교회의 신자들은 서로 물건을 통용하는 나눔을 실천하였다. (행 2:43-47, 4:32-35) 바울의 글에서도 지중해 연안에서 복음이 그토록 급속하게 확산될 수 있었던 근거가 신자들의 변화된 삶이었음을 확인할 수 있다. 한 예로 그는 데살로니가 교회에 편지하면서 그들이 "마게도냐와 아가야에 있는 모든 믿는 자의 본이 되었"다고 말하였다. (살전 1:7) 마이클 그린 Michael Green 은 초대교회에서 선교와 거룩한 삶 사이에는 뚜렷한 상관관계가 있다고 주장한다. [35] 이 경우에 거룩한 삶이란 단지 하나님께 대한 경건한 삶의 자세만을 뜻하지 않는다. 1세기의 신자들은 단지 하나님 앞에서만 특별한 삶을 살았던 것이 아니었다. 그들은 그리스도의 은혜를 경험한 자로서 타인을 위해 희생하고 사랑으로 돌보는 삶에서 뚜렷하게 남다른 삶을 살았던 것이다.

이런 성경적 사례들이 우리에게 주는 교훈은 교회가 세상 안에 존재하면서 동시에 언제나 세상과 구별되는 대조사회 또는 대안 공동체로서 존재해야 한다는 것이다. 크리스토퍼 라이트가 소금과 빛의 특성을 "선교적(어떤 목적을 위해 사용된다)이면서 대결적(부패와 어두움에 도전하여 그것들을 변화시킨다)"이라고 표현한 것도 같은 맥락에 속한다. [36] 기독교 역사 속에서 일반 사회로부터 분리된 공간에 대안 공동체를 세우려는 급진적 공동체들이 종종 있었지만—지금도 있다—이런 선택은 결코 신학적으로 정당화될 수 없다. 여기에서 중요한 것은 대안 공동체로서의 교회가 세상 안에 존재해야 한다

---

35 Michael Green, *Evangelism in the Early Church*, revised edition (Grand Rapids, MI : Eerdmans, 2004), 250.

36 Christopher J. H. Wright, *The Mission of God's People*, 236.

는 점이다. 바로 이러한 교회의 존재적 특성이 선교의 의미를 구현하는 중요한 계기가 된다.

그런데 흩어지는 교회의 관점에서 볼 때, 존재적 차원에서 시작되는 교회의 선교적 실천은 공동체와 조직뿐만 아니라 그것에 속한 각 개인의 의식과 삶에도 동일하게 적용되어야 한다. 앞에서 언급한 바와 같이, 존재론적 변화의 양상은 달라진 가치관과 세계관, 인격, 삶의 자세로 나타나며, 이런 양상은 조직으로서의 교회뿐만 아니라 공동체에 속한 각 개인에게도 똑같이 나타난다. 따라서 모이는 교회가 세상과 다른 가치관, 인격, 삶의 자세를 드러냄으로써 하나님의 선교를 드러내듯이 흩어지는 교회로 존재하는 공동체의 각 구성원들도 그들의 삶의 현장에서 세속적인 사람들과 구별된 가치관, 인격, 삶의 자세를 보여주어야 한다.

복음에 합당한 행위

선교적 교회의 존재론적 특성은 자연스럽게 복음에 합당한 행위로 이어진다. 이것은 마치 믿음과 행위가 서로 분리되지 않고 믿음으로부터 선한 행위가 나온다고 말하는 것과 같은 이치이다. 그러나 그것을 역으로 말할 수는 없다. 존재의 차이는 행위의 차이를 낳는다.[37] "좋은 나무가 나쁜 열매를 맺을 수 없고 못된 나무가 아름다운 열매를 맺을 수 없느니라."(마 7:18) 타인을 향한 선한 행위 또는 봉사의 필요성은 인간의 불완전성으로부터 온다. 인간은 불완전하기 때문에 저마다 내적으로나 외적으로, 개인적으로나 집단적으로 삶의 궁핍을 겪을 수밖에 없으며, 이런 복합적 삶의 현실을 고려할 때 어려움을 겪고 있는 사람들에게 도움의 손길을 내미는 것은 지극히 당연한 일이 아닐 수 없다.

성경에 따르면 도움이 필요한 사람들에게 선한 행위 또는 봉사를 하는

---

[37] Michael Frost and Alan Hirsch, *The Shaping of Things to Come*, 148.

것은 선택적인 사항이 아니라 필수적인 사항이다. 바울은 디모데에게 보낸 편지에서 선행의 중요성을 강조한다. "오직 선행으로 하기를 원하노라 이것이 하나님을 경외한다 하는 자들에게 마땅한 것이니라."(딤전 2:10) 야고보 형제도 행함이 없는 믿음을 비판하였으며(약 2:26), 더 나아가 선을 행할 줄 알고도 행하지 않는 죄에 대하여 경고하였다.(약 4:17) 대조사회의 역할을 뜻하는 것으로 해석될 수 있는 소금과 빛의 유비는 선교적 교회의 실천 행위를 설명하는 것으로도 볼 수 있다. 그들은 세상에서 '착한 행실'을 해야 한다.(마 5:16) 그런데 선교적 교회는 그것을 때로는 감추는 방식으로, 때로는 드러내는 방식으로 실천해야 한다. 그것이 바로 소금과 빛이 가지고 있는 가장 분명한 속성이다.

그리스도인들이 선한 행위 또는 봉사를 해야 할 신학적 근거는 근본적으로 하나님 자신의 속성과 관심으로부터 나온다. 창조주 하나님은 이 땅에 존재하는 모든 인간에 대해서 사랑과 관심을 표명하신다. 구약성경에 보면 하나님은 불의와 억압이 자행되는 현실 속에서 고아와 과부, 가난한 자와 같은 사회적 약자들을 보호하고 돌보시는 분으로 묘사되고 있다. "그의 거룩한 처소에 계신 하나님은 고아의 아버지시며 과부의 재판장이시라."(시 68:5)

또한 누가복음 4:18-19은 예수의 사역 비전을 정확하게 보여준다. "주의 성령이 내게 임하셨으니 이는 가난한 자에게 복음을 전하게 하시려고 내게 기름을 부으시고 나를 보내사 포로 된 자에게 자유를, 눈 먼 자에게 다시 보게 함을 전파하며 눌린 자를 자유롭게 하고 주의 은혜의 해를 전파하게 하려 하심이라." 그의 복음전도는 결코 대상자들이 처한 삶의 상황과 무관하게 진행되지 않았다. 그는 육체적으로 아픈 사람들과 정신적으로 또는 영적으로 어려움을 겪고 있는 사람들을 온전하게 회복하는 일을 하셨으며, 죄를 용서하거나 제자로 부르는 일은 그 과정 끝에 이루어졌다. 그는 복음을 전파하면서도 굶주린 자들을 먹이는 일을 잊지 않으셨으며, 작은 자들 곧 사회적 약자들의 입장을 강하게 지지하고 보호하셨다. 이 모든 그의 사역은 기본적으로 약자들과 어려움에 처한 자들에 대한 연민으로부터 시작되었다.

선교적 교회의 다양한 실천 행위는 종종 '통전적 선교' wholistic mission 또는 그와 유사한 용어로 설명된다. 통전적 선교라는 용어는 행위에 의한 선교와 말에 의한 선교 양자를 모두 포괄한다. 올란도 코스타스 Orlando E. Costas 는 이것을 '통전적 복음화 an integral evangelization 를 위한 실천'이라는 말로 표현하였는데, 그것은 "말과 행위를 통해서 '언제든지', 우리가 할 수 있는 모든 방법을 통해서 하나님 나라의 좋은 소식을 전하려는 대의大義에 전적으로 헌신하는 것"을 뜻한다.[38] '언제든지'라는 표현에서 알 수 있듯이 그리스도인들은 말과 행위 중 어느 하나의 방법만 고집해서는 안 된다. 오히려 상황에 따라 말과 행위를 자유롭게 사용할 수 있어야 한다.

한국에서 7년 동안 윤락여성들을 전도한 적이 있는 하비 콘 Harvie M. Conn 은 '통전적 전도' holistic evangelism 라는 말을 사용하면서 그 안에 선포, 교제, 예배, 봉사, 정의의 실천이라는 다섯 가지 개념을 담아서 설명하였다.[39] 그는 복음전도란 단순히 예수 그리스도를 믿고 개종에 이르게 하는 것이 아니라 하나님과의 깊은 교제, 공동체 안에서 서로 연합하는 삶, 온전한 인간화, 정의를 위한 실천 등 다양한 차원을 포함한다고 생각하였다.

예수의 메시아적 사역을 따르는 교회와 모든 그리스도인들의 선교는 사랑의 실천을 통해 하나님의 선교에 참여해야 한다. 그것은 공동체의 품성에 기초하여 조직의 차원과 개인적 측면에서 함께 이루어져야 한다. 선교를 이렇게 교회의 존재와 행위의 관점에서 이해하는 것은 복음주의 진영에서 일반적으로 받아들이고 있는 3P전도 가운데 현존의 전도 presence evangelism 개념과 유사하다.

---

38 Orlando E. Costas, *Christ Outside the Gate: Mission beyond Christendom* (Maryknoll, NY: Orbis, 1982), 97.
39 Harvie M. Conn, *Evangelism: Doing Justice and Preaching Grace* (Grand Rapids, MI: Zondervan, 1982), 41, 50.

그런데 해석의 차이로 인해 종종 혼란이 야기되는 경우가 있다. 따라서 현존에 관해 논의할 때에는 먼저 그것의 의미를 제대로 확정하는 것이 중요하다. 전통적 교회성장학자인 피터 와그너는 현존의 전도를 "전도 대상자들에게 선한 일을 하고 그들에게 필요한 것을 충족시켜 주는 것"으로 정의하고 있다.[40]

하지만 '현존'의 의미를 단순히 선한 행위에 제한하는 것은 핵심을 빠뜨린 설명이다. 오히려 현존의 핵심은 그리스도인의 존재 곧 그의 고매한 인격에 있다. 따라서 그리스도인의 선한 행위는 그의 변화된 인격과 삶에서부터 자연스럽게 흘러나온다는 점이 강조되어야 한다. 앞에서 살펴 본 선교적 교회의 존재와 행위 두 가지가 모두 현존의 전도를 구성하는 내용인 셈이다.

말, 복음에 대한 분명한 증언

선교적 교회의 실천에 대해 말할 때 결코 빠뜨릴 수 없는 것 하나는 그것이 복음에 대한 분명한 증언이 되어야 한다는 점이다. 이것은 종종 진보적인 관점에서 선교적 교회론을 논하는 학자들이 간과하는 내용이기도 하다. 선교적 교회론을 구축하기 위해서는 반드시 복음전도가 무엇인지 정의해야 한다. 제임스 패커 James I. Packer 가 말했듯이, "복음전도는 말 그대로 복음 곧 좋은 소식을 전하는 것이다."[41] 전한다는 측면에서 보면 복음전도는 단순히 구두로 복음을 전하는 것을 뜻한다. 그리스도인이라면 누구도 이것을 외면할 수 없다.

구두복음전도의 중요성은 예수 그리스도와 초대교회 사역자들의 사역을 통해서 매우 분명하게 증명된다. 하나님의 아들로서 이 땅에 구원자로 오신 예수 그리스도는 그 구원의 복음을 말로 증언하였다. 공관복음서 중에서 가

---

40 C. Peter Wagner, *Strategies for Church Growth*, 118.
41 James I. Packer, *Evangelism and the Sovereignty of God* (Downers Grove, IL: InterVarsity, 1961), 41.

장 먼저 쓰인 마가복음에 의하면 예수께서는 "요한이 잡힌 후… 갈릴리에 오셔서 하나님의 복음을 전파"하심으로 공적 사역을 시작하셨으며(막 1:14), 가는 곳마다 입을 열어 복음을 전하였다.(막 1:38) 물론 그의 복음전도는 단순히 말로만 이루어진 것이 아니라 병 고침과 축사 등 다양한 능력사역과 함께 이루어졌다. 이런 복음전도 사역의 패턴은 제자들에게도 똑같이 적용된다.(막 3:14)

초대교회 이후 직접적인 구두복음전도는 이전보다 더 담대하게 이루어졌다. 전도는 공적 영역에서 불특정 다수를 향해 선포되기도 하였고, 때로는 개인적이나 식솔들을 중심으로 구성된 적은 규모의 집단을 향해 선포되기도 하였다.[42] 초대교회 신자들의 전도는 성령의 인도하심에 따라 이루어졌으며, 그 까닭에 그들은 때때로 상황이 매우 어려운 경우에도 담대하게―심지어 목숨을 내놓기까지 하면서―복음을 전하였다. 예수 그리스도의 복음은 이런 희생을 통해서 팔레스타인을 벗어나 점차 헬라 세계 전체를 향해 퍼져나갈 수 있었다. 이렇게 볼 때 구두복음전도는 선교적 교회의 실천에서 빼놓을 수 없는 중요한 요소임에 틀림이 없다. 물론 그 전도 행위가 상황에 맞게 전개되어야 함은 지극히 당연하다.

말에 의한 선교는 복음주의 진영에서 말하는 3P전도 중에서 선포proclamation의 전도와 설득persuasion의 전도 개념을 포괄한다고 볼 수 있다.[43] 말에 의한 선포와 설득은 존재와 선한 행위에 의해 시작된 복음의 증언을 완성하는 역할을 한다. 물론 학자들에 따라 선포만으로도 복음전도가 충분하다고 보기도 하고 설득까지 진행되어야 완결된 것이라고 말하기도 하지만, 두 가지 방식 중 어느 것을 선택하느냐의 문제는 전도 상황에 따라 달라질 수 있다. 지혜로운 전도자라면 복음을 듣는 사람이 처한 복합적인 상황을 충분히 고려할 것이다. 그러나 적어도 복음전도 과정에서는 말에

---

42 Michael Green, *Evangelism in the Early Church*, 300-355.
43 C. Peter Wagner, *Strategies for Church Growth*, 119-122.

의한 방식이 매우 중요한 역할을 한다는 점만큼은 분명하다.

4. 한국교회여, 교회다움을 위해 몸부림쳐라

오늘날 기독교와 목회를 걱정하는 사람들의 입에서 '교회로 하여금 교회되게 하자.'는 말이 많이 회자되고 있다. 이 말은 교회의 본질을 회복하자는 뜻으로 받아들일 수 있다. 그런데 교회의 본질을 어떻게 회복할 것인가? 많은 사람들이 한국교회를 염려하고 한국교회가 나아가야 할 방향에 대해서 이러쿵저러쿵 많은 말을 쏟아내고 있지만 분명한 신학적 방향성이 없는 주장들은 자칫 "사람마다 자기 소견에 옳은 대로"(삿 17:6) 행하는 꼴을 야기할 수 있다.

선교적 교회론의 관점에서 볼 때 한국교회가 추구해야 할 것은 무엇인가? "교회가 아닌 '세상'과의 관계를 보다 분명하게 이해함으로써 교회됨의 의미를 발견하려는"[44] 진지한 노력이 바로 그것이다. 만약 교회됨을 단지 교회 내에서의 문제로만 인식한다면 지금 한국교회가 처한 어려움은 쉽게 극복될 수 없을 것이다. 오늘 한국교회가 처한 근본적인 문제는 교회가 세상 안에서 선교적 공동체로 존재하지 않는다는 사실에 있다.

지금까지 보수적인 기독교 그룹은 주로 모이는 교회만을 강조해왔다. 교회가 해야 할 실천은 거의 대부분 교회 내의 봉사활동에 집중되었고 교회 밖의 활동은 선택이나 추가사항 정도로 여겼다. 그들이 전개하는 선교 활동은 주로 조직적 차원에 국한되었다. 반면에 진보적인 기독교 그룹은 지나치게 흩어지는 교회를 강조함으로써 모이는 교회의 중요성을 간과해왔다. 둘 다 문제가 있다. 모이는 교회의 내적 역동성을 확보하지 않고서는 그 어떤 선교적 활동도 제대로 작동하지 않는다. 반면에 모이는 교회는 반드시 흩

---

44 하워드 존 요더, 김기현·전남식 역, 『근원적 혁명』(서울 : 대장간, 2011), 134.

어지는 교회로서 하나님의 백성이 일상생활 속에서 행하는 선교적 실천으로 이어져야 한다. 선교적 교회론의 관점에서 이 두 가지 구조는 상보적인 관계 안에서 작동해야 한다.

오늘 우리는 세속 문화의 도전 앞에서 교회다움을 지켜내고 확장해야 할 거룩한 사명을 짊어지고 있다. 한편으로 포스트모던 상황에서 창의적 정신에 입각한 다양한 실험이 요구되고 있다. 그러나 다른 한편으로 성경과 신학의 범위 안에서 균형과 통전성을 확보해야 할 과제 또한 우리 앞에 있다. 물론 선교적 교회의 실천은 어느 한 가지 형태로 획일화될 수 없다.

한국 사회에서 풀뿌리처럼 일어나고 있는 작은 교회들의 노력, 그리고 기존 교회들을 갱신하려는 몸부림은 선교적 교회론의 관점에서 동일한 목표를 지향하고 있다고 봐야 한다. 다양한 시도들은 예수 그리스도의 몸 된 하나의 교회 안에서 서로를 세워주는 격려가 되어야 한다. 그럴 때 한국교회는 세상 안에서 온전한 복음의 영향력을 미칠 수 있을 것이다.

제7장

/

진정한 교회를 꿈꾸는 자는
공동체에 집중한다

MISSIONAL
CHURCH

대형교회에서 부목사로 사역하다가 사임하고 교회를 개척한 목사가 있었다. 그는 인격적인 만남과 진실한 교제가 가능한 신앙 공동체를 만들기 위해 새 교회를 개척하게 되었다고 했다. 부목사로 사역하는 동안 신자들의 영혼과 가정을 세워주는 목회자로 살고 싶었지만 그럴 수가 없었다고 하였다. 부목사로서 교회의 조직과 프로그램을 관리하고 운영하느라 신자들이 삶의 현장에서 어떻게 살아가는지 제대로 모른 채 겨우 피상적인 관계만 유지하며 살아가는 현실이 개탄스러웠다는 것이다. 그래서 뜻을 같이하는 신자들과 함께 교회를 세웠는데, 그 교회에서는 목회자와 신자들이 함께 하며, 주일뿐만 아니라 일상의 삶에서 하나님의 사역을 발견하면서, 건물 중심이 아니라 신자들의 삶과 공동체를 중시하려고 애쓴다고 하였다.

이 개척 목사의 이야기를 들었을 때 한 가지 질문이 생겼다. 그렇다면 한국교회, 특히 기존 교회가 안고 있는 문제가 무엇일까? 신자들이 진정한 공동체를 경험하지 못하는 현실이 가장 큰 문제일 것이다. 교회가 아무리 다양한 활동과 프로그램으로 활성화되어 있다고 해도 신자들 사이에서 진정한 교제가 이루어지지 않는다면 무슨 소용이 있단 말인가? 심지어 이런 생각마저 들었다. 그것을 교회라고 말할 수 있는가?

공동체라는 주제와 관련해서 또 다른 이야기가 하나 생각난다. 선교적 교회 운동의 일환으로 지역사회에서 마을 만들기 사업을 하는 한 목회자의 이야기이다. 그의 교회는 공장 지역에 있었기 때문에 대부분의 교인들이 가난하며 직업이 변변찮은 사람들이다. 그는 지역의 여건상 우선 마을 환경을 개선하고 복지를 확충하는 일이 시급하다고 판단하고 교인들과 함께 맞춤형 사업과 프로그램을 만들어 추진하였다. 그 결과 마을 환경이 좋아지고 주민들의 삶의 질은 높아졌으며, 교회에 대한 주민들의 인식도 좋아졌다. 그런데 안타깝게도 교인들 중에 삶이 안정되거나 삶의 질이 향상된 사람들은 낙후된 그 지역을 떠나 다른 곳으로 옮기는 사례가 많이 생겼다.

이 목회자의 이야기를 듣고 난 뒤에는 이런 질문이 생겼다. 선교적 교회가 공동체성을 함양하기 위해서는 어떤 노력을 해야 하는가? 도널드 맥가브란Donald A. McGavran은 '구속과 향상'redemption and lift이라는 개념을 말하면서 삶의 질이 개선되는 것과 예수 그리스도를 자신의 구주로 고백하는 회심이 정비례하지 않고 반비례하는 현실에 관해 언급한 적이 있다.[1] 두 번째 이야기가 여기에 해당한다. 선교적 실천이 활성화되고 주민들의 삶의 환경도 나아졌지만 정작 신앙 공동체 자체는 약화되었다. 이런 반전反轉의 원인과 해결책은 무엇인가?

위의 두 이야기는 선교적 교회에 관해 대화하려는 사람들에게 교회가 근본적으로 무엇을 위해 존재하는지, 그리고 진정한 선교적 실천을 위해 요구되는 내적 조건은 무엇인지에 관한 문제를 제기한다. 교회의 본질이 무시되고 사역과 조직이 개인의 소비 만족을 위해 존재하는 오늘의 현실에서 진정한 교회―선교적 교회―를 꿈꾸며 노력하는 사람들에게 공동체는 매우 중요한 주제이다.

교회의 '선교적'missional 정체성은 내적으로 '교회'됨으로부터 시작되며, 공동체성은 그 교회 됨을 구성하는 본질적인 요소들 가운데 하나이다. 외적 표현과 활동은 언제나 내적 동력에 의해 가능하다. 이런 맥락에서 이 장은 선교적 교회가 왜 공동체성을 강조해야 하는지, 선교적 교회는 어떤 공동체를 추구해야 하는지, 그리고 그런 공동체는 어떻게 형성할 수 있는지를 다룬다.

1. 공동체가 무너지고 있다. 우리의 할 일은?

세상을 향해 대안 공동체가 되지 못하는 교회의 현실은 무엇을 말하는가

성경적 또는 신학적 관점에서 볼 때 교회는 예수 그리스도에 의해 구원받은 사람들이 같은 말, 같은 마음, 같은 뜻(고전 1:10)을 가지고 서로를 돌보

---

1 도널드 맥가브란, 『교회성장 이해』, 350-368.

고 섬기며 살아가는 공동체라고 볼 수 있다. 교회의 공동체적 삶은 세속적 삶의 방식과 대조를 이룬다. 따라서 교회는 세상에 존재하는 다양한 세속적 집단에 대안 공동체로서 존재한다. 그러나 오늘의 현실에서 교회는 세상을 향해 대안 공동체가 되지 못하고 있다. 오히려 실상은 세속사회의 가치가 교회의 변화를 주도하고 있고, 교회는 자신들의 가치가 얼마나 귀중한지 깨닫지 못한 채 세속적인 가치를 추구하고 있다.

왜 이렇게 되었을까? 세속사회 기술문명의 빠른 발전, 소비자 중심의 엔터테인먼트 산업, 부흥이 식어버린 교회 등 여러 가지 요인을 말할 수 있을 것이다. 그러나 이 모든 문제의 기저에는 교회 안에 침투해 들어온 근대주의가 있다. 라인홀드 니버Reinhold Niebuhr는『도덕적 인간과 비도덕적 사회』 Moral Man and Immoral Society에서 각 개인의 선한 의지를 억누르고 비도덕적 방향으로 끌고 가는 사회의 구조적 현실을 정확하게 짚어내고 있는데,[2] 그의 평가는 교회 상황에도 그대로 적용될 수 있다. 오늘의 교회는 복음의 대리자로서 현실에서 하나님의 뜻을 구현하고자 노력하고 있다. 그러나 사회의 지배적 이념과 구조가 교회의 삶에 들어와 모든 작용 방식을 조종하고 성경의 가치를 기스르는 방향으로 끌고 가고 있다.

거시적으로 볼 때 오늘의 교회들은 자본주의 체제 안에서 작동하고 있기 때문에 그 체제로부터 강한 영향을 받는다. 이미 막스 베버Max Weber에 의해 개신교의 윤리가 자본주의의 근본정신을 형성하는 데 지대한 영향을 미쳤다는 점이 논증되었지만,[3] 이제는 역으로 개신교가 자본주의로부터 심대한 영향을 받는 처지에 놓인 것이다. 자본주의는 일반적으로 사유재산제에 바탕을 두고 자유경쟁을 통해 이윤을 추구하는 체제를 말한다. 이런 자본주의에

---

2 Reinhold Niebuhr, *Moral Man and Immoral Society* (New York : Charles Scribner's Sons, 1960), xi-xxv.
3 막스 베버의 이 논증에 관해서는 다음의 저서를 참조하라. Max Weber, *The Protestant Ethic and the Spirit of Capitalism*, trans. Talcott Parsons, 2nd edition (New York : Routledge, 2001).

는 나름 긍정적인 요소도 있지만, 반면에 반反기독교적이고 악마적인 요소도 있다. 직업의 자유로운 선택과 함께 자발적인 경제 활동, 경쟁에 의한 양질의 상품 생산 등은 자본주의가 가진 긍정적인 양상에 속한다. 반면에 상품화가 노동의 차원을 넘어 인간 자체에까지 영향을 미치는 양상과, 모든 개별적 인간의 삶을 초월한 새로운 지배 구조가 인간 소외 현상을 부추기는 양상은 언제나 양날의 검처럼 위험성을 띤다.

이런 자본주의 체제 안에서 모든 활동은 효율성과 결과를 중심으로 수행되고, 합리적 경영의 논리가 조직을 이끌어가는 우선적인 가치가 될 수밖에 없다. 오늘날 근대주의가 우리의 삶을 지배하고 있는 현실은 조지 리처 George Ritzer의 '맥도날드화' McDonaldization라는 용어를 통해 잘 알 수 있다. 그는 맥도날드라는 미국 패스트푸드점의 원리―효율성, 계산 가능성, 예측 가능성, 자동화―를 근대주의의 작동 방식으로 설명하면서 이런 합리적 경영 구조가 미국 사회뿐만 아니라 전 세계의 많은 영역을 지배하고 있다고 주장한다.[4] 근본적으로 관료적 시스템과 합리적 경영에 의한 성장을 지향하는 맥도날드화 현상은 그것이 가진 선한 의도에도 불구하고 인간의 창의성과 자발성, 그리고 공동체성을 파괴하는 요인으로 작용한다.

이제 이러한 문제의식을 오늘의 교회에 적용해보자. 교회는 얼마 전까지만 해도 근대 세계의 영향 아래에서 매우 빠른 양적 성장을 일궈냈다. 대규모 공장과 쇼핑몰이 사회 곳곳에 생겨나듯이 큰 규모를 자랑하는 대형교회들이 출현하였다. 대중매체의 발전, 성장과 실적 위주의 경영, 합리적 교인관리 기법 등이 이런 현상에 기여하였다. 하지만 각 교회는 규모가 커질수록 공동체성을 유지하기 어려운 현실에 직면하고 있다. 합리적 운영을 위한 조직의 체계화 역시 공동체성을 파괴하는 요인 중의 하나로 작용하고 있다.

계몽주의 이후 사회가 빠르게 발전하면서 합리적이고 과학적인 전문가

---

4 George Ritzer, *The McDonalization of Society*, 8th edition (Los Angeles : Sage, 2015), 1-19.

들이 필요하게 되었다. 목회자들 역시 이에 부응하여 합리적인 교육 체계에 기초한 전문가 집단으로 변신하였다. 그러나 전문적인 목회자 집단의 형성은 종교개혁으로 좁혀놓은 평신도와의 간격을 더 벌려놓는 결과를 초래하고 말았다.[5] 목회의 전문화는 종종 자기들을 해치는 부메랑이 되어 돌아오고 있다. 예를 들어, 심한 경우에는 목회자들이 효율성의 관점에서 능력과 실적으로 평가되는 피고용인으로 전락된다. 이에 반해 평신도들은 본래의 성경적 기능을 상실한 채 계급 구조에 종속되기도 한다.[6] 이런 제반 요소들이 교회의 공동체성을 파괴하는 독소가 되고 있다.

근대 사회와 함께 나타난 종교의 사사화私事化, privatization[7] 현상 역시 교회의 공동체성을 파괴하는 요인으로 작용하였다. 근대의 개인주의에 긍정적인 요소가 없었던 것은 아니다. 그것은 구원과 신앙의 개인적인 차원 곧 누구나 개별적으로 그리스도께 나아가 믿음을 고백해야만 구원받을 수 있음을 자각하게 만들었다. 이는 개인 신앙의 부흥과 성장을 가져왔다. 또한 그것은 그동안 지나치게 보편적 교회를 강조함으로써 잊힌 개별 지역교회의 중요성을 다시 일깨우는 계기를 마련하기도 하였다.

그러나 이에 못지않은 부작용도 생겨났는데, 가장 큰 문제는 신앙의 공동체성을 파괴하고 사유화한 것이다. 사람들은 하나님의 백성 공동체를 신앙의 출발점으로 보지 않고 개별 신자들을 신앙의 출발점으로 보기 시작하였다.[8] 또한 교구 중심의 연합적 교회 체계가 파괴되어 각 지역교회의 무한한 자기팽창을 가능하게 만들었다. 서구에서 국가교회 체계가 붕괴되자 기독교는 더 이상 중세 때처럼 사회에서 주도적인 역할을 할 수 없게 되었다.

---

5 Alan J. Roxburgh, "Missional Leadership," 190-195.
6 정재영 교수의 조사연구에 따르면 교회의 규모가 클수록 직분을 위계질서의 관점에서 생각하는 경향이 강한 것으로 나타났다. 정재영, "교회 직분에 대한 의식 조사," 한국교회탐구센터 편, 『한국교회와 직분자 : 직분제도와 역할』 (서울 : IVP, 2013), 233.
7 Peter Berger, Brigitte Berger, and Hansfried Kellner, *The Homeless Mind : Modernization and Consciousness* (New York : Vintage Books, 1974), 63-82.
8 Hans Küng, *The Church*, 127-128.

결국 근대 사회에서 사적인 영역으로 밀려난 기독교는 다른 종교 체계들과 무한한 경쟁을 벌일 수밖에 없게 되었다. 이런 조건들은 교회의 생존 자체를 위협하는 요인으로 작용하였다.

교회가 이처럼 근대주의의 이념에 굴복하자 근대적 가치들은 목회를 집어삼켜 버렸다. 하나님의 능력을 믿고 뜨겁게 기도해놓고도 실제 의사결정 과정에서는 성과주의와 효율성이 더 중시되었다. 반면에 신자들은 종교를 기호와 소비의 관점에서 인식하기 시작하였다. 예배는 잘 기획된 쇼처럼 변질되고 설교는 하나님의 메시지를 전하기보다 인간을 감동시키는 것에 더 초점이 맞춰졌다. 전반적으로 목회자들은 사랑과 섬김에 의한 공동체를 육성하기보다 효율적인 프로그램을 활용함으로써 최대의 효과를 내는 것에 더 관심을 기울이게 되었다. 그러나 실적에 대한 부담감은 무리하게 프로그램을 마련하고 그것을 운영하기 위해 기존 신자들을 억지로 동원하는 부작용을 낳기도 했다. 이런 구조 속에서 신자들 간의 진정한 하나 됨과 사귐과 섬김은 찾아보기 어렵게 되었다.

교회의 본질을 회복하려는 운동의 중심에 공동체성이 있다

선교적 교회는 위에서 설명한 근대적 사고 체계의 폐해를 극복하고 교회의 본래성을 회복하려는 움직임과 무관하지 않다. 그런데 선교적 교회는 어떻게 그 목적을 달성할 수 있을까? 해답은 공동체성에 있다. 선교적 교회가 세상에서 제 역할을 다하기 위해서는 먼저 내적으로 공동체성을 확보하지 않으면 안 된다. 왜냐하면 오늘의 현실에서 성경적 본질을 회복하는 것이 선교적 교회의 목적이라고 한다면 그 본질 회복의 중심에 공동체성이 있기 때문이다. 게다가 공동체는 유동적인 사회에서 파편화된 삶을 살아가고 있는 포스트모던 피플postmodern people에게 매우 절실한 문제이다. [9] 따라서 현실

---

9 최동규, "한국 포스트모던 문화의 도전과 교회성장의 과제,"「신학과 실천」제20호 (2009): 375.

적으로도 진정한 공동체의 육성은 매우 중요한 선교적 과제가 된다.

최근 한국에서도 선교적 교회에 관한 다양한 담론이 펼쳐지고 있다. 그런데 지역사회 공동체에 관해서는 많은 의견이 오고가는 데 비해 교회의 내적 공동체에 관한 논의는 별로 없어 보인다. 공동체의 내적 삶은 북미에서 선교적 교회에 관한 논의를 시작한 GOCN Gospel and Our Culture Network 그룹에서도 중요하게 인식하고 있던 내용이다. 이 그룹의 대표적인 저서 『선교적 교회』 Missional Church 의 한 저자는, 북미의 교회가 세상에서 소금과 빛처럼 "선교로서의 공동체"가 되기 위해서는 우선적으로 "교회의 내적이고 공동체적인 삶이 중요하다."라고 말하고 있다. [10]

선교적 교회론에서 공동체를 강조하는 이유는 그것이 교회의 본질을 이루는 요소이기 때문이다. 교회란 근본적으로 공동체이다. 교회는 세상 가운데서 구원받은 신자들의 모임을 가리킨다. 구원은 근본적으로 개인적인 사건이지만 그 구원 사건은 공동체 안에서 일어난다. 미로슬라브 볼프 Miroslav Volf 는 "구원과 교회는 분리될 수 없다. 이 점에서 교회 밖에는 구원이 없다는 오래된 교리가 성립된다."라고 말하면서 구원의 공동체적인 특성을 강조한다. [11] 이 표현은 해석에 따라 다소 무리해 보일 수도 있다. 하지만 그의 의도는 분명하다. 구원이 하나님과의 교제 속으로 들어가는 것이라면 그것은 바로 교회 공동체 안에서 경험될 수 있다는 뜻이다. 이런 점에서 공동체는 구원받은 그리스도인들의 존재 방식이라고 말해야 한다.

그런데 교회론이 발전하는 과정에서 개인주의에 기초한 교회론이 공동체성의 상실을 초래하고 말았다. 오늘날 서구 사회에 깊이 박혀 있는 개인주의가 서구 문명의 확산에 따라 전 세계로 확산되고 있다. 따라서 전 세계 많은 교회가 개인주의의 영향 아래 있다. 크레이그 밴 겔더 Craig Van Gelder 는 개인

---

10 Lois Barrett, "Missional Witness," 128.

11 Miroslav Volf, *After Our Likeness: The Church as the Image of the Trinity* (Grand Rapids, MI: Eerdmans, 1998), 174.

주의적 신앙이 18세기에 개인의 필요를 채워주는 것에 초점을 둔 자발적 조직으로서의 교회가 생겨나면서 출현했다고 말한다.[12] 이런 교회 관념을 가진 사람들은 교회를 공동체로 생각하기보다 "교회 구성원이 가진 개인적 권리와 특권에 초점을 맞추는 경향"을 보이며, 사역의 관점에서는 "신자들의 개별적 욕구 충족을 위한 방법론적 전략에 더 많은 관심을 갖는 경향을 보인다."[13] 이런 경향은 자본주의적 시장 상황 market situation 에 따른 신자들의 자유로운 멤버십 이동을 부추기고 있다.

그러나 선교적 교회는 공동체성을 기본으로 삼고 있다. 여기에서 물어야 할 핵심은 선교적 교회가 세상을 향해 전하고자 하는 메시지가 무엇이냐는 것이다. 그것은 복음에 대한 이해와 맞물려 있다. 우리가 흔히 복음의 핵심이라고 말하는 하나님 나라는 결코 개인주의적인 관점에서 해명될 수 없다. 그것은 철저하게 공동체적인 특성을 띠고 있다. 인간의 이기적인 욕심과 죄성은 인류를 파편화된 존재, 치열한 약육강식의 현실로 내몬다. 이런 처절한 삶의 세계 속에서 구원받은 공동체는 세상을 향해 무엇을 증거하고자 하는가?

그리스도인들은 세상을 향해 증거하기 전에 먼저 그것을 경험하고 누리지 않으면 안 된다. 그것이 바로 하나님 나라의 본성이 아니던가! 하나님 나라는 하나님의 주권적 통치 안에서 진정한 교제의 능력과 축복을 경험하는 세계이다. 그러므로 교회는 공동체 안에서 바로 그 하나님 나라를 경험해야 한다. 단적으로 말해서 "개인주의는 하나님 나라를 얻을 수 없다."[14] 만약 개인적인 필요와 욕구를 채우는 것에 멤버십의 의미를 두는 사람은 결코 이런 교제를 경험할 수 없을 것이다. 누구든지 진실하게 하나님 나라의 복음에 직면하는 그리스도인이라면 결코 공동체성을 외면할 수 없을 것이다.

교회가 내적으로 공동체를 형성하는 힘은 선교적 역동성과도 맞물려 있

---

12 크레이그 밴 겔더, 『교회의 본질』, 104-111.
13 Ibid., 108.
14 김현진, 『공동체 신학』(서울 : 예영 커뮤니케이션, 1998), 48.

다. 따라서 선교적 교회는 구성원들이 공동체 내에서 경험한 만큼만 선교적일 수 있다. 물론 그리스도인들이 성숙하지 않다고 해서 복음이 불신자들에게 전달되지 않는 것은 아니다. "겉치레로 하나 참으로 하나 무슨 방도로 하든지 전파되는 것은 그리스도"(빌 1:18)임에 틀림이 없다. 그러나 복음전도는 그리스도인 자신이 경험하고 있는 바를 증언할 때 가장 효과적이다. 이 원리는 공동체 차원에서도 마찬가지인데, 특별히 각 신앙 공동체가 지역사회를 선교의 장場으로 생각할 때 그 공동체의 내적 경험과 역동성은 곧바로 선교 효율성으로 이어진다. 왜냐하면 존 지지울러스 John D. Zizioulas 가 말한 바와 같이 "교회는 단지 제도가 아니[라] … 하나의 '실존 양식' 곧 존재 방식"이기 때문이다.[15] 따라서 교회가 행하는 선교는 교회의 존재 방식을 증언하는 것이 될 때 강력할 수 있다.

한편 모이는 교회와 흩어지는 교회의 순환구조가 이 선교 과정을 설명할 수 있는 좋은 틀을 제공한다. 일반적으로 교회는 흩어져 있을 때 훨씬 더 선교적인 특성을 드러낸다. 반면에 모이는 교회는 마치 선교적인 동력을 만드는 공장과도 같다. 따라서 교회의 구성원들은 흩어지기에 앞서 모여 있는 동안에 그들이 전하고자 하는 복음의 내용을 충분히 경험하고 누려야 한다. 그러므로 만약 선교적 교회를 지나치게 흩어지는 교회의 관점에서만 정의하면 자칫 선교의 동력을 잃어버릴 수도 있음을 유념해야 한다.

2. 공동체성을 회복하기 위해 교회는 무엇을 해야 하는가

교회는 본질적으로 공동체성을 내포하고 있다

교회란 근본적으로 공동체적 특성을 가지고 있으며, 진정한 선교적 교회가 되기 위해서는 반드시 내적 공동체성을 확보해야만 한다. 그렇다면 여기

---

15 John D. Zizioulas, *Being as Communion* (Crestwood, NY: St Vladimir's Seminary Press, 1985), 15.

에서 반드시 짚고 넘어가야 할 문제가 하나 있다. 공동체성이란 무엇인가? 과연 교회를 진정한 공동체로 만드는 요소는 무엇인가?

공동체에 관해서는 이미 사회과학 분야에서 많은 논의가 있었고 관점에 따라 다양한 연구 방법론이 제시되었다. 공동체에 관한 논의는 이미 고전사회학에서부터 시작되었는데, 대표적인 인물로는 사회를 공동사회 Gemeinschaft 와 이익사회 Gesellschaft 로 구분한 페르디난트 퇴니스 Ferdinand Tönnies 를 들 수 있다. 그에 따르면 공동사회는 본질적이고 자주적인 의지에 의해 형성된 집단으로서 따뜻한 상호작용과 가치관의 공유를 통해 공동체 의식을 공유하지만, 이익사회는 자기중심적 이해관계에 따라 형성된 집단으로서 업무 중심적이고 효율성과 합리성을 강조하는 경향을 띤다.[16] 퇴니스의 이 두 가지 사회유형 가운데 일반적 의미의 공동체에 가까운 것은 당연히 공동사회이다.

사회과학에서 공동체를 정의하고 규정하는 방식은 크게 세 가지로 구분된다. 그 세 가지는 (1) "공동체를, 동질성을 가진 소집단과 동일한 것으로 개념화하는 경향", (2) "타인과 일체가 되어 협동적 관계를 맺고자 하는 심성적·정신적 현상과 관계를 가리키는 개념으로 정의하려는 경향", 그리고 (3) "공동체를 지역과 결부된 조직체의 단위들을 가리키는 개념으로 정의하려는 경향"이다.[17] 이 세 가지 경향을 좀 더 압축해서 말하자면 동질성, 정서적 유대관계, 지역성이라고 말할 수 있다.

그런데 이 세 가지 요소는 교회에 어떻게 적용될 수 있을까? 교회는 예수 그리스도를 구주로 인정하고 고백하는 사람들이 모인 집단이라는 점에서 동질성을 가지고 있다. 그리고 각 지역교회는 신자들이 일정한 지역사회 안에서 머리 되신 그리스도를 중심으로 서로 같은 마음과 같은 뜻을 가지고

---

16 페르디난트 퇴니스, 황성모 역, 『공동사회와 이익사회』 (서울: 삼성출판사, 1982), 36-107.

17 신용하, "서설: 공동체에 대한 현대인의 추구," 신용하 편, 『공동체 이론』 (서울: 문학과지성사, 1985), 14-15.

교제하는 공동체이다. 또한 이 공동체에 속한 구성원들은 서로 합의한 시공간에 모이고 흩어지기를 반복하면서 신앙적 연대감을 다진다. 이런 점에서 볼 때 교회는 위에 제시된 세 가지 요소를 모두 지니고 있는 셈이다. 다시 말해서 교회는 본질적으로 공동체성을 내포하고 있는 사회적 집단인 것이다.

한편 차정식은 보편적인 공동체의 핵심 요소로 세 가지 곧 (1) 공동체 구성원들의 공통적인 신념과 가치, (2) 공동체 구성원들의 직접적이고 다면적인 관계, (3) 호혜성 reciprocity 을 꼽는다.[18] 그가 제시하는 요소들 중에서 공통적인 신념과 가치는 앞에서 언급한 동질성에 해당하며, 직접적이고 다면적인 관계는 지역성과 관련이 있다. 반면에 호혜성은 정서적 유대관계를 넘어 역할 분담, 부조와 협동과 같은 상호관계성을 의미한다고 볼 수 있다.

김경동은 사회학적 관점에서 공동체 구성에 필요한 다섯 가지 요소를 제시한다. 그에 따르면 공동체는 (1) 시공간적 조직, (2) 사회적 상호작용과 사회구조적 인프라, (3) 동질성, (4) 사회심리적 요소, (5) 공동체의 종합적 특성을 띤다.[19] 그의 견해는 앞에서 언급한 세 가지 경향을 좀 더 현실적으로 설명해준다. 그는 이 다섯 가지 요소 중에서 마지막 다섯 번째 요소를 공동체의 종합적 특성이라고 말하면서 이것이 현대 사회의 공동체 이해에 매우 중요하다고 말한다.

공동체의 종합적 특성은 앞에서 말한 네 가지 요소와는 확연히 다른 것인데, 구체적으로 "안전과 자아정체 의식을 갖게 하고, 개인의 인격적 계발과 아동의 사회화를 가능하게 하며, 이웃에 대한 동일시와 소속감을 느끼게 되는 것"과 "여러 가지 사회적 기능을 수행하기 위한 활동에 구성원들이 참여할 수" 있게 하는 것을 가리킨다.[20] 여기에서 공동체를 개인의 정체성과 자아발전이라는 측면에서 이해하는 것은 개인의 자아가 강화되고 있는 오늘의 현실

18 차정식,『기독교 공동체의 성서적 기원과 실천적 대안』(서울: 짓다, 2015), 74-75.
19 김경동,『기독교 공동체운동의 사회학』(서울: 한들출판사, 2010), 78-81.
20 Ibid., 81.

에서 매우 적절해 보인다. 공동체가 아무리 다른 좋은 요소들을 많이 지니고 있다고 할지라도 그것이 공동체에 참여하는 각 개인의 의식이나 자기발전의 비전과 일치하지 않는다면 아무 소용이 없을 것이다. 따라서 이 요소는 넓은 의미에서 볼 때 어쩌면 앞에서 말한 동질성에 포함될 수도 있을 것이다.

교회는 세상 안에 존재하면서 성령에 의해 창조된 공동체이다

교회 공동체는 세상 안에 존재하기 때문에 사회과학적으로 규정된 공동체의 특성을 지닌다. 그러나 동시에 교회는 성령에 의해 창조된 공동체라는 의미에서 신적인 특성을 지니고 있기도 하다. 따라서 교회는 세상 안에 존재하는 다른 공동체들과 같으면서도 다른 특성을 지니고 있다. 그렇다면 교회 공동체는 신학적으로 어떻게 설명할 수 있는가?

기존 교회들은 교회의 공동체성을 구조와 제도적 형식의 관점에서 규정하는 경향이 있다. 앞에서 김경동이 언급한 시공간 중심의 조직과 사회적 상호작용 구조가 이것과 연관된다. 신앙, 성례전, 직무도 교회 공동체를 이해하는 데 필수적이다. 좀 더 구체적으로 말하자면 교리를 확립하고 성례전 집행을 통해 모이는 교회의 정체성을 확인하는 일, 그리고 직분에 따라 감당해야 할 직무를 뚜렷하게 구분하는 일이 교회 공동체 형성에 중요한 요소라는 말이다.

그러나 이것들은 공동체를 규정하는 외적인 조건에 불과하다. 교회가 진정한 공동체로 거듭나기 위해서는 그 집단 안에서 이루어지는 삶의 내용이 중요하다. 물론 한스 큉 Hans Küng 이 지적한 바와 같이 공동체의 외적 조건과 내적 조건, 이 두 가지는 둘 중 어느 하나만 강조하고 다른 하나를 포기할 수 있는 성질의 것들이 아니다.[21] 엄밀하게 말하자면 진정한 신앙 공동체를 이루기 위해서는 두 가지가 모두 필요하다.

---

21 Hans Küng, *The Church*, 130.

그러나 한국교회의 현실에서—실제로는 이 세계에 존재하는 모든 교회의 현실에서—두 가지 중 먼저 절실하게 요청되는 것은 내적인 삶이라고 말할 수 있다. 한국교회는 지금까지 공동체의 제도적인 측면을 강화하는 대신 공동체의 내적인 삶에 대해서는 별로 관심을 기울이지 않았다. 그 결과 신자들의 신앙생활은 개인주의적인 형태로 고착화되고 말았다. 이런 문제는 교회 규모가 커질수록 더 심각하게 나타나고 있다.

한국교회 안에 나타나고 있는 공동체성의 파괴 현상은 매우 심각한 편이다. 교인들은 서로에 대해 잘 알지도 못할 뿐만 아니라 다른 교인들의 삶에 관심을 가지려고도 하지 않는다. 예배 시간에 종종 신자들끼리 자주 사용하는 "사랑합니다. 축복합니다."라는 인사말은 형식적인 말에 그칠 뿐 신자들의 실제 삶에서 제대로 작동하지 않는 경우가 많다. 왜냐하면 많은 신자들의 의식 속에 신앙이란 주로 개인적이고 내면적인 것이라는 왜곡된 관념이 강하게 자리 잡고 있기 때문이다. 따라서 신앙은 신자들의 실생활을 구성하는 데 거의 영향을 미치지 못한다.

신앙은 신자들의 삶을 구성하는 핵심 요소이다. 따라서 신앙은 교회의 공동체성을 이해하는 데 꼭 필요한 개념이기도 하다. 그렇다면 신앙과 공동체성 사이의 상관관계를 설명해주는 매개 개념은 무엇인가? 다시 말해서 신자들의 생명력 있는 신앙은 공동체 안에서 구체적으로 어떻게 나타나는가? 이것을 설명해주는 개념이 코이노니아 koinonia 이다. 오늘날 우리가 익숙하게 사용하는 영어 단어 커뮤니티 community 는 어원학적으로 헬라어 코이노니아 로부터 파생되었다. 또한 기독교 전통 속에서 교회는 일반적으로 '성도들의 교통' communio sanctorum 또는 '성도들의 사귐'으로 이해되었는데, 여기에서 코뮤니오 communio 는 공동체를 뜻하면서 동시에 "사건으로 일어나고 있는 사귐 내지 교통으로 이해될 수 있다."[22] 따라서 코이노니아는 교회 공동체를

---

22 김균진,『기독교 조직신학』, IV권, 136-137.

이해하는 데 매우 핵심적인 개념이 된다.

　신학적으로 코이노니아는 삼위일체 하나님의 존재 방식인데, 이 존재 방식이 교회 공동체 존재 방식의 원형이 된다. 인간은 삼위일체 하나님을 닮아서 관계 안에서 교제를 나누며 살아간다. 김현진은 고린도후서 13:13에 근거하여 코이노니아 곧 교제의 주체가 성령이심을 강조하면서 그것을 세 가지로 구분한다. 그 세 가지는 (1) 신자들이 삼위일체 하나님과 하나 되는 수직적 코이노니아, (2) 신자들 사이에 사랑으로 하나 되는 수평적 코이노니아, (3) 세상 사람들과 좋은 것을 함께 나누는 대 사회적 코이노니아이다.[23] 쉽게 말하자면 신자는 하나님과의 교제, 신자들끼리의 교제, 불신자들과의 교제 안에서 살아간다는 뜻이다.

　이 세 가지 교제는 일정한 흐름 안에서 작용한다. 그것들 중에서 신자들에게 가장 중요한 것은 각 개인이 하나님과 가지는 수직적 교제일 것이다. 그들은 하나님과의 수직적 교제를 통해서 교제의 원리와 방법을 배운 뒤 그것을 신자들 사이의 교제로 표현하고 또한 세상 사람들에게 생명을 전하는 나눔의 교제로 표현한다. 신자들 사이의 교제는 중간에 위치한다. 그들의 교제는 삼위일체 하나님께로부터 오는 은혜에 기초하며, 그것은 다시 세상으로 흘러감으로써 완성된다.

3. 공동체성의 함양은 교회의 교회됨에서 비롯된다

　공동체성은 현재 한국교회의 현실에서 가장 연약한 부분에 속한다. 지금까지 서구 교회의 행태를 그대로 답습해왔기 때문에 그것은 지극히 당연한 결과인지도 모른다. 그렇다면 선교적 교회는 오늘의 현실에서 어떻게 공동체성을 함양할 수 있는가? 또한 그 구체적인 실천 방안은 무엇인가?

23　김현진, 『공동체 신학』, 53-70.

지금까지 한국교회 강단에서 목회자들이 사랑과 친교, 섬김에 관해 수없이 설교하였지만 현실적이고 구체적인 실천방안은 제대로 논의되지 않았다. 나는 그 이유가 목회철학의 차이에 있다고 생각한다. 목회자들이 개인적인 성공을 추구하고 그것을 이루기 위해 양적 성장에만 매달리는 현실에서는 공동체를 말하는 것 자체가 불편하게 느껴질 것이다. 공동체성을 이야기한다는 것은 교회의 교회됨을 다룬다는 것을 의미한다. 이것이 선교적 교회가 공동체성을 함양하기 위해서 노력해야 하는 근본적인 이유이다.

신자의 신앙은 공동체 안에서 구현된다

선교적 교회가 진정한 공동체가 되기 위해서는 무엇보다도 구성원들이 신앙의 공동체성을 제대로 인식해야 한다. 동일한 가치와 비전을 공유하는 것은 구성원들이 공동체성을 느낄 수 있는 토대가 된다. 앞에서 공동체의 요소들 중 하나로 언급된 동질성이 바로 이것에 해당될 것이다. 이를 위해 목회자는 설교와 제자훈련 등 다양한 수단을 통해서 신앙의 공동체성에 관해서 분명하게 가르쳐야 할 것이다.

선교적 교회는 선교적 행위 missions 에 초점을 맞추기보다 하나님의 선교에 근거한 근본적인 선교 mission 에 더 초점을 맞춘다. 이런 근본적인 선교 개념은 교회 공동체의 존재론적 특성에서 시작된다. 이는 교회가 어떤 행사나 프로그램을 통해서 선교 활동을 벌이기에 앞서 먼저 그 공동체 자체의 성품을 드러냄으로써 하나님의 선교에 참여하는 데 강조점이 있다. 다양한 선교 활동도 중요하지만 그 모든 것은 그 공동체의 존재론적 선교에 종속될 때에만 의미가 있다. 그런데 선교적 교회가 일정한 성품 공동체로서 존재론적 특성을 드러내기 위해서는 구성원들이 모두 신앙의 공동체성과 그것이 선교적 차원에서 갖는 의미에 대해서 바른 이해를 가지고 실천해야 한다.

선교에 관한 인식은 신앙의 형성 과정과 관련이 있다. 단적으로 말해서 신앙은 개인적인 차원을 넘어 공동체적인 차원에서 형성된다. 사실 구원은 개인적인 차원에서 예수 그리스도와의 일대일 관계에서 일어나는 사건이지만 그것은 언제나 공동체를 통해 확증된다. 김현진은 "하나님이 아브라함을 부를 때나(창 12:1-3) 예수님이 제자들을 부를 때(막 1:16-20) 분명히 개인적으로 부르시지만 언약을 맺을 때는 항상 공동체를 향해서 맺으셨다(창 17:7, 행 1:8)"라고 말한다.[24] 바울 역시 구원을 하나님과 개인의 화해로만 인식하지 않았다. 구원은 어떤 의미에서 "새로운 공동체 안으로 들어오는" 것을 의미한다.[25] 그것은 예수 그리스도를 통해 새로운 삶의 방식을 받아들이고 성령의 능력 안에서 그것을 함께 실천하는 사람들의 결사체 안으로 들어가는 것이다.

그러나 오늘날 신자들은 구원이 공동체와 깊은 연관성을 가지고 있다는 점을 거의 인식하지 못하고 있다. 비근한 예로 신자들은 세례 역시 공동체적 사건이 아니라 개인적인 신앙 행위로 생각한다. 그들은 세례가 개인적인 행위에 한정되지 않고 언제나 "공동체 앞에서, 공동체를 위한" 행위임을 알지 못한다.[26] 이런 문제는 비단 구원과 세례에 한정되지 않는다. 심지어 예배, 친교, 봉사 등 모든 신앙적 활동이 공동체적 특성을 지닌 것으로 인식되기보다는 개인적 차원의 신앙 행위로 인식되고 있다. 특히 예배의 공동체성 상실의 문제는 심각하다. 공동 예배는 공동체가 함께 예배한다는 의미보다는 개인적으로 하나님을 예배하고 돌아간다는 의미가 더 강하다.

이런 현상의 이면에는 구원을 포함한 성경적 신앙 관념들이 개인주의적 시각에 의해 왜곡되는 문제가 있다. 대럴 구더Darrell L. Guder는 성경적 구원 개념이 어떻게 개인주의에 의해 축소되었는지를 분석하면서 기독교가 본래의 복음과 공동체적 정신으로 돌아가야 한다는 점을 강조한다.[27] 개인주의적

---

24 Ibid., 32..
25 Robert Banks, *Paul's Idea of Community*, 17.
26 Hans Küng, *The Church*, 209.
27 Darrell L. Guder, *The Continuing Conversion of the Church*, 140.

신앙 관념은 근대주의가 낳은 부작용 중의 하나이다. 자본주의적 시장경제 체제는 기독교를 포함한 모든 종교를 사적인 영역으로 밀어내고 말았다.

신자들은 자신이 출석하는 지역교회가 마음에 들지 않으면 쉽게 다른 지역교회로 옮기고, 목사의 설교, 교회의 시설과 프로그램 등은 마치 가판대 위의 상품처럼 신자들의 평가를 받아야 한다. 성공주의에 물든 목회자들이 경쟁적으로 신자들을 끌어들이려고 하는 태도도 신자들을 종교적 소비자 religious consumers로 만드는 요인이 된다. 선교적 교회가 내적 공동체성을 확보하기 위해서는 근본적으로 이런 축소주의적 신앙 관념을 극복해야 한다. 그것은 구원, 세례, 예배, 친교, 봉사 등 모든 신앙적 양상들이 공동체 안에서 작용하고 구현되는 것임을 말하고 가르침으로써 가능하다.

선교적 공동체는 대조적인 생활방식의 훈련을 통해서 육성된다

선교적 교회가 일궈내야 하는 공동체성이란 그 교회의 실천적 삶과 분리될 수 없다. 선교적 교회의 공동체성은 선교적 교회의 정체성 자체와 긴밀하게 연결되어 있으며, 그것은 교회가 선교적 본질을 드러내는 실천 과정을 통해 형성된다. 이나그레이스 디터리히 Inagrace T. Dietterrich의 말처럼 "그것[실천에 적극적으로 참여하는 것]은 성령께서 행하시는 의도적인 선교적 교회의 형성에 필수적이다."[28] 그러므로 선교적 교회가 공동체성을 함양하기 위해서는 신자들이 선교적 교회의 본질을 드러내는 다양한 실천에 참여하는 과정 속에서 공동체성을 배우고 익히도록 안내해야 한다.

단순히 어떤 프로그램을 가동하거나 특정한 행위나 영역을 강조하는 것은 진정한 공동체성의 함양에 별로 도움이 되지 않는다. 그런 것들은 대부분 지엽적인 처방에 불과할 뿐이다. 오히려 참된 선교적 공동체의 육성은 교

---

28 Inagrace T. Dietterich, "Missional Community : Cultivating Communities of the Holy Spirit," in *Missional Church*, ed. Darrell L. Guder (Grand Rapids, MI : Eerdmans, 1998), 154.

회가 이 세상을 향해 드러내고 보여주는 새로운 삶의 방식을 깨닫고 자신의 일상적 삶의 방식을 그것에 일치시키려고 하는 노력을 통해 이루어진다. 그렇게 함으로써 교회는 예수 그리스도의 인격과 삶을 닮은 성품 공동체로 성장해나갈 수 있다.

여기에서 선교적 교회의 신자들에게 먼저 요구되는 것은 세상의 삶의 방식과 뚜렷하게 대조적인, 새로운 삶의 방식을 깨닫고 이해하는 것이다. 그 새로운 삶의 방식은 여러 가지 언어로 표현할 수 있지만, 간단하게 언급하자면 성령의 인도하심에 따라 예수 그리스도의 인격을 닮은 성품을 추구하며 신앙과 삶이 일치하는 것이라고 말할 수 있다. 선교적 교회의 신자들은 구성원 전체가 모이는 특정한 시공간 안에서의 삶과 그 시공간 밖 곧 일상적 생활공간에서의 삶이 같아야 한다. 바로 이러한 생각들이 공동체적 의식으로, 다시 말해서 집단 내에서 공동의 비전으로 자리를 잡고 그 비전이 구성원 전체의 삶을 이끌어갈 때 비로소 선교적 교회의 공동체성이 함양될 수 있다.

교회 조직 안에서 이루어지는 다양한 신앙의 과정 곧 세례, 성만찬, 예배, 훈련, 교제, 증언 등은 새로운 삶의 방식에 대한 이런 공동의 인식 아래에서만 의미를 가질 수 있다. 앞에서 언급한 바와 같이 세례란 예수 그리스도의 십자가와 부활을 통해서 새로운 삶의 의미를 깨닫고 변화된 공동체 앞에서 선언함으로써 이미 그런 삶을 살고 있는 사람들의 공동체 안으로 들어가는 것이다. 그것은 "가입자가 새롭게 변화되어 성령에 의해 인도되고 가르치는 신앙 공동체에 참여한다는 것을 교회와 세상에 알리는 공개적·공동체적 표현이다."[29] 그러므로 세례는 세상 안에서 세상을 향해 새로운 삶의 비전을 선포하고 구체적으로 살아내는 선교적 교회 공동체에 새 식구가 들어왔음을 확인하고 축하하는 의식인 셈이다.

---

29 크레이그 밴 겔더, 『교회의 본질』, 228.

성만찬은 예수 그리스도의 십자가와 부활의 매개를 통해 형성된 새로운 공동체의 정체성과 연대성을 재확인할 뿐만 아니라 종말론적 미래의 승리와 기쁨을 현재화한 교제의 식사를 뜻한다.[30] 예수 그리스도의 십자가와 부활을 통해 드러난 새로운 삶의 실재reality는 신약적 의미의 언약 공동체를 형성하는 동인動因이 된다. 오늘의 공동체는 예수께서 제정하신 성만찬 사건을 재현함으로써 그 새로운 삶의 비전을 공유하고 재확인한다. 동시에 그것은 메시아 사건 안에서 종말론적 기쁨을 나누는 진정한 교제의 장場이기도 하다. 디트리히 본회퍼Dietrich Bonhoeffer는 성만찬이야말로 "그리스도인 공동체의 완성 그 자체"라고 말함으로써 그것이 지닌 공동체성을 강조한다.[31] 공동체에 속한 모든 지체는 공동의 성만찬을 받기에 앞서 자신의 잘못을 서로에게 고백할 수 있어야 한다. 그렇게 함으로써 신자들은 예수 그리스도의 은혜 안에서 진정한 형제자매 됨을 확인할 수 있다.

예배 역시 그 특성상 공동체성을 함양한다. 예배는 근본적으로 하나님과 그의 백성이 만나는 사건이다. 좀 더 구체적으로 말하자면 그것은 하나님의 백성들이 "역사적인 사건들을 낭독하고 극적으로 재현하는 행위를 통해서 하나님의 구원 행위를 기억"하는 행위를 가리킨다.[32] 물론 구원의 체험은 개별적으로 일어나지만 하나님은 예배라고 하는 공동체적 행위를 통해 하나님의 백성과 만나기를 원하신다. 따라서 예배는 개별적인 행위가 아니라 전체 구성원이 함께하는 공동의 행위이다.[33] 신자들은 이 공동의 행위를 통해서 하나님의 구원의 은혜를 공유하며 세상과 구별된 대안 공동체의 정체성을 확인한다. 나아가 이런 공동의 체험은 그들이 세상을 향해 하나님의

---

30 Hans Küng, *The Church*, 216-217.
31 디트리히 본회퍼, 정지련·손규태 역, 『신도의 공동생활·성서의 기도서』 (서울: 대한기독교서회, 2010), 126.
32 Robert E. Webber, *Ancient-Future Worship: Proclaiming and Enacting God's Narrative* (Grand Rapids, MI: Baker Books, 2008), 48.
33 Robert E. Webber, *Worship Is a Verb* (Peabody, MA: Hendrickson, 1992), 129-136.

선교적 백성으로 살아야 한다는 의식을 공유하게 만든다.

훈련은 구성원들에게 선교적 교회의 비전을 가르치고 그것을 그들의 일상생활 속에서 실천할 수 있는 능력을 배양하는 과정이다. 성숙을 향한 영적 성장은 그 능력을 배양하는 데 기초가 된다. 크레이그 밴 겔더는 이 영적 성장을 담보하는 성령의 열매와 영적 은사의 개발이 그 특성상 "사회적 관계에 참여하는 것을 전제로 하며, 오직 타인과의 관계를 통해서만 발전될 수 있다."라는 점에서 본질적으로 공동체적이라고 말한다.[34] 신자들은 복음으로 세상을 섬기기 위해 함께 훈련을 받으면서 선교적 사역의 비전을 나누며, 실제로 함께 봉사하면서 서로의 성장을 확인할 수 있다.

선교적 교회의 공동체성은 각 구성원들이 동일한 복음을 증언하는 삶 속에서 함양된다. 그것은 엄밀하게 말해서 불신자들을 새로운 삶의 방식이 작동하는 변화된 공동체로 초대하는 행위이다. 따라서 증언 역시 근본적으로 공동체적인 특성을 지니고 있다. 공동체 내에서 경험하는 사랑의 에너지가 세상에서 가난하고 억압당하고 소외된 사람들을 향한 사랑으로 확장되지 않으면 곪을 수밖에 없다. 만약 신자들이 공동체 내부의 결속과 사랑에만 매달려 있다면 교회병리학에서 말하는 친교과잉증koinonitis에 빠지게 된다.[35] 가장 큰 배움과 성장은 교실에서 배울 때보다 현장에서 실천하는 과정 속에서 일어나는 법이다. 복음의 증인으로 살아가는 신자들은 그것이 선한 행위가 되었든지, 말로 하는 증언이 되었든지 간에 실천하는 그 행위에서 성장을 경험한다.

지금까지 선교적 교회의 공동체성을 함양할 수 있는 실천 방안 몇 가지를 살펴보았지만 교회 공동체 안에서 이루어지는 활동은 이것들 외에도 많

---

34 크레이그 밴 겔더, 『교회의 본질』, 232.
35 이는 지나치게 공동체 내부인들의 교제만 강조하느라 교회의 본질인 선교적 사명을 망각하는 병리적 현상을 말한다. C. Peter Wagner, *The Healthy Church* (Ventura, CA: Regal, 1996), 89-103.

이 있으며, 그것들은 결코 앞에 제시된 영역들보다 낮게 평가될 수 없다. 기억해야 할 것은 신앙 공동체의 공동체성은 단지 한두 가지만을 잘 한다고 해서 함양되는 것이 아니라는 점이다. 오히려 그것은 다양한 활동이 종합적으로 어우러지고 작용할 때 일어난다.

선교적 공동체는 진정한 교제를 통해 형성된다

교제는 신자들 사이의 공동체성을 직접적으로 함양할 수 있는 것이라는 점에서 따로 취급할 만한 가치가 있다. 앞에서 우리는 교회의 공동체성을 설명하는 중요한 개념 가운데 하나로 코이노니아를 살펴보았다. 일반적으로는 코이노니아를 하나님과의 관계, 신자들 사이의 관계, 세상을 향한 선교적 관계로 설명한다. 그러나 한국교회의 상황을 놓고 보면 이 세 가지 중에서 신자들 사이의 관계가 가장 약한 편이다.

한국교회는 하나님과의 긴밀한 관계를 강화하는 활동을 정말 많이 한다. 예배와 기도회, 성경공부 등 다양한 활동이 강조되고 있고, 이런 활동들을 주관해야 하는 목회자들은 자주 탈진을 호소하기도 한다. 선교적 활동의 경우에도 진정성과 효율성의 문제를 떠나서 정말 열심히 한다. 그러나 정작 교회 안에서 신자들 사이의 교제는 그다지 미덥지 못한 편이다. 그리스도인이라면 누구나 자주 암송하는 사도신경의 문구 '성도의 교제'communio sanctorum는 그 의미가 퇴색된 지 오래되었다. 그렇다면 어떻게 신자들 사이의 교제를 강화할 수 있을까?

김현진의 의견은 신자 간의 교제가 내포하는 의미를 종합적으로 잘 드러낸다. 그는 성령의 역사에 의해 작용하는 신자들 사이의 수평적 코이노니아를 세 가지 차원 곧 영적인 코이노니아, 정신적인 코이노니아, 물질적인 코이노니아로 구분한다.[36] 영적인 코이노니아는 신자들이 말씀과 기도를 통해

---

36 김현진, 『공동체 신학』, 64-68.

서 서로 교제를 나누는 것을 뜻한다. 이는 하나님의 말씀으로 다른 신자들을 세워주고 서로를 위해 중보기도함으로써 "믿음의 교제"(몬 1:6)를 나누는 것을 말한다. 정신적인 코이노니아란 다른 신자들의 희로애락에 참여함으로써 교제하는 것을 뜻한다. 특히 다른 신자들이 고통과 슬픔을 당할 때 그들의 마음에 깊이 공감하면서 위로하고 격려하는 것이 중요하다. 그리고 물질적 코이노니아는 경제적인 어려움에 처한 다른 신자들에게 실제적이고 구체적인 도움을 제공함으로써 그리스도 안에서 형제자매임을 확인하는 것을 뜻한다. 이는 대부분의 그리스도인들이 잘 알고 있듯이 초대교회 신자들이 구원의 은혜를 받은 뒤 서로의 필요를 채워주는 모습 가운데 잘 나타난다. "믿는 사람이 다 함께 있어 모든 물건을 서로 통용하고 또 재산과 소유를 팔아 각 사람의 필요를 따라 나눠 주며."(행 2:43-44) 예수께서 그리스도인들에게 요구하신 사랑은 감정적인 차원을 넘어 "특별한 형태로 나타난 행동"이다.[37] 이런 점에서 기독교적인 사랑은 새로운 삶의 방식을 보여주는 혁명적인 것이다. 초대교회 신자들은 추상적이거나 사변적으로 사랑을 말하지 않았다. 그들은 그리스도 안에서 서로를 한 가족처럼 생각하였으므로 기쁜 마음으로 상대방의 결핍을 채워주었다.

그러나 김현진의 의견은 원론적인 차원에서 의미가 있지만 현실적인 측면에서는 다소 구체적이지 않다. 따라서 여기에서 좀 더 구체적인 실천 방안을 생각해보자. 무엇보다도 선교적 공동체 안에서 신자들은 서로를 진정한 형제자매로 생각해야 한다. 목회자는 신자들이 이런 의식을 갖도록 설교와 교육을 통해서 끊임없이 강조해야 한다. 예수께서는 혈연으로 맺어진 가족 관계를 넘어 메시아를 중심으로 모인 사람들을 가족 공동체로 규정하였다. (마 12:46-50, 막 3:31-35, 눅 8:19-21) 바울은 동일한 믿음을 가진 신자들을 그리스도 안에서 한 가족으로 이해하였다. (엡 2:19)

---

37 Charles Van Engen, *God's Missionary People*, 90.

그런데 과연 오늘의 교회에서 자주 사용되고 있는 '형제자매', '가족'이라는 말은 얼마나 실제적인 가치를 지니고 있는가? 많은 경우에 이 호칭들은 단순히 '한 교회 안에 있는 다른 교인(들)'이라는 의미 이상을 뜻하지 않는다. 그러나 그 호칭들의 의미가 그 정도에 그친다면 그런 교회를 진정한 공동체라고 말하는 것은 쉽지 않을 것이다. 우리는 스스로를 그리스도인이라고 생각한다. 그렇다면 그 그리스도인의 존재성 또는 정체성이 무엇을 가리키는지 생각해봐야 한다.

그리스도인은 예수 그리스도를 구주로 영접하고 변화된 삶을 사는 존재를 뜻한다. 이때 그 변화된 삶은 관계로 나타나며, 형제자매는 그 변화된 삶을 공유하는 사람들이다. 존 지지울러스에 따르면 존재성은 인격person으로부터 나오며 인격은 친교 곧 타인과의 관계성 안에 존재하기 때문에 존재와 친교는 동일한 의미를 지닌다.[38] 우리가 이런 관점을 지지한다면 결코 그리스도인의 정체성과 친교를 분리해서 생각할 수 없을 것이다. 그리스도인은 언제나 관계적 인격을 지니며 그리스도의 사랑으로 다른 사람들의 인격에 참여한다.

그렇다면 신자들이 교회 안에서 서로 진정한 가족과 형제자매로 느낄 수 있는 방안은 무엇인가? 아래에서 네 가지 방안을 제시해보고자 한다. 어떤 의미에서 이 네 가지는 교회가 선교적 공동체를 육성하기 위해 실천해야 할 것들이다. 네 가지 중에서 첫 번째와 두 번째 아이디어는 이나그레이스 디터리히로부터 얻은 것들이다.

• 식탁 교제를 통해 공동체 의식을 함양하라

첫째는 식탁 교제를 통해 공동체 의식을 함양하는 것이다. 식사를 함께 나눈다는 것은 식구食口 곧 그리스도 안에서 한 가족이 되었다는 뜻이다. 여

---

38 John D. Zizioulas, *Being as Communion*, 87-88.

기에는 당연히 서로를 향한 신뢰와 사랑이 전제되어야 한다. 새로운 식구들은 모든 것을 버리고 예수를 따름으로써 얻은 축복이다.[39] 성만찬은 이 식탁 교제의 원형이다. 많은 교회에서 성만찬은 단지 구원을 베푸시는 예수 그리스도의 십자가 사건을 기념하는 의식 정도에 머물고 있다. 하지만 앞에서도 설명한 바와 같이 성만찬의 의미는 의식적 차원을 훨씬 뛰어넘는다. 그것은 "풍족함을 공유하는 것, 모두를 위한 충만하고 풍족한 삶의 약속이자 경험"이다.[40] 그리고 그것은 예수 그리스도의 생명을 공유하고 그 축복을 함께 누리는 공동체적 행위이다.

이런 성만찬의 의미는 신자들 간의 생명과 삶을 나누는 실제적인 식탁 교제와 분리될 수 없다. "매일의 식탁 교제는 특별한 방식으로 그리스도인을 그들의 주와 결합시킬 뿐 아니라 식탁 교제에 참여하는 그리스도인들을 서로 결합시킨다."[41] 다시 말해서 식탁 교제는 다른 구성원들과 함께 식사를 나눔으로써 새로운 정체성과 삶의 방식을 지닌 사람들 사이에 진정한 유대감을 형성하는 원형이 된다. 이런 식탁 교제를 통해서 신자들은 서로를 향해 마음을 열고 삶에 대한 진지하고도 깊은 대화를 나누게 될 것이다. 그런데 여기에서는 내적 공동체 정신의 함양에 집중하기 위해서 일부러 내부인 초대에 국한해서 말하고 있지만, 본래 이런 식탁 교제는 낯선 이방인들을 향해서도 열려 있어야 한다.

• 상호 견책과 용서를 통해 진정한 공동체를 경험하라

두 번째 제안은 상호 견책과 용서를 통해서 진정한 공동체성을 함양하는 것이다.[42] 이것은 오늘의 그리스도인들에게는 매우 낯설고 놀라운 말일 수 있지만, 사실 교회의 전통에서는 지극히 자연스럽고 당연한 일이었

---

39 게르하르트 로핑크, 『예수는 어떤 공동체를 원했나』, 75.
40 Inagrace T. Dietterich, "Missional Community," 164.
41 디트리히 본회퍼, 『신도의 공동생활·성서의 기도서』, 71.
42 Inagrace T. Dietterich, "Missional Community," 167-171.

다. 교회가 공동체로 존재한다는 것은 그 구성원들이 서로 간에 상호책임성 reciprocal responsibility을 충분히 인식하고 있다는 뜻이다. 그런데 그 상호책임성은 단순히 서로의 복지만을 책임지는 것으로 제한되지 않으며 오히려 잘못을 저지른 다른 지체들을 징계하는 책임도 포함하고 있다.[43] 기독교적 사랑은 상대방의 잘못을 무조건 감싸주는 것을 뜻하지 않는다. 그것은 언제나 공의를 포함하고 있다.

진정한 공동체라면 하나님 나라의 은혜와 질서로부터 떨어져 나간 형제자매들(식구)에게 회개를 촉구하고, 죄를 고백하고 돌아온 사람을 용서함으로써 공동체의 화목을 도모할 수 있어야 한다. 물론 이를 실행하는 것은 말처럼 간단치 않을 것이다. 하지만 교회가 이것을 실천하지 못한다면 우리 주변에 만연해 있는 종교적 소비주의religious consumerism를 결코 극복할 수 없을 것이다. 공동체적 정신에 기초할 때 권징은 정죄를 위한 것이 아니며, 오히려 최선을 다한 사랑의 표현이 된다. 비록 갈등 또는 죄의 문제들이 교회 안에 생길 수 있지만, 공동체는 그것을 슬기롭게 극복함으로써 더욱 성숙해질 수 있을 것이다.

• 서로를 섬기고 돌보는 봉사를 하라

셋째, 교회의 공동체성이 허공을 치는 메아리가 되지 않고 실제로 작용하는 개념이 되기 위해서는 신자들 사이에 서로를 돌보고 섬기는 봉사가 있어야 한다. 존 스토트John Stott에 따르면 상호책임성은 교회 공동체의 교제에 내포된 중요한 특성 가운데 하나이다.[44] 그런데 그 상호책임성은 다양한 형태로 나타난다. 그것은 위에서 언급한 것처럼 다른 형제의 잘못을 견책하는 형태로 나타나기도 하고, 실제적인 돌봄과 섬김으로 나타나기도 한다. 두

---

43 Robert Banks, *Paul's Idea of Community*, 136.
44 John Stott, *One People*, expanded and updated (Old Tappan, NJ: Fleming H. Revell, 1982), 91.

가지 모두 상대방의 허물과 연약함을 보완하는 행위이지만 성격은 많이 다르다. 견책이 상대방이 저지른 잘못과 죄를 지적하여 깨닫게 하는 행위라면, 돌봄과 섬김은 잘못이나 죄와 상관없이 상대방의 연약한 부분을 채워주는, 좀 더 포괄적인 행위이기 때문이다.

돌봄과 섬김은 서로를 한 가족으로 생각하고 진심으로 사랑하는 마음 없이는 결코 불가능하다. 그런데 이런 돌봄과 섬김은 전체 교회의 차원보다도 소그룹 차원에서 실천될 때 좀 더 효과적이다. 또한 섬김의 종류와 방식은 따로 정해져 있지 않으며, 다양한 영역에서 가능하다. 어떤 사람은 영적인 영역에서, 어떤 사람은 정신적인 영역에서, 다른 어떤 사람은 물질적인 영역에서 돌봄과 섬김이 필요할 수 있을 것이다. 그리스도인의 섬김은 삶의 모든 영역에서, 그리고 전인적으로 이루어져야 할 것이다.

• 상호부조를 통해 공동체적 삶을 실천하라

마지막으로, 교회 안에 반드시 상호부조를 실천하는 구체적인 구조가 마련되어야 한다는 점을 강조하고 싶다. 그리스도인들이 예수 그리스도 안에서 한 몸이 되었다는 것은 무엇을 뜻하는가? 우리가 "하나 되었다는 것은 단순히 개념적·정신적인 차원만 아니라 물질적인 면과 전 생활적인 면에까지 한 몸 됨을 의미"하지 않는가?[45] 사실 한국교회의 현실에서 영적 또는 정신적 어려움에 처한 신자들을 제대로 돌볼 수 있는 체계도 매우 허약하지만, 육체적 또는 경제적 어려움에 빠진 신자들을 돌보는 체계는 이보다 더 열악한 편이다.

구원받고 성령의 충만한 은혜 안에 있었던 초대교회 신자들의 공동체적 삶은 우리에게 신앙의 통전성이 어떤 것인지 분명하게 보여준다. 그러나 공동체적 삶이라고 해서 무조건 물질을 공동으로 소유하거나 문명을 등지고

---

45 김현진, 『공동체 신학』, 37.

농경생활을 유지해야 한다는 뜻이 아니다. 16세기 이후 후터 형제단Hutterian Brethren이나 아미쉬Amish 공동체 등이 참된 교회의 회복을 꿈꾸며 공동재산제 또는 공동체 생활을 실천했지만, 그 집단들의 삶을 이상적인 모델로 삼기는 어렵다.

오히려 오늘날과 같이 복잡다단한 현실 속에 살아가는 오늘의 교회들에게는 좀 더 체계적이고 효율적인 상호부조의 구조가 필요할 것이다. 예를 들자면 신용협동조합이나 희망대출센터 등과 같은 기구를 들 수 있다. 물론 이와 같은 경제적 상호부조는 결코 공동체 내부자들만을 위한 것이어서는 안 되고, 어려움을 겪는 이웃에 대한 선교적 실천도 함께 고려되어야 할 것이다. 여기에서는 지면 관계상 이런 실천 방법에 대해 자세한 내용을 다룰 수 없지만, 앞으로 이 영역은 선교적 교회의 실천에 있어 매우 중요한 연구 과제가 될 것이다.

4. 한국교회는 진정한 선교적 공동체가 될 수 있는가

지금까지 선교적 공동체에 관해 살펴보았다. 그렇다면 오늘의 한국교회는 과연 진정한 선교적 공동체가 될 수 있는가? 이 질문에 답하기 위해 인류학자 빅터 터너Victor Turner의 이론을 활용해보자. 터너는 『통과의례과정』The Ritual Process [46]이라는 자신의 책에서 '코뮤니타스'communitas라는 특수한 개념을 사용한다. 응템 부족의 젊은 남성들은 성인 집단에 들어가기 전에 마을에서 쫓겨나 정글에서 사는 것이 관례인데, 청년의 시기에서 성인의 시기로 전환되는 이 시기를 '제한기'liminality라고 부른다. 그런데 이 기간에 숲에서 살아가는 젊은이들은 기존 공동체에서 경험한 것보다 훨씬 더 강한 친밀감과 유대감을 경험한다. 터너는 이 제한기에 젊은이들이 경험하는 특별한 공동

---

46 Victor Turner, *From Ritual to Theater: The Human Seriousness of Play* (New York: PAJ Publications, 1982), 44.

체를 코뮤니타스라고 명명하였다.

최근에 몇몇 선교적 교회론자들이 이 코뮤니타스 개념을 재해석하여 급진적 공동체의 모델을 제시하고 있다. 그중의 한 사람인 마이클 프로스트 Michael Frost는 코뮤니타스를 "시련을 함께 감당하거나 위험한 여행을 시작하는 것과 같이 자신의 능력을 넘어서는 어떤 사명을 함께 지닌 사람들"로 규정한다.[47] 이 공동체는 어떤 특별한 비전을 이루기 위해 현재의 기득권을 내려놓고 모험을 감행하는 집단을 말한다. 그런데 이 공동체 내에서 구성원들이 서로에 대해 갖는 근본적이고 집단적인 마음은 일반 공동체 구성원들의 그것보다 훨씬 강력하다.

이제 다시 생각해보자. 한국교회는 과연 진정한 코뮤니타스가 될 수 있겠는가? 이 질문에 대한 대답은 한국교회가 선교적 교회 곧 하나님께서 기뻐하시고 진정으로 원하시는 교회다운 교회, 세상을 향해 분명하게 다른 삶의 모습을 보여주는 공동체가 되고자 하는 확고한 비전을 가지고 있는지, 그리고 그 비전을 이루기 위해 편리하고 편안하고 안전한 현실에서 벗어나 시련과 위기를 겪을 각오가 되어 있는지에 달려 있다. 물론 쉽게 대답하기 어려운 질문일 것이다. 최근에 적극적으로 이런 모험에 과감히 자신을 던지는 작은 공동체들이 생겨나고 있다. 그렇다면 기존 교회들은 어떠한가? 그 교회들은 선교적 공동체로 나아가기 위해 기꺼이 자기를 갱신하고자 하는가?

평균적으로 보자면 아직도 한국교회의 대부분은 이런 모험을 두려워하는 것 같다. 선교적 교회 공동체를 꿈꾸고 실천하는 것은 두렵고 힘든 길이될 수도 있다. 그러나 이 길은 모든 교회 공동체가 가야 할 길이다. 이 길은 교회의 본질과 관련되어 있기 때문에 선택사항이 아니라 반드시 가야 할 필수적인 길이다. 이 길에 들어서기 전에는 위험해 보이고 두렵게 느껴지지만 실제로 이 길에 들어서는 순간 축복의 길이 된다. 공동체에 속한 구성원들은

---

47 Alan Hirsch, *The Forgotten Ways: Reactivating the Missional Church* (Grand Rapids, MI: Brazos, 2006), 25.

정말 끈끈하게 하나가 되고, 성령의 능력 안에서 서로 뜨겁게 사랑하고 섬기는 공동체, 예수 그리스도를 통해서 알게 된 새로운 삶의 방식을 실천하는 공동체가 될 것이다.

제8장

/

성육신적 사역은 미래의 새로운 사역 방향을 제시한다

MISSIONAL
CHURCH

오늘날 많은 목회자들이 지지부진한 교회성장을 극복할 수 있는 '한 방의 비결'을 찾고 있다. 1970년대와 1980년대에 유행하던 방법론적 목회가 여전히 한국교회를 지배하고 있다. 이것은 목회 현장의 문제를 보여주는 단적인 사례이다. 과거에는 탁월한 방법과 수단이 교회성장을 담보하기도 했다. 하지만 그 결과로 얻어진 양적 성장은 또 다른 병리현상을 야기하고 있다.

반면에 1990년대 이후 한국 사회는 포스트모던 문화라고 하는 새로운 환경을 경험하고 있으며, 이 문화에 익숙한 사람들은 그들이 신자이든지 불신자이든지 간에 교회가 단순히 외적인 요소보다도 본래적인 그 무엇에 관심을 가지기를 원하는 경향을 보인다. 그러나 목회 패러다임이 변화되어야 될 근본적인 필요성은 문화적 관점이 아닌 신학적 관점으로부터 제기되고 있다.

선교적 교회론은 목회자들이 우선적으로 올바른 교회론을 이해하고 그 토대 위에 목회적 전략과 방법을 수립해야 한다는 점을 강조한다. 교회를 세우는 일, 다시 말해서 목회를 제대로 이해하기 위해서는 무엇을 얼마나 했느냐의 행위론적 관점이 아니라 그 교회의 성품과 태도가 어떠냐는 존재론적 관점이 필요하다고 보는 것이다. 물론 그렇다고 해서 전략과 방법론이 필요 없다는 뜻은 아니다. 문제는 우선순위, 관점과 토대에 있다. 교회의 성품과 태도에 대한 올바른 이해가 선행되지 않으면 자칫 교회가 행하는 다양한 활동이 왜곡된 방향으로 흘러갈 수도 있기 때문이다.

성육신成肉身, incarnation은 교회의 존재론적 성품과 태도를 가장 잘 드러내는 개념이다. 하나님께서 직접 인간의 육신을 입고 이 세상에 오셔서 메시아적 사명을 감당하신 사건은 신자들을 위한 구원론의 근거가 되는 동시에 교회와 그리스도인들이 어떤 삶을 살아야 할지를 가르치는 사역론의 근거가 되기도 한다. 그것은 모든 왜곡된 삶의 태도와 사역을 비판하고 진정한 삶과 사역의 원리를 제시한다.

오늘날 교회마다 다양한 선교 활동을 행하고 있다. 과거에 비해서 훨씬 더 많은 재원이 투입되고 수많은 봉사자들이 동원되고 있다. 그럼에도 불구하고 복음의 능력이 제대로 나타나지 않는 이유는 바로 그들의 선교 행위가 성육신적이지 않기 때문이다. 다양한 선교 활동과 프로그램은 대부분 시혜적施惠的 수준에 머물고 있다. 심지어 그것들이 하나님 나라의 성장이 아닌 개교회의 이기적인 성장을 위한 수단으로 전락하기도 한다. 이런 점에서 예수 그리스도의 성육신은 오늘의 한국교회가 행하고 있는 선교를 비판하고 새로운 미래의 사역 방향을 제시하는 역할을 한다.

이런 이유로 성육신은 선교적 교회에 관한 논의에서 매우 중요한 핵심 주제가 된다. 그렇다면 성육신의 정신은 무엇이며, 그것은 현실에서 어떻게 구현되어야 하는가? 일정한 개념에 대한 신학적 논의는 목회 현장 또는 선교 현장에서 사역의 정신과 방향을 결정하는 데 크게 도움을 줄 수 있지만 구체적인 실천방안과 지침을 만들어내지는 못한다. 대부분의 사역자들이 성육신적 정신에 따라 그들의 목회와 선교를 수행해야 한다는 점에는 동의하지만 현장에서 그것을 어떻게 구현해야 하는지에 대해서는 제대로 알지 못하고 있다.

이번 장에서 우리는 먼저 성육신의 신학적 의미를 탐구한 뒤에 상황화의 관점에서 성육신적 사역의 구체적인 실천 원리를 살펴볼 것이다. 신학적으로 해명된 개념이 현장에 적용되기 위해서는 그것을 상황에 맞게 적용할 수 있는 체계와 과정으로 전환하는 작업이 필요하다. 물론 그렇다고 해서 그 작업이 현실에서 바로 사용할 수 있는 실천적 매뉴얼을 만드는 것을 뜻하지는 않는다. 그것은 특수한 상황과 환경에 처해 있는 각 신앙 공동체의 몫일 것이다. 오히려 시급한 것은 각 신앙 공동체가 매뉴얼을 만드는 데 필요한 원리와 지침이다.

1. 그리스도의 성육신은 모든 선교를 가능하게 하는 근거이다

성육신은 하나님이신 예수 그리스도께서 인간을 구원하기 위해서 육신의 몸을 입고 이 세상에 오신 사건을 뜻한다. 존 힉 John Hick과 같이 종교다원주의의 입장을 취하는 학자들은 성육신을 역사적 현실이 아닌 은유 metaphor로 여기지만,[1] 복음적인 그리스도인이라면 누구나 이것이 역사적으로 일어난 사건임을 믿는다. 이 성육신 사건이 기독교 역사 내에 존재하는 모든 교회의 선교를 가능하게 하는 근거가 된다. 이는 "초기 기독교 공동체가 자신의 사명을 예수 그리스도의 계속적인 선교에 참여하는 것으로 이해하기 시작한 것은 성육신의 신비에 근거한 것이었다."라는 사실을 통해서 분명하게 입증된다.[2] 김균진은 이런 성육신 사건의 역사성을 다음과 같이 설명한다.

> 하나님의 아들의 성육신은 한 특수한 시간과 장소와 상황 속에서 하나님의 아들이 한 개인이 되었으며 인류의 한 지체가 되었음을 말한다. 그는 한 개인적인 존재인 동시에 역사 속에 있는 역사적인 존재가 되었다. 그는 인류의 역사 속으로 들어왔으며, 이 역사의 모든 제한성과 조건 속에서 살게 되었다.[3]

그리스도께서 이 세상에 오신다는 것은 이미 구약 시대 때부터 예언을 통해서 사람들에게 알려졌다. (시 2:7, 사 7:14, 미 5:2) 실제로 성육신이 인간의 역사 속에서 일어난 이후 이 사건은 기독교 신앙의 근간이 되었다. 초대교회 교인들에게 이 사건은 그들의 구원을 가능케 하는 것일 뿐만 아니라 그들이 어떤 삶의 자세를 가져야 하는지를 가르쳐주는 것이었다.

신약성경에 등장하는 성육신에 관한 본문들(요 1:9, 14, 18, 3:16, 롬 8:3, 고후 8:9, 갈 4:4, 빌 2:6-8, 딤전 3:16)은 각 공동체의 신학적 입장을 반영하고 있기 때문에 그리스도의 성육신 사건에 관한 여러 가지 관점을 드러내고

---

1 존 힉, 변선환 역, 『성육신의 새로운 이해』 (서울: 이화여자대학교 출판부, 1997), 16.
2 Orlando Costas, *Christ Outside the Gate*, 13.
3 김균진, 『기독교조직신학』, II권 (서울: 연세대학교 출판부, 1987), 171.

있다. 가장 대표적으로 성육신 사건을 다루고 있는 사도 요한은 요한 문서를 통해서 말씀이 육신의 몸을 입고 오셨다고 증언함으로써 성육신의 의미를 매우 독특한 차원에서 이해한다. 이 요한 문서의 본문들은 고대교회의 역사에서 예수 그리스도의 참 인간 되시고 참 하나님 되신 특성을 설명하는, 이른바 로고스 기독론 Logos Christology 의 근거가 되었다.[4] 초대교회 상황에서 예수의 신성을 강조한 나머지 육체로 오심을 부정하는 부류와, 육체로 오심을 강조한 나머지 예수의 신성을 부정하는 부류에 대한 변증의 필요성이 제기되었다.

요한 문서의 로고스 기독론은 1세기에 등장한 두 가지 극단적인 입장을 극복하고 예수 그리스도의 올바른 정체성을 확증하는 근거가 된다. 요한복음 1:1에서 사도 요한은 분명하게 로고스이신 성자께서 하나님 자신임을 밝히고 있다. 또한 요한은 요한일서 4:2을 통해서 자신이 속한 공동체의 신학적 입장을 분명하게 대변한다. "이로써 너희가 하나님의 영을 알지니 곧 예수 그리스도께서 육체로 오신 것을 시인하는 영마다 하나님께 속한 것이요." 이런 성경적 근거에 힘입어 칼케돈 공의회는 성육신하신 그리스도께서 참 하나님이시며 참 인간이심을 천명하였다.

이와는 달리 성부 하나님의 관점에서 아들을 '주심'giving 또는 '보내심' sending 으로 성육신을 설명하는 본문들도 있다. 이 두 가지 개념은 일반적으로 구원론을 설명하는 가장 대표적인 구절로 인정되는 요한복음 3:16-17에 모두 들어 있다. "하나님이 세상을 이처럼 사랑하사 독생자를 주셨으니 이는 그를 믿는 자마다 멸망하지 않고 영생을 얻게 하려 하심이라 하나님이 그 아들을 세상에 보내신 것은 세상을 심판하려 하심이 아니요 그로 말미암아 세상이 구원을 받게 하려 하심이라."

이와 비슷하게 로마서 8:3과 갈라디아서 4:4 역시 하나님께서 아들을

---

4 로고스 기독론에 대한 좀 더 자세한 설명은 다음 논문을 참조하라. 문병호, "개혁주의 신학을 통해 본 성육신 이해," 「신학지남」 76권 2집 (2009. 6) : 124-127.

보내셨다고 표현하고 있다. 특히 전자는 "자기 아들을 죄 있는 육신의 모양으로 보내"셨다고 말함으로써 성육신의 의미를 속죄론적 관점으로 풀어내고 있다. 성자는 인간의 죄를 담당하시기 위해 "죄 있는 육신의 모양으로" 세상에 오셔야 했다. 그러나 이 구절들이 구원론적인 관점을 내포하고 있다고 해서 바울이 "더 이상 성육신 자체에 관심이 없고 십자가 사건에 관심이 있다."라고 해석하는 것은 무리가 있다.[5] 오히려 십자가에서의 속죄 행위는 성육신의 의도를 실현한 사건이라는 관점에서 바울의 본문들을 이해하는 것이 더 타당할 것이다.

고린도후서 8:9과 빌립보서 2:6-8은 요한복음 1장의 본문들과 함께 그리스도의 성육신 사건이 내포하고 있는 의미를 뚜렷하게 드러내는 구절들이다. 사도 바울은 이 구절들을 통해서 성육신의 의미를 자기 비움self-emptying으로 해석하고 있다.

우리 주 예수 그리스도의 은혜를 너희가 알거니와 부요하신 이로서 너희를 위하여 가난하게 되심은 그의 가난함으로 말미암아 너희를 부요하게 하려 하심이라 (고후 8:9)

그는 근본 하나님의 본체시나 하나님과 동등됨을 취할 것으로 여기지 아니하시고 오히려 자기를 비워 종의 형체를 가지사 사람들과 같이 되셨고 사람의 모양으로 나타나사 자기를 낮추시고 죽기까지 복종하셨으니 곧 십자가에 죽으심이라(빌 2:6-8)

바울이 고린도후서 8:9에서 그리스도의 가난하게 되심을 언급한 것은 여러 가지 심층적인 의미를 내포하고 있다. 그것은 그리스도께서 하나님의 영

---

5 에른스트 케제만, 박재순 외 2인 역, 『로마서』, 국제성서주석 34권 (서울: 한국신학연구소, 1982), 356.

광을 버리고 자신의 신적 특권을 포기하셨음을 암시한다. 바레트 C. K. Barrett에 따르면, 이 구절은 빌립보서 2:6-8보다는 덜하지만 충분히 자기비움의 기독론을 보여주고 있다. 예수께서 경험하신 가난의 의미는 여인에게서 태어나고 율법 아래에 놓여 있었다는 사실뿐만 아니라 십자가와 죽음의 사건으로까지 확장된다.[6] 이런 가난의 경험은 예수 자신의 자발적인 선택에 의해서 이루어졌다.

반면에 빌립보서 2:6-8의 본문은 낮아짐과 높아짐의 구조로 표현된 그리스도 찬가 중 낮아짐에 해당한다. 이 본문에서 바울은 '엔 모르페 데우'(ἐν μορφῇ θεοῦ)라는 표현을 통해서 성자 예수의 선재적先在的 신성 곧 그분께서 하나님의 현존 방식을 취하고 계셨음을 밝히고 있다. 여기에서 헬라어 '모르페'(μορφῇ)는 하나님의 모든 본질적인 특성과 속성을 가리킨다. 그런데 그분은 자발적으로 그 모든 신적 권리와 특성을 포기하고 인간이 되셨다. 그분의 성육신은 단지 외관만 바뀐 것이 아니라 실체적 변화가 이루어진 사건이었다. 여기에서 그것이 그분의 자발적인 행위에 의해 이루어졌다는 점이 중요하다.[7] 이 본문은 신적 존재 방식과 종의 존재 방식을 대조함으로써 성육신의 의미를 뚜렷하게 부각하고 있다.

2. 우리가 행하는 모든 선교는 성육신적이어야 한다

성육신의 선교적 이해에 앞서 알아두어야 할 것들

앞에서 잠시 언급한 바와 같이 성육신은 기독교 역사에서 일반적으로 구원론의 근거로 인식되었다. "예수 그리스도의 성육신은 십자가 위에서 일어

---

6 C. K. 바레트, 번역실 역, 『고린토후서』, 국제성서주석 36권 (서울: 한국신학연구소, 1986), 284.

7 J. 그닐카, 김경희 역, 『빌립비서/필레몬서』, 국제성서주석 39권 (서울: 한국신학연구소, 1988), 198.

난 화해의 구원사역을 완성하기 위해서 하나님께서 그의 아들을 통해서 역사 속으로 들어오신 유일무이하고 반복될 수 없는 사건이다."[8] 이 관점에 따라 하나님과 동일한 존재이신 성자께서 신적 본성과 특성을 모두 버리고 완전한 인간의 몸을 입고 이 세상에 오신 까닭은 하나님의 구원 계획을 알려주고 자신의 몸을 십자가에 던짐으로써 실제로 그 구원을 성취하기 위해서라는 점이 강조되었다.[9] 성육신에 대한 이런 이해 방식은 1세기부터 5세기 고대교회 시기에 발생한 기독론에 관한 논쟁 과정을 통해 교리적으로 확립된 이후 지금까지 지속되고 있다.

그러나 기독론의 관점에서 성육신을 해명하는 데 초점을 맞추던 고대교회는 성육신을 지나치게 존재론적인 방식으로 이해하는 문제를 낳았다. 이단의 도전을 극복해야 하는 절실한 요청 앞에서 교회는 예수 그리스도의 정체성을 위격, 본질, 본성과 같은 존재론적 개념들을 통해서 설명하고자 했던 것이다. 다시 말하자면 성육신을 "이스라엘 민족의 역사적 사고구조의 틀 안에서가 아니라 헬레니즘 철학의 형이상학적 존재론의 사상적 틀 안에서 이해"하려고 함으로써 문제가 된 것이다.[10] 성육신을 단순히 헬라 철학의 존재론적 사유방식으로 이해하는 태도는 자칫 실제로 성육신하신 예수 그리스도의 역사성과 그분의 인격을 놓치고 단지 성육신을 정태적인 교리로 추상화할 위험성을 안고 있었다.

이와는 달리 그리스도의 성육신이 특정한 집단의 이해관계 속에서 해석되기도 하였다. 기독교 역사에서 오랫동안 제도적 교회의 중요성을 강조해온 가톨릭교회는 성육신을 그들의 교회론에 적용하였다. 다시 말해서 교회가 "그리스도의 몸"이라는 성경적 이해에 착안하여 교회를 "그리스도의 연

---

8 Darrell L. Guder, *Be My Witnesses*, 18.
9 Alan Neely, "Incarnational Mission," in *Evangelical Dictionary of World Missions*, ed. A. Scott Moreau (Grand Rapids, MI : Baker Books, 2000), 474.
10 윤철호, 『예수 그리스도(상)』 (서울 : 한국장로교출판사, 1998), 444.

장"prolongation of Christ 으로 보았던 것이다. 이 관점에서 "성육신은 하나님께서 역사하셨을 뿐만 아니라 계속해서 기독교 교회를 통해 역사하시려고 작정하신 방법으로 여겨졌다."[11] 또한 "교회의 설립 plantatio ecclesiae 이 성육신의 연장"으로 간주되기도 하였다.[12] 그러나 이것은 매우 잘못된 해석이다. 가톨릭교회는 성육신을 지나치게 성례전적 사고와 결합함으로써 교회를, 하나님의 은혜를 독점하는 절대적 집단으로 만드는 잘못을 범하였다.

반면에 성육신의 의미를 너무 직접적으로 사회적·정치적 차원에 적용하는 사람들도 있었다. 주로 자유주의 신학 또는 해방신학을 추구하는 급진주의자들이 이 부류에 해당한다. 그들은 예수께서 사회적으로 소외되고 억압받는 민중을 해방하기 위해서 그들 가운데 성육신하셨다는 점을 강조한다.[13] 포괄적으로 보면 한국의 민중신학자들도 이 범주에 포함된다. 기본적으로 상황화 신학에 근거하고 있는 이 성육신 이해는 예수 그리스도의 성육신을 구원론의 관점에서 해석하기보다는 이 땅에 오신 예수 그리스도의 사명과 그분이 전한 복음의 의미를 사회정치적 관점에서 재발견하는 데 초점을 두고 있다.

물론 이들의 신학 작업에 긍정적인 요소가 없었던 것은 아니다. 이들의 주장은 예수의 성육신 사건이 궁극적으로 무엇을 지향하고 있는지에 관해서 재성찰하게 만들었다. 또한 이 성찰은 복음주의자들조차 개인주의적이고 내세 지향적인 관점에서 벗어나 현실적인 상황에 초점을 맞춰 좀 더 포괄적이고 심층적인 선교를 추구할 수 있도록 자극하였다. 그러나 이들의 성육신 이해는 여전히 특정한 집단 또는 영역에 편중됨으로써 그것이 가진 포괄적이고 보편적인 선교의 의미를 드러내지 못하는 한계를 노출하였다.

---

11 Darrell L. Guder, *Be My Witnesses*, 18.
12 Alan Neely, "Incarnational Mission," 474.
13 Ibid., 475.

성육신은 선교적 관점으로 봐야 제대로 보인다

성육신에 관한 다양한 해석 가운데 추상화의 문제만큼 심각한 것은 없다. 예수 그리스도에 의해 이루어진 성육신은 반드시 오늘의 현실과 연결되어야 한다. 따라서 성육신을 "역사적 측면과 현재적 측면에서 이해해야 한다."라는 말은 지극히 당연하다.[14] 이렇게 말하면 앞에서 언급한 사회정치적 관점을 정당화하는 것이 아니겠느냐고 반문할 수 있을 것이다. 그러나 그리스도는 결코 특정 부류 또는 계층만을 위해서 이 땅에 오신 분이 아니기 때문에 그분의 성육신 사건은 당파주의가 아니라 보편주의의 관점에서 이해해야 한다. 그렇게 함으로써 기독교 선교는 특정 집단의 제한적 관점들을 넘어서 훨씬 포괄적이고 심층적인 성육신의 의미를 발견하고 구현할 수 있게 된다.

그러나 나는 여기에서 성육신을 읽어내는 방식을 한 번 더 전환할 것을 제안한다. 예수 그리스도의 성육신 사건을 신학적으로 제대로 이해하기 위해서는 무엇보다도 선교적 관점에서 읽어야 한다. 왜냐하면 "성육신은 하나님께서 인간의 삶에 궁극적·선교적으로 개입하시는 행위"이기 때문이다.[15] 성부 하나님은 거대한 우주의 역사 속에서 피조물의 구원을 계획하시고 적절한 시간에 그리스도를 보내시는 분이시며, 예수 그리스도는 성부의 파송을 받아 이 세상을 구원하기 위해 선교사로 오셨다. 여기에서 예수의 성육신은 인간 삶의 현실 안으로 뚫고 들어오시는 하나님의 현존을 뜻한다.

성육신은 근본적으로 문화적 경계를 넘어 상대방의 삶의 세계로 들어가는 선교를 뜻한다. 예수는 인간 세계에 도래하였지만 인간의 삶과 분리된 채 단지 메시지만 전달하거나 낙후된 삶을 개선하기 위해 야심찬 프로젝트 몇 가지를 진행하는 방식으로 사역하지 않으셨다. 파송된 선교사가 선교지에 있긴 하지만 현지인들의 삶 속으로 들어가지 않는 선교기지 접근방식

---

14 김광식, "성육신의 현재적 의미," 「기독교사상」 420권 (1993년 12월) : 13.
15 크레이그 밴 겔더·드와이트 J. 샤일리, 『선교적 교회론의 동향과 발전』, 217.

mission-station approach은 이미 도널드 맥가브란Donald A. McGavran에 의해 오래 전에 비판받았다.[16] 따라서 진정한 선교는 복음을 들어야 할 사람들의 일상적 삶의 세계 안에서 이루어져야 한다.

성육신 사건은 기본적으로 기독론 또는 구원론을 지원하지만, 그 기독론과 구원론에 관한 논의는 결코 선교적 관점과 분리될 수 없다. 데럴 구더 Darrell L. Guder에 따르면 그리스도의 성육신은 선교의 내용과 이유와 방법을 알려준다.

성육신에 관해서 말하는 것은 항상 주 예수 그리스도 곧 이 세상 안에서, 그리고 이 세상을 위해 하나님께서 최종적으로 단 한 번에 이루신 구원행위의 사건을 가리켜 말하는 것이다. 이 성육신이라는 용어는 복음서에 묘사되고 신약의 여러 서신에 자세히 설명된 이야기 전체를 포함하고 있다. 그것은 하나님께서 피조물에 대하여 연민을 가지시고 그들을 구원하시려고 하시는 이유why에 기초하여 복음의 내용what을 핵심적으로 말해주는 명사이다.

동시에 그것은 어떻게 복음을 증언해야 하는지에 관한 방법how을 매우 심원한 방식으로 설명하는 개념이다.[17]

인간의 몸을 입고 이 세상에 오신 그리스도의 성육신은 단지 탄생으로 요약되는 '오심'의 과정만을 가리키지 않고 그분이 이 세상에 오셔서 보여주신 인격과 모든 사역 내용을 가리킨다. 이런 점에서 오늘의 우리가 추구해야 할 성육신적 선교incarnational mission는 "예수의 삶, 사역, 고난, 죽음, 부활에 근거할 뿐만 아니라 그것에 의해 형성되는 그리스도인들의 증언을 이해하고

---

16 Donald A. McGavran, *The Bridges of God: A Study in the Strategy of Missions*, revised edition (New York: Friendship, 1981), 46-48.

17 Darrell L. Guder, *Incarnation and the Church's Witness* (Harrisburg, PA: Trinity Press International, 1999), 3.

실천하는 것"을 뜻한다고 볼 수 있다.[18] 따라서 그리스도의 증언은 단순히 메시지 내용이 아니라 그 메시지를 전하는 전도자의 인격과 삶에 무게중심이 있는 것이다.

예수 그리스도는 왜 이 세상에 성육신하셨는가? 그분은 죄로 말미암아 멸망할 수밖에 없는 인간을 구원하기 위해서 자신의 모든 권리를 포기하고 낮고 천한 이 땅에 오셨다. 그분은 권력의 도시 예루살렘이 아니라 보잘것없는 시골 마을인 베들레헴의 마구간에서 태어나셨다. 왕족이나 지배계급 등 가진 자들의 가정이 아니라 가난한 목수의 아들로 태어나셨다. 더군다나 그분이 집중적으로 활동하신 곳은 사회정치적으로 볼 때 사회적 변두리에 속하는 갈릴리 지역이었다.

그러나 그분은 사역 초기부터 하나님 나라의 뚜렷한 메시지를 전파하였으며, 깨어지고 병들고 가난한 사람들을 치유하시고 그들의 친구가 되어주셨다. 반면에 기득권자들을 향해서는 그들이 생명과 공의에 기초한 하나님 나라의 관점을 받아들이도록 촉구하는 방식으로 자신의 사랑을 표현하셨다. 결국 그분은 자신의 생명을 내어주기까지 그들을 사랑하고 섬기는 일을 하셨다. 올란도 코스타스 Orlando Costas 는 이 점을 "십자가는 성육신의 절정이면서 시금석이었다."라는 말로 정확히 표현하였다.[19] 이와 같이 이 땅에서 예수께서 행하신 모든 사역은 성육신의 개념 안에 포괄될 수 있으며, 이런 점에서 그리스도의 성육신은 기독교 선교의 핵심을 구성하는 요소가 된다.

여기에서 혹자는 예수께서 선택한 대상과 환경의 특수성에 대해서 이의를 제기할 수도 있을 것이다. 그러나 전능자의 권리를 포기하고 인간의 조건을 수용한 이상 이런 특수성은 피할 수 없는 것이었다. 그런데 "그분은 자신의 특수성 안에서 보편적 적합성을 무시하지 않았다. 이는 부분적으로 예수 그리스도의 복음이 지닌 신비에 해당한다. … 바로 살아 있는 말씀이신 예수께

---

18 Ibid., xii.
19 Orlando Costas, *Christ Outside the Gate*, 10.

서 특정 상황의 특수성을 취한 것과 같이, 예수 그리스도에 관한 좋은 소식인 복음 역시 본질적으로 모든 특정한 문화적 상황으로 옮겨질 수 있다."[20] 그러므로 예수 그리스도의 성육신은 특수성을 넘어 보편성을 지니며 모든 선교 현장에 적용할 수 있는 모델이 된다.

더 나아가 성육신은 선교의 방법론적 모델이 되기도 하지만 본질적으로, 선교하는 그리스도인 또는 교회의 존재론적 성품이 어떠해야 하는지를 가르쳐주기도 한다. 기독교 역사에서 선교 활동은 종종 특정 집단의 성과주의의 노예가 되어 목표를 달성하는 수단과 방법으로 전락하였다. 이런 선교 방법들이 근대선교를 이끌어나갔다. 그러나 성육신적 관점은 성과주의와 방법론주의를 비판한다. 선교는 수단과 방법, 프로그램 또는 프로젝트이기 이전에 그리스도인의 존재론적 성품으로부터 나오는 자연스러운 행위이다.

이는 신앙 공동체인 교회의 경우에도 마찬가지다. 스탠리 하우어워스 Stanley Hauerwas 는 다음과 같이 성육신의 의미를 설명한다. "성육신이란 인간에 대한 하나님의 긍정이 아니라, 하나님께서 예수 안에서 새롭고도 성품 형성에 영향을 주는 인간 개념을 주시기 위해 사람들이 지닌 인간 개념의 경계선을 뚫고 들어오신 사건이라고 하는 이유가 여기에 있다."[21] 하우어워스는 성육신이 예수 내러티브 안에서 개인과 신앙 공동체의 성품 형성을 지향하고 있음을 말한다.

선교는 근본적으로 성품으로부터 시작되어야 한다. 방법론보다 중요한 것이 선교의 동기이다. 만약 그렇지 않을 경우에 선교는 자칫 상처뿐인 영광으로 끝날 수도 있다. 그리스도인들이 예수의 진정한 제자가 되고자 할 때 예수의 사역뿐만 아니라 근본적으로 그분의 인격과 성품에 집중해야 할 이유가 바로 여기에 있다.

---

20 Craig Van Gelder, *The Ministry of the Missional Church*, 62.
21 스탠리 하우어워스, 『교회됨』, 106.

성육신적 선교의 의미는 구체적으로 무엇인가

성자 예수께서는 성부 하나님에 의해 보내심을 받았고, 제자들은 다시 그 예수에 의해 세상으로 보내심을 받았다.(요 17:18, 20:21) 이 점에서 예수의 선교 패턴과 제자인 우리들의 선교 패턴은 동일한 디엔에이DNA를 가질 수밖에 없다. 따라서 우리는 근본적으로 예수의 성육신적 선교를 본받아야 한다. 그렇다면 성육신적 선교가 내포하고 있는 구체적인 의미는 무엇인가? 그것은 하나님의 선교를 위해 부르심을 받은 자들이 복음을 들어야 할 사람들에게로 보내심을 받아 그들의 문화 속으로 들어가 그들과 하나가 되고, 궁극적으로 그들이 하나님 나라의 통치를 경험하게 만드는 것을 의미한다.

앨런 허쉬Alan Hirsch와 랜스 포드Lance Ford는 선교적 운동의 4단계로 (1) 사명의 자각move out, (2) 문화적 이주move in, (3) 우정의 형성move alongside, (4) 변화를 향한 도전move from을 제시하면서 두 번째 단계를 성육신의 단계로 설명한다. "문화 속으로 깊이 들어가는 것은 성육신적 선교의 사상을 진지하게 받아들이는 것을 뜻한다. 이것에 대해서 우리는 하나님께서 인간의 형태를 취하시고 우리의 이웃에게로 들어가셨다는 사실로부터 실마리를 얻을 수 있다. 하나님은 인간의 완전한 실체를 입으시고 우리와 동일하게 되셨으며 같은 경험을 가지고 우리에게 말씀하셨다."[22] 그러나 이들은 성육신을 예수께서 세상으로 '들어가심'이라는 뜻으로만 사용함으로써 그 의미를 제한하고 있다.

포괄적으로 볼 때 '성육신적'incarnational이라는 단어는 '선교적'missional 이라는 단어와 거의 같은 의미를 지니고 있다.[23] 조금 양보한다고 하더라도 '성육신적'이라는 개념은 '선교적'이라는 개념의 핵심을 이룬다고 말할 수 있다. 진정한 선교는 성육신적이어야 한다. 따라서 이 세상에서 하나님께서 행

---

22 Alan Hirsch and Lance Ford, *Right Here Right Now: Everyday Mission for Everyday People* (Grand Rapids, MI: Baker Books, 2011), 38.

23 Alan Hirsch, *The Forgotten Ways*, 128.

하시는 선교에 참여하는 선교적 교회 the missional church 는 성육신적 방식으로 복음을 증언한다.

그런데 하나님께서 본을 보여주신 '성육신적 방식' the incarnational approach 은 인간의 이기적인 욕심을 위해 사용되는 '끌어들이고 빼내는 방식' the attractional-extractional approach 과 크게 대조를 이룬다. [24] 성육신적 방식은 그리스도를 모르는 사람들이 살아가는 삶의 세계로 들어가 그들의 문화적 조건 안에서 복음을 경험하게 하는 것을 뜻한다. 이 경우에 그들은 불신자들임에도 불구하고 공유된 삶 속에서 복음의 내용을 함께 나누고 경험하는 파트너로 여긴다. 반면에 끌어들이고 빼내는 방식은 사람들을 특정한 시공간에 묶인 교회로 불러들이는 것을 선교라고 규정한다. 그들은 단지 복음을 들어야 할 대상자로만 여길 뿐이다.

그렇다면 성육신적 선교는 구체적으로 어떤 특성을 내포하고 있는가? 앨런 허쉬는 성육신적 선교에 담긴 의미를 P로 시작하는 네 단어로 설명한다. 그것은 현존, 근접성, 무력함, 선포이다.

- 현존 Presence: 영원하신 하나님은 예수 안에서 우리에게 충분히 소개된다. 예수께서는 단지 하나님께로부터 보내심을 받은 대리인 또는 예언자가 아니셨다. 그분은 육신을 입은 하나님이셨다. (요 1:1-15, 골 2:9)
- 근접성 Proximity: 하나님은 예수 안에서 우리가 이해할 수 있는 방식으로 우리에게 다가오셨을 뿐만 아니라 우리가 접촉할 수 있는 방식으로 다가오셨다. 그분은 단지 사람들에게 회개하라고 요구하고 하나님의 직접적인 임재를 선포(마 1:15)하기만 하지 않고 버림받은 사람들의 친구가 되어주셨으며 깨어진 자들, '잃어버린 자들'과 가깝게 지내셨다. (눅 19:10)

---

24 Michael Frost and Alan Hirsch, *The Shaping of Things to Come*, 41-42.

- 무력함 Powerlessness: '우리 가운데 하나'가 되심으로써 하나님은 우리를 지배하는 자가 아니라 종의 형태를 취하신다.(빌 2:6ff., 눅 22:25-27) … 그분은 모든 강압적인 힘의 관념을 멀리하시고 사랑과 겸손(무력함)이 어떻게 하나님의 참된 본성을 반영하며 그것들이 어떻게 인간 사회를 변혁하는 핵심적인 수단이 되는지를 보여주신다.

- 선포 Proclamation: 그분은 하나님의 통치를 알려주었을 뿐만 아니라 사람들을 회개와 믿음으로 부르셨다. 그분은 사람들을 복음으로 초대하는 일을 시작하셨으며, 그 일은 지금까지도 계속되고 있다.[25]

보수적인 입장을 견지하는 교회들 중에는 종종 복음의 증언을 단지 구두복음전도에 국한하는 교회들이 있다. 물론 구두복음전도가 예수 그리스도의 복음이 전파되는 중요한 방식임에는 틀림이 없다. 그러나 엄밀한 의미에서 복음의 증언은 그 차원을 뛰어넘는다. 남미의 선교학자 르네 파딜라 C. René Padilla 는 복음의 증언이 지닌 심층적인 성격에 관해 이렇게 말한다. "신약성경의 관점에서 교회는 예수 그리스도 안에서 하나님의 위대한 목적을 드러내는 증거이기 때문에 그것은 구속사의 중심에 있다. 그러나 교회의 증언 witness 은 단지 말에 제한되지 않는다. 교회의 증언은 본질적으로 성육신적이다."[26] 이는 교회의 증언이 말로만 하는 복음전도에 머물러서는 안 된다는 것을 뜻한다.[27] 말로만 하고 삶으로 보여주지 못하는 전도는 일시적인 효과

---

25 Alan Hirsch, *The Forgotten Ways*, 132.

26 C. René Padilla, "Introduction: An Ecclesiology for Integral Mission," in *The Local Church, Agent of Trnaformation*, eds. Tetsunao Yamamori and C. René Padilla (Buenos Aires: Kairos, 2004), 34.

27 올란도 코스타스는 '성육신적 증언'(incarnational witness)이라는 표현을 사용하는데, 그는 "성육신적 증언의 개념은 삶의 구체적인 상황에 참여하는 것 곧 그리스도인들의 비언어적 증언과 관련이 있다."라고 말함으로써 성육신적 사역을 다소 좁은 의미로 한정한다. Orlando Costas, *The Church and Its Mission* (Wheaton, IL: Tyndale House, 1974), 138.

| 미셔널 처치

는 낼 수 있지만 사람을 근본적으로 변화시키지 못한다.

더 나아가 교회의 선교는 동정하듯 베푸는 시혜施惠가 되어서도 안 된다. 복음을 증언하는 사람들은 메시지를 전하는 메신저messenger일 뿐만 아니라 예수 그리스도의 복음을 드러내는 메시지message 자체가 되어야 한다. 찰스 크래프트Charles H. Kraft가 언급한 바와 같이 "하나님은 한 인간으로서 자신의 수령자受領者들과 상호작용하시고 그들에게 연약한 존재가 되셨다. 결국 하나님이 **메시지가 되셨다.** …성육신─하나님께서 수용자들의 삶에 인격적으로 참여하는 것─은 그분의 불변하는 방법이다."[28] 따라서 앞에서 언급한 교회의 존재론적 성품의 중요성이 여기에서 다시 한 번 확증된다. 복음의 증인인 그리스도인들과 교회는 전 인격과 삶을 통해서 복음을 드러내야 한다.

3. 성육신적 선교를 실천하는 세 가지 단계

예수 그리스도의 성육신 곧 신의 세계로부터 인간의 세계로 들어오신 사건은 문화적 경계를 넘어 복음을 전하기 위해 다른 문화 속으로 들어가려고 하는 모든 그리스도인과 교회가 본받아야 할 좋은 모델이다. 전해야 할 복음의 본질은 변하지 않지만 복음의 전달자들이 처한 문화적 상황은 끊임없이 변화하기 때문에 현지 상황에 맞게 복음을 전달하려는 노력이 필요하다. 이 목표를 이루는 선교과정은 흔히 상황화contextualization라는 용어로 표현된다.

이 관점에서 루이스 루츠베탁Louis J. Luzbetak은 상황적 지향성의 개념을 성육신과 거의 같은 의미로 사용한다.[29] 실제로 성부 하나님은 세상을 구원

---

28 Charles H. Kraft, *Communication Theory for Christian Witness*, 17.
29 Louis J. Luzbetak, *The Church and Culture* (Maryknoll, NY: Orbis, 1988), 69; Darrell L. Guder, *The Incarnation and the Church's Witness*, 51.

하기 위해서 아들을 보내 인간이 살아가는 삶의 방식을 선택하지 않을 수 없었다. 결국 그리스도의 구원 사역에는 필연적으로 성육신적 선교 곧 상황화의 과정이 요구되었던 것이다. 성육신과 상황화의 관계에 관해서 에디 깁스 Eddie Gibbs는 이렇게 말한다.

> 성육신은 쉽게 활용하거나 접근할 수 있는 문제가 아니다. 그것은 불안을 조성하는 실재實在로서 다양한 반응을 만들어낸다. 그것은 고질적인 태도를 표면으로 끌어내며, 궁핍한 자들의 울부짖음을 불러일으키며, 하나님께 자발적인 헌신을 촉발시킨다. 진정한 성육신은 부활하신 주님의 이름을 증언하는 사람들에 의해 입증된 신적 현존의 영역에 들어온 사람들의 삶에 중요한 변화를 일으킨다. 하나님은 매우 직접적이고도 구체적으로, 때로는 놀라운 방식으로 당신을 드러내시기 때문에 성육신에는 반드시 상황화가 수반된다.[30]

깁스가 말한 바와 같이, 사실 성육신은 모든 그리스도인들에게 뜨거운 감자와도 같다. 그것은 원하는 것이기는 하지만 쉽게 잡을 수 있는 것이 아니다. 그러나 그렇다고 해서 성육신적 사역을 단순히 막연하게 말하는 것은 용납할 수 없다. 기독교의 사역은 결코 뜬구름 잡는 그 무엇이 아니기 때문이다. 성육신적 사역을 모든 기독교 사역자들이 응용할 수 있는 모델로 만들기 위해서는 이론적 차원의 개념을 현실화하는 어떤 장치가 필요할 것이다. 내 생각에는 상황화 이론이 성육신의 실천 과정을 가장 잘 설명해줄 수 있는 도구가 될 것으로 보인다.

상황화에 대한 명쾌한 정의를 찾기가 쉽지 않은 상황에서 팀 켈러 Tim Keller의 설명이 가장 무난해 보인다. 그에 따르면 상황화는 "특정 시기와 지역에 사는 사람들이 묻는 삶에 관한 질문에 대해서 그들이 이해할 수 있는

---

30 Eddie Gibbs, *Church Next: Quantum Changes in How We Do Ministry* (Downers Grove, IL: IVP, 2000), 149.

언어와 형태로, 비록 그들이 그것들을 거부할지라도 그들이 강하게 느낄 수 있는 호소와 논증을 통해서, 그리고 그들이 듣고 싶어 하지 않을지라도 그 질문들에 대해서 성경의 답을 주는 것이다."[31] 이 정의는 상황화가 단순히 해당 문화의 가치와 풍습에 적응하는 과정을 뜻하는 문화화 enculturation 나 서로 다른 두 문화가 접촉함으로써 문화가 변화되는 과정을 뜻하는 문화접변 acculturation 을 넘어서는 개념임을 암시하고 있다. 상황화는 근본적으로 예수 그리스도의 복음에 대한 이해와 경험을 목표로 하고 있기 때문에 단순한 문화적 적응을 넘어서 해당 문화를 비판적으로 대면하기도 한다.

그렇다면 성육신적 사역을 가능하게 하는 상황화는 구체적으로 어떻게 실행되는가? 상황화라는 개념 자체가 시간과 공간에 의존하는 특수한 상황을 전제로 삼고 있기 때문에 매뉴얼과 같은 실천 방안을 제시하는 것은 여기에서 별 의미가 없다. 오히려 필요한 것은 구체적인 실천 방안을 도출해낼 수 있는 원리일 것이다.

나는 여기에서 칼 바르트 Karl Barth 가 그의 『교회교의학』Church Dogmatics에서 제시한 세 가지 통찰에 주목하고자 한다. 그는 "세상을 위한 공동체"를 다루는 부분에서 세상으로 보내심을 받은 기독교 공동체의 임무를 세 가지 곧 이해, 연대, 책임적 행동으로 제시하였다.[32] 이 세 가지 개념은 그리스도인들과 교회가 하나님의 선교에 참여하기 위해 어떻게 세상에 접근해야 하는지를 말해준다. 비록 바르트 자신이 이 세 가지 요소를 성육신 또는 상황화의 과정으로 설명하고 있지는 않지만, 이 개념들은 상황화의 과정을 설명하는 중요한 틀이 될 수 있다. 따라서 나는 바르트의 세 가지 개념 자체를 설명하기보다 그 개념들을 틀로 삼아 성육신적 사역을 위한 상황화 과정을 해명하는 데 초점을 맞추고자 한다.

---

31 Timothy Keller, *Center Church: Doing Balanced Gospel-Centered Ministry in Your City* (Grand Rapids, MI: Zondervan, 2012), 89.

32 Karl Barth, *Church Dogmatics*, vol. IV/3-2, 769-779.

이해 — 복음의 대상을 향해서 가장 먼저 해야 할 일

성육신의 정신을 가지고 자신이 선택한 대상에게 복음을 들고 가려는 그리스도인들과 교회는 가장 먼저 그들을 이해해야 한다. 팀 켈러는 자신의 책『센터 처치』Center Church에서 전도하려는 사람들을 이해하는 것이 적극적인 상황화의 첫 번째 단계라고 하였다. "그것은 그들의 사회적·언어적·문화적 현실에 최대한 정통해지기 위해서 부지런히 노력하는 것으로부터 시작된다."[33] 피상적인 앎은 피상적인 관계를 낳는다. 반면에 구원의 사건은 언제나 삶에 대한 깊은 이해로부터 나온다.

예수께서는 선한 목자의 비유를 통해서 자신이 구원하려고 하는 이 세상 사람들에 대한 이해를 표현하셨다. "나는 선한 목자라 나는 내 양을 알고 양도 나를 아는 것이 아버지께서 나를 아시고 내가 아버지를 아는 것 같으니 나는 양을 위하여 목숨을 버리노라."(요 10:14-15) 이 본문에서 예수는 희생과 헌신 이전에 대상에 대한 분명한 이해가 있어야 한다는 점을 말씀하셨다. 바르트는 교회가 세상을 정확하게 알지 못하면 그 세상을 위해서 아무것도 행할 수 없다고 말했다. 그런데 "세상을 아는 것은 구체적으로 인간을 아는 것이며, 인간들이 누구이며 무엇이며 어디에 있고 어떻게 존재하는지를 자유롭고 솔직하게 보는 것을 뜻한다."[34] 여기에서 세상을 아는 것은 인간이 처한 실존과 삶의 상황을 제대로 파악하는 것을 의미한다.

어느 한 사람 또는 어떤 집단을 이해한다는 것은 일차적으로 그들이 처한 삶의 환경과 조건을 이해한다는 것을 뜻한다. 사람들은 저마다 정치적·경제적·사회적·문화적 조건을 포함하는 다양한 삶의 환경에 처해 있다. 그들은 사회를 구성하는 다양한 모자이크 가운데 어느 하나에 속해 있다.[35] 따라서 그들에게 복음을 전하기 위해서는 반드시 그들이 처한 삶의 자리 Sitz

---

33 Timothy Keller, *Center Church*, 120-132.
34 Ibid., 770.
35 도널드 맥가브란,『교회성장 이해』, 94-97.

im Leben를 이해해야 한다. 이를 위해서 필요하다면 일정한 사회과학적 분석 기법의 도움을 받을 수도 있다. 복음을 들어야 할 사람들은 구체적으로 어떤 민족이며, 어떤 사회정치적 환경에 처해 있는가? 그들을 구속하고 있는 경제적 조건은 무엇인가? 그들이 속한 동질집단homogeneous unit은 어떤 특징을 가지고 있는가? 또한 그들은 어떤 필요를 느끼고 있는가?

사람들의 삶을 이해하는 데 가장 기본적인 방법은 관찰과 경청이다. 성육신적 관점에서 이루어지는 관찰은 선교 사역의 특성상 대체로 참여 관찰 participant observation이 될 가능성이 높다.[36] 관찰이 해당 문화와 사람들의 삶과 분리된 채 이루어지면 자칫 그 이해가 피상적인 수준에 그칠 수도 있다. 하지만 관찰자가 어느 정도로 상황에 참여해야 하는지는 사안에 따라 달라질 수밖에 없을 것이다. 일정한 사회문화적 조건에 속한 사람들을 이해하려고 할 때 관찰이 다소 시각 중심적인 방법이라면, 경청은 청각 중심의 방법이라고 말할 수 있다. 사람들의 삶을 정확하게 이해하기 위해서는 '적극적인 경청' active listening의 자세가 필요하다.[37] 여기에서 경청이란 해당 문화에 속한 사람들의 의견을 청취함으로써 그들의 생각과 필요를 파악하는 것을 말한다.

그러나 사람들을 정확히 이해하기 위해서는 관찰과 경청의 행위가 문화에 대한 심층적인 인식을 바탕에 두고 수행되어야 한다. 문화는 다양한 층으로 구성된 복합적인 체계를 가지고 있다. 일반적으로 사람들이 문화라고 생각하는 언어, 음식, 의복 등과 같은 것들은 문화의 표피에 불과하다. 문화를 하나의 빙산에 비유한다면 그것들은 수면 위로 보이는 작은 부분에 해당하며, 수면 아래에는 훨씬 더 큰 빙산이 있듯이 실제로 문화를 형성하는 주요 부분은 매우 거대하고 심층적인 영역에 존재한다.[38] 수면에서 가

---

36 Ibid., 351-353.
37 George G. Hunter Ⅲ, *How to Reach Secular People* (Nashville, TN: Abingdon, 1992), 98.
38 Deena R. Vevine and Mara B. Adelman, *Beyond Language: Cross-cultural Communication*, 2nd edition (Englewood Cliffs, NJ: Prentice Hall Regents,

장 가까운 부분에는 법과 질서, 행정 체계 등과 같은 제도가 존재하며, 그 아래에는 무엇이 참되고 선하고 아름다운지에 관한 가치가 있으며, 가장 깊은 곳에는 우주와 세계와 인간에 대한 신념 체계를 뜻하는 세계관이 존재한다.[39] 이와 같은 다층적 문화 요소들은 서로 상호작용하면서 인간의 삶을 구성한다.

문화인류학자 폴 히버트 Paul Hiebert 는 이런 문화에 대한 일반적인 설명을 넘어서 문화가 내포하고 있는 심층적인 차원에 대해서 말한다. 그는 문화에는 세 가지 차원 곧 지식과 관련된 인식적 차원, 감정과 관련된 감성적 차원, 가치판단과 충성을 가리키는 평가적 차원이 있다고 말한다.[40] 문화에 대한 이런 설명과 이론은 선교에 참여하는 자들이 이해해야 할 사람들의 삶 곧 문화가 그렇게 단순하지만은 않다는 점을 말해준다.

성육신적 관점에서 일정한 문화에 속한 사람들을 이해하는 과정은 짧은 시간 내에 쉽게 이루어지지 않는다. 처음에는 외부자의 etic 관점에서 사람들을 바라보겠지만 점차 그들의 문화에 동화되면서 내부자의 emic 관점을 이해하고 자신이 가졌던 편견을 떨쳐낼 것이다. 그러면서 객관성과 주관성, 보편성과 특수성이 종합된 수준에서 해당 문화와 다른 문화를 비교하고 분석할 수 있는 심층적이고 통합적인 관점을 얻게 될 것이다.[41] 사실 선교 현장에서 복음의 전달자인 외부자의 한계는 쉽게 극복되지 않는다. 그렇게 되려면 충분한 시간이 필요하다. 어떤 경우에는 너무 쉽게 동화됨으로써 복음의 본질을 잃어버리기도 한다. 따라서 시간이 지남에 따라 최대한 해당 문화에 동화되면서도 동시에 복음의 본질은 놓치지 않으려는 노력이 필요하다.

1993), xvii.

39 Timothy Keller, *Center Church*, 90.

40 Paul G. Hiebert, *Anthropological Insights for Missionaries* (Grand Rapids, MI: Baker Book House, 1985), 30-34.

41 Ibid., 94.

연대 – 복음을 들어야 할 사람들의 삶으로 들어가라

두 번째로, 성육신적 사역에 참여하는 그리스도인과 교회에 필요한 것은 복음을 들어야 할 사람들과의 연대이다. 바르트에 따르면 세상과의 연대는 자신의 체면과 특권을 내려놓고 담대하게 그 삶의 세계로 들어가 그들이 있는 곳에 함께 있을 때, 그들과 마음이 이어지는 진솔한 대화를 나눌 때, 그들의 아픔과 고통을 함께 공유할 때 가능하다. "세상과의 연대는 참으로 경건한 자가 세상의 자녀들을 그 모습 그대로 대하며, 참으로 의로운 자가 불의한 자들과 친구로서 함께 식탁에 앉는 것을 부끄러워하지 않으며, 참으로 지혜로운 자가 어리석은 자들 가운데서 어리석은 자로 보이는 것을 두려워하지 아니하며, 참으로 거룩한 자가 지나치게 선하거나 깨끗하지 않으며, 매우 세속적인 방식으로 '지옥에' 내려가기를 두려워하지 않는 것을 의미한다."[42] 이는 가면을 벗고 "즐거워하는 자들과 함께 즐거워하고 우는 자들과 함께" 우는 것을 말한다. (롬 12:15) 그렇게 함으로써 사역자는 그들과 하나임을 느끼게 될 것이다.

앞에서 말한 바와 같이 선교기지 접근방식으로는 진정한 선교의 동력을 얻을 수 없다. 이미 우리의 모범이 되신 예수 그리스도께서는 선교기지에 머물면서 오고가며 복음을 전하지 않고 직접 이 땅에 오셔서 사람들 가운데 거주하면서 복음을 전하셨다. 물론 진정한 연대는 단지 공간과 시간을 물리적으로 공유한다고 해서 형성되는 것이 아니라 함께 살아가는 중에 서로 깊은 우정과 동류의식을 느낄 때 가능하다. 그것은 근본적으로 상대방에게 연민을 느끼고 자신을 그와 동일시하는 태도를 의미한다.

우리는 예수께서 자신에게 나아오는 무리들을 불쌍히 여기셨다는 사실을 기억한다. (막 1:41, 5:19, 6:34, 9:2) 그들에게 복음을 전하고 가르치는 예수의 사역은 그들에 대해 애틋한 마음을 가지고 그들과 자신을 동일시하는

---

42 Karl Barth, *Church Dogmatics*, vol. IV/3-2, 774.

그분의 마음과 분리될 수 없었다. 바울이 빌립보서 2:5-8에서 말하는 "그리스도 예수의 마음"은 그분이 구원하고자 하셨던 바로 그 사람들과의 연대를 가리키는 것이었다. 앞에서 허쉬와 포드가 제시한 선교적 운동의 네 단계 중에서 우정의 형성move alongside이 바로 이 연대에 해당한다고 볼 수 있다.[43] 그것은 그들의 삶을 이해하고 그들과 같은 마음을 갖는 것을 뜻한다.

이런 연대는 먼저 일정한 지역에서 살아가는 사람들과 함께 거주하며 하나님께서 인정하는 범위 내에서 그들의 문화를 수용하는 용기에 의해 가능하다. 영국성공회의 한 사역 그룹은 사람들과 함께하며 그들을 있는 그대로 받아들이는 것이야말로 성육신적 패턴이라고 말한다.[44] 마이클 프로스트Michael Frost와 앨런 허쉬Alan Hirsch가 그들의 책에서 제시하는 성육신의 네 가지 의미—동일시, 지역성, 함께 거함, 인간의 형상을 입음—중에서 지역성과 함께 거함이 여기에 해당한다고 볼 수 있다.[45] 누군가에게 제대로 하나님 나라의 복음을 알게 하려면 먼 곳에 있으면서 간헐적으로 방문하는 방식으로는 곤란하다. 마치 예수께서 나사렛에 거주하시면서 그들 중의 한 사람이 된 것처럼 그들과 일정한 영역 내에 함께 거주하며 삶을 나누어야 한다.

로버트 콜먼Robert E. Coleman이 주님의 제자훈련과정으로 제시한 원리 중에서 '동거'association가 연대를 창조하는 기본적인 방법이 된다. 동거는 함께 지냄으로써 서로를 알게 되고 상호학습을 통해 성장하게 만든다. 이 과정에서 비형식적인 교육의 원리가 진가를 발휘한다.[46] 진정한 복음전도는 결코 판매 기술과 같은 방법을 익힌다고 해서 잘 이루어지는 것이 아니다. 그것은 함께 살아가면서 인격과 인격이 만나고 복음을 증언하는 사람에게서 예수

43 Alan Hirsch and Lance Ford, *Right Here Right Now*, 50.
44 Archbishop's Council on Mission and Public Affairs, *Mission-shaped Church: Church Planting and Fresh Expressions in a Changing Context* (London: Church House Publishing, 2004), 12.
45 Michael Frost and Alan Hirsch, *The Shaping of Things to Come*, 36-37.
46 Robert E. Coleman, *The Master Plan of Evangelism*, New Spire edition (Grand Rapids, MI: Revell, 2010), 37-48.

그리스도의 형상을 볼 때 가능해진다.

이렇게 일정한 지역 내에 함께 거주하면서 삶을 공유하는 성육신적 접근 방식은 최근에 다양한 형태로 구체화되고 있다. 프로스트와 허쉬는 이런 성육신적 선교의 모델로 근접 공간 proximity spaces, 공동 프로젝트, 영리 사업, 토착적 신앙 공동체를 제시한다.[47] 이 모델들은 세상 사람들과 함께 삶을 나누고 공유하는 방식들이다. 특별히 여기에서 근접 공간에 주목해야 하는데, 이것은 아직 복음을 알지 못하는 사람들과 친밀한 관계를 형성할 수 있는 공적인 공간을 말한다. 예를 들면 그리스도인들이 카페나 스포츠 팀을 만들어 불신자들과 접촉할 수 있는 기회를 만드는 것이 이것에 해당한다. 이런 공간을 '제1의 장소'인 가정, '제2의 장소'인 일터와 구분하여 '제3의 장소' third place 라고 부르기도 한다.[48] 그러나 이런 공간을 그리스도인들이 주도한다는 점에서 근접 공간에 의한 접근방식이 충분히 성육신적이지 않다는 비판이 제기될 수도 있다.

제프 아이오그 Jeff Iorg 는 이 수준을 넘어 그리스도인들이, 불신자들이 주도하는 세속적인 영역에 들어가 그들 가운데서 본을 보이며 그리스도의 향기가 되어야 한다고 주장한다.[49] 아이오그는 이것을 '침투 전략' infiltration strategy 이라고 말하는데, 내가 볼 때 아이오그의 인식은 제3의 장소 전략이 가진 한계를 극복할 수 있는 것으로서 그리스도인의 성육신적 사역에 매우 중요한 통찰을 제공한다고 본다.

---

47 Michael Frost and Alan Hirsch, *The Shaping of Things to Come*, 24-28.

48 Michael Frost, *Exiles: Living Missionally in a Post-Christian Culture* (Peabody, MA: Hendrickson, 2006), 56-57.

49 Jeff Iorg, *Live Like a Missionary*, 114-115. 아이오그는 그리스도인들의 선교 방식을 초청(attraction), 참여(engagement), 침투(infiltration)로 구분한다. 여기에서 '초청'은 교회가 직접 프로그램이나 행사를 만들어 교회로 초청하는 방식을 말하고, '참여'는 교회가 일정한 사람들을 꾸려 일반 사회에서 주관하는 프로그램이나 행사에 참여하는 방식을 말하며, '침투'는 개별 그리스도인들이 불신자들이 주도하는 영역으로 들어가 그곳에서 복음의 증인으로 사는 방식을 말한다. 여기에서 앞의 두 가지는 교회 조직 차원에서의 접근이고, 마지막 것은 개인 차원의 접근을 가리킨다.

아이오그의 의견에 덧붙여서 한 가지만 더 언급하자. 진정으로 성육신적 사역을 가능케 하는 에너지는 어디에서 오는가? 한마디로 그것은 복음을 전하는 자의 삶에서 온다. 그가 예수처럼 살 때 그 삶은 연대를 가능하게 하고 그들의 삶을 변화시키는 힘으로 작용한다. 선교의 능력은 결코 예수의 메시지를 육화하는 것에 그치지 않고 오히려 메시지를 전하는 자기 자신이 메시지를 구현하며 사는 것 자체에 있다. 이런 점에서 성육신적 사역은 "메시지를 상황화하는 것 또는 좀 더 탁월한 문화적 적절성을 목표로 하는 것 이상을 뜻한다."[50] 매체 자체가 메시지라는 명제는 이미 널리 알려진 상식에 속한다. 복음을 전하는 자들이 주어진 상황에서 마치 작은 예수와 같이 겸손할 뿐만 아니라 주변 사람들을 진정으로 사랑하고 섬길 때 사람들은 그들과 그들이 말하는 메시지를 신뢰하게 된다.

책임적 행동 – 교회는 세상을 변화시킬 책임을 진 공동체이다

세 번째로, 성육신적 사역의 마지막 과정은 책임적 행동이다. 바르트는, 그리스도의 교회는 "세상에 대한 책임을 지기 위해 존재하는 공동체"라고 규정한다. 이때 그가 말하는 세상에 대한 책임은 세상의 실존과 현실 앞에서 하나님이 원하시는 "세상의 미래"what is to become of it에 대한 책임, 다시 말해서 하나님의 진정한 통치가 실현될 수 있도록 세상을 "갱신"renewal해야 할 책임을 말한다.

성육신적 사역은 단지 세상 사람들을 이해하는 수준에 그치지 않는다. 또한 그것은 그들의 아픔과 고통에 공감하는 것에 머무르지도 않는다. 그것은 변혁을 꾀하는 세 번째 단계로 나아간다. 다시 말해서 성육신적 사역은 복음 또는 하나님 나라의 관점에서 세상 사람들과 그 사회의 잘못되고 왜곡된 현상과 문제들을 고치기 위해 그리스도인들에게 적극적인 참여와 행

---

50 Michael Frost, *The Road to Missional: Journey to the Center of the Church* (Grand Rapids, MI: Baker Books, 2011), 126.

동을 요구한다. 바르트는, 그리스도인들과 교회는 이 책임을 다하기 위해서 행동해야 하고 고난을 감수해야 한다고 말한다.[51] 이런 관점에서 보면 성육신은 결코 천진난만한 그 무엇이 아니다.

이런 책임적 행동에는 문화적 상황을 초월하는 하나님의 계시에 대한 인식이 전제되어 있다. 구체적으로 하나님의 계시를 담고 있는 성경은 모든 인간의 문화와 인식에 내포되어 있는 한계를 노출시킨다. 히브리서 기자는 이와 같은 성경의 역할을 분명하게 밝혀주고 있다. "하나님의 말씀은 살아 있고 활력이 있어 좌우에 날선 어떤 검보다도 예리하여 혼과 영과 및 관절과 골수를 찔러 쪼개기까지 하며 또 마음의 생각과 뜻을 판단하나니."(히 4:12) 폴 히버트와 엘로이즈 히버트 메네시스 Eloise Hiebert Meneses 가 말한 바와 같이 성육신의 목표는 변화에 있다. "성육신적 사역의 목적은 사람들이 복음을 이해하는 것이 아니다. 그것은 그들로 하여금 하나님의 초대에 응답하고 그분의 능력으로 그들이 변화되는 데 있다."[52]

그리스도인들은 기본적으로 세상에 속한 사람들의 문화를 존중해야 한다. 세상 사람들도 그들 나름의 문화를 형성하며 살아가고 있다. 그들에게 복음을 전하기 위해서 그들의 삶의 세계로 들어가는 그리스도인들은 먼저 그들의 문화를 이해하고 그것에 적응해야 한다. 그러나 진정한 성육신적 사역은 그 단계에서 멈추지 않는다. 하나님의 계시를 담고 있는 성경에 근거해 볼 때 "하나님의 이상과 수신자들의 이상 사이에는 어떤 부조화"가 존재하며, 하나님께서는 그들이 성경적 이상에 맞도록 그들의 삶을 변화시키기를 원하신다는 점을 인식해야 한다.[53] 하나님은 분명히 모든 사람들을 사랑하시는 분이지만 동시에 하나님 나라의 고상한 기준을 설정하시고 그들이 그

---

51 Karl Barth, *Church Dogmatics*, vol. IV/3-2, 776-777.
52 Paul G. Hiebert and Eloise Hiebert Meneses, *Incarnational Ministry* (Grand Rapids, MI: Baker Books, 1995), 373.
53 Charles H. Kraft, *Christianity in Culture* (Maryknoll, NY: Orbis, 1979), 245, 248.

기준에 맞게 변화되기를 원하시는 분이기도 하다. 정의와 사랑은 언제나 함께 공존하면서 의미 있는 변화를 만들어낸다. 정의는 뚜렷한 기준과 목표를 제시함으로써 변화를 유도하지만, 그 변화는 오직 사랑으로써만 가능하다.

예수께서는 세리와 창녀들조차 사랑으로 포용하시고 그들이 겪는 삶의 애환에 깊은 공감을 표현하셨다. 그렇다고 해서 그분이 그들이 죄를 짓는 것까지 용납하시지는 않았다. 오히려 그들이 죄를 떨쳐버리고 하나님 나라에 참여하도록 촉구하셨다. 사도 바울 역시 아레오바고 광장에서 아덴 사람들에게 복음을 전할 때 먼저 그들의 종교심을 인정하고 칭찬했지만 그 다음에 그들의 신앙이 가진 한계와 문제점을 지적하며 전능하신 하나님을 믿고 회개할 것을 촉구하였다. (행 17:16-31) 이와 같이 성육신적 사역에 참여하는 그리스도인들과 교회는 세상 사람들에 대한 이해와 연대를 넘어 그들의 변화와 변혁을 추구해야 한다.

그런데 성육신적 사역의 관점에서 세상을 향한 그리스도인과 교회의 책임적 행동은 단지 하나님의 원하시는 바에 미치지 못하는 모든 세상적인 한계와 죄악, 그리고 그것들의 덫에 빠져 있는 사람들과 세력에 맞서는 것 이상을 뜻한다. 책임적 행동을 통한 변화와 변혁은 궁극적으로 모두가 함께 기뻐하고 생명을 누리는 것을 목표로 삼아야 한다. 팀 켈러는 적극적인 상황화를 세 단계 곧 문화 속으로 들어가기entering, 문화에 맞서기challenging, 듣는 자에게 호소하기appealing로 구분하는데,[54] 이 중에서 세 번째 단계에 주목해야 한다. 일반적으로 문화에 접근할 때 켈러가 말하는 두 번째 단계 곧 하나님의 시각에서 벗어난 문화를 변화시키기 위해 그것에 직면하며 맞서는 것을 최종 목표로 설정하기 쉬운데, 켈러는 그것을 넘어 세 번째 단계 곧 청중을 위로하며 호소하는 것을 말한다. 이것은 자칫 변혁적 관점을 가진 그리스도인들이 놓치기 쉬운 부분이다.

---

54 Timothy Keller, *Center Church*, 120-132.

성육신적 사역의 궁극적인 목표는 대결과 전복에 있지 않다. 만약 그것으로 기독교 선교 사역이 종결된다면 상처뿐인 영광만 남게 될 것이다. 성육신적 사역은 예수 그리스도께서 우리에게 보여주셨듯이 변화를 통해 하나님 나라의 새로운 현실 곧 생명을 누리고 기뻐하는 삶에 참여하도록 이끄는 데 있다. 따라서 켈러가 지적한 바와 같이 세상에서 진정한 성육신의 삶을 살기를 원하는 사람이라면 직면과 대결을 넘어 다른 사람들을 위로하고 호소하는 태도를 가져야 한다.

4. 사랑이 성육신적 사역을 가능하게 한다

종종 내게 선교적 교회가 전통적인 기존 교회와 무엇이 다르냐는 질문을 하는 사람들이 있다. 여러 가지를 말할 수 있겠지만 그리스도인과 교회의 성육신적 삶과 사역에서 그 답을 찾을 수 있을 것이다. 예수 그리스도께서 신적 특권을 모두 내려놓고 이 세상에 오셔서 인간의 몸을 입고 사역하셨다는 사실, 그것은 단순히 은유로 치부할 사안이 아니라 그리스도인과 교회의 전체 실존이 근거하고 있는 역사적 현실 historical reality 이다. 그러나 그것은 모든 그리스도인과 교회에 엄청난 축복과 선물을 가져다주기도 하지만 동시에 엄청난 부담을 안겨주기도 한다. 왜냐하면 그리스도인이라면, 그리고 그리스도의 몸인 교회라면 반드시 성육신적인 삶을 살아야 하기 때문이다. 누가 이 도전 앞에 자유로울 수 있겠는가!

우리에게 던져진 구체적인 도전은 이런 것들이다. 과연 당신은 복음이 필요한 자들에게 다가가는가? 그들은 당신과 동일한 부류의 사람들인가, 아니면 당신의 사회문화적 영역 너머에 존재하는 가난한 자들과 상처 받은 자들인가? 당신은 과연 지금까지 누려온 삶의 안락함을 얼마나 포기할 수 있는가? 불편함과 희생은 어느 정도로 생각하고 있는가? 이런 질문들은 단지 각 그리스도인에게만 주어지는 것이 아니라 교회 공동체에도 동일하게 주어진다. 이런 질문들 앞에서, 그리고 위대하신 예수 그리스도의 성육신적인 삶 앞에서 우리는 한없이 움츠러들 수밖에 없다.

그러나 나는 이런 질문 앞에서 고민하는 것 그 자체에 희망이 있다고 본다. 그것은 그리스도의 성육신이 의도하고 있는 것이기도 하다. 현재의 부족함과 연약함을 극복하고 좀 더 진정한 성육신적 사역으로 나아가려는 몸짓은 변화를 수반하며 그 변화의 끝에는 십자가와 부활의 축복이 있기 때문이다. 그런데 그 변화의 몸짓은 단순히 행위의 관점에서 평가되지 않는다. 본질적인 변화는 성육신의 모델을 보여주신 예수 그리스도와의 인격적 교제 안에서 일어난다. 말씀의 인격화, 그것이 바로 선교의 사건이 일어나는 조건이다. "그러므로 로고스의 성육신 사건을 통해 우리는 말씀을 더욱 인격적이며 총체적으로 만나게 되는 것이며, 인격이신 하나님과 영원한 교제의 삶을 누리게 되는 것이다."[55] 성육신적 사역은 무엇보다도 각 그리스도인과 교회의 중심으로 임재하시는 그리스도를 경험하는 것으로부터 시작해야 한다. 그 경험은 인격적인 만남과 대화를 포함한다.

이 장에서는 성육신의 의미와 그것이 상황화의 과정에서 어떻게 전개되어야 하는지에 관해 길게 논의했지만 결국 그 모든 것은 사랑으로 모아진다. 진정한 사랑이 있을 때 가장 높은 수준의 성육신적 사역이 가능해진다. 예수 그리스도가 우리에게 이 점을 정확하게 실증하지 않았는가! "너희 모든 일을 사랑으로 행하라."(고전 16:14) 행위보다 중요한 것이 사랑의 마음이다. 따라서 누군가에게 성육신하려고 하기 전에 먼저 그리스도께서 내 삶 가운데 성육신하시는 것을 경험하고 누려야 한다. 우리가 이 경험을 얼마나 하느냐에 따라서 타인을 향한 이해와 연대와 책임적 행동이 가능해질 것이다.

---

55 김선일, "복음전도와 하나님의 말씀," 홍성철 편, 『전도학』 (서울: 세복, 2006), 161.

/

제9장

성직주의를 걷어낸 자리에
사도직을 세워야 한다

MISSIONAL
CHURCH

오늘날 한국교회에는 성직주의가 만연해 있다. 성직주의는 목회자들에게만 사도직을 부여하고 전체 기독교 인구의 대부분을 차지하고 있는 평신도들을 수동적인 신앙, 심지어 예배당 중심의 무기력한 신앙으로 내모는 잘못된 관념이다. 이런 성직주의는 한국교회로 하여금 선교적 본질을 잃어버린 채 자기 충족적인 종교기관을 지향하게 만들었다. 그렇다면 한국교회의 성직주의를 극복하고 정말 교회다운 교회, 세상 속에서 하나님의 선교를 실천하는 공동체로 만들기 위해 우리에게 필요한 것은 무엇인가?

신학적 관점에서 성직주의와 대립하고 있는 개념은 사도직 apostolate 이다. 이 사도직은 그리스도에 의해 보내심을 받은 신자의 본질적인 특성을 가리킨다. 따라서 성직주의가 우리의 삶에서 걷어내야 할 부정적인 요소라면 그것을 걷어낸 자리에 세워야 할 요소는 바로 사도직이다. 오늘의 현실에서 특별히 평신도들로 하여금 교회 안에 머물지 않고 그들의 삶의 현장으로 나아가 하나님의 선교적 백성으로 살아갈 수 있도록 만들기 위해서는 사도직의 이해와 그에 걸맞는 목회구조의 수립이 필수적이다.

사도직은 선교적 교회론에서 매우 중요한 위치를 차지하고 있는 주제이다. 선교적 교회론은 하나님을 믿는 백성들 자체가 교회요, 그들이 모이고 흩어지면서 교회의 역동성이 드러난다는 점을 강조하고 있다. 특히 교인들이 흩어지는 교회로서 존재한다는 것이 그들의 일상적 삶의 영역 곧 이웃과 직장에서 선교적 백성으로 살아가는 것을 의미한다는 점에 주목한다. 따라서 선교적 교회에 관한 이해는 무엇보다도 평신도의 정체성과 역할을 강조하는 사도직의 개념을 포괄한다. 선교적 교회의 평신도들은 그들의 삶의 현장에서 교회됨을 드러내며 살아야 하며, 그들의 사역은 예배당 안에서의 봉사를 넘어 세상에서 그리스도의 증인으로 살아가는 삶의 방식으로 확장되어야 한다.

이런 점에서 선교적 교회의 이해는 신학적으로 사도직, 특히 평신도 사도직의 개념으로 그 초점이 모아진다. 따라서 평신도 사도직에 대한 올바른 이해 없이는 선교적 교회에서 평신도들의 정체성과 역할이 모호해질 수 있다. 이 장에서 던지는 질문은 이것이다. 선교적 교회에서 평신도들은 어떤 정체성을 갖는가? 그들에게 부여된 사도직은 어떤 의미를 가지고 있으며, 그것은 구체적으로 어떻게 구현되는가? 독자들은 평신도 사도직에 관한 신학적 논의를 통해서 선교적 교회에 속한 평신도들의 정체성과 사역을 이해하게 될 것이다.

1. 한국교회 평신도는 왜 왜곡된 신앙의식을 갖게 되었는가

평신도의 신앙생활에 드리워진 부정적 요소

한국교회 평신도들의 의식과 신앙생활은 여러 가지 긍정적인 평가와 부정적인 평가가 뒤섞여 있다. 그중에서도 부정적인 요소는 크게 세 가지로 정리할 수 있다. 그것은 (1) 지나치게 목회자에게 의존하는 신앙, (2) 예배 참석과 헌금 등 종교적 행위를 신앙의 핵심으로 이해하는 사고방식, (3) 자신이 살아가는 지역사회와 직장에서 그리스도인답게 살아가지 못하는 무기력한 신앙이다.

한국교회는 지나치게 목회자 중심적인 구조를 가지고 있다. 이런 구조는 평신도들이 은연중에 목회자들을 구약의 제사장으로 인식하는 사고와 맞물려 있다. 신자들은 교회에서 드리는 예배만을 하나님께로부터 오는 은혜의 통로로 생각하며, 특히 그 예배에서 목사의 설교를 통해서 하나님의 은혜와 축복이 전달된다고 생각한다. 또한 특별한 복을 받기 위해서는 목회자로부터 기도를 받거나 안수를 받아야 한다고 생각한다.

목회자가 인도하는 예배를 드리고 목회자의 설교를 듣는 행위, 목회자로부터 기도와 안수를 받는 행위는 그 자체로 의미가 있으며 그것을 통해서 받는 은혜가 있는 것도 사실이다. 문제는 오직 그런 행위들만 중요하다고 생각하면서 다른 것들—예를 들면, 스스로 하는 예배와 기도, 말씀대로 사는 것 등—은 가치 있게 생각하지 않는 사고방식이다. 종종 목회자들이 이런 사고방식을 조장하기도 한다. 자신을 구약의 제사장처럼 인식시킴으로써 자신을 통하지 않고서는 하나님의 은혜를 받을 수 없는 것처럼 조작하는 것이다. 그러나 성경은 분명히 예수 그리스도의 십자가를 통해서 모든 사람들이 친히 하나님께로 직접 나아갈 수 있음을 밝히고 있다. 이것이 바로 마르틴 루터Martin Luther가 주창한 만인제사장설의 의미이다.

또한 한국의 평신도들은 특정한 종교행위religious activities—특히 예배 출석, 헌금, 교회에서의 봉사 등과 같은 직접적인 종교활동—를 잘하면 신앙생활을 잘하는 것이라고 생각하는 경향이 있다.[1] 물론 이런 활동도 중요하고 의미 있는 것은 사실이다. 그러나 문제는 이런 활동만을 신앙생활의 전형으로 생각하고 다른 요소들 곧 타인들과의 인격적인 관계 형성, 가정에서의 화목, 사회에서의 봉사, 올바른 시민의식과 같은 삶의 요소들에 대해서는 무관심한 태도를 보이는 것이다.

어쩌면 공식적인 종교의식이나 행위를 중시하는 이런 신앙 자세는 지나치게 영혼구원과 내면 또는 내세적 요소만을 강조한 고전적 복음주의 신앙의 영향 때문에 생겨난 것일 수도 있다. 최근에 자신을 복음주의자라고 말하는 사람들은 하나님의 선교missio Dei와 공적 제자도에 관해서 결코 무관심한 태도를 보이지 않는다. 그럼에도 불구하고 여전히 개인주의적이고 영적인 차원만을 중요하게 여기는 과거의 신앙적 구조가 여전히 한국교회를 지배하고 있기 때문에 이런 문제들이 발생하는 것 같다.

마지막으로, 한국교회의 평신도들이 가지고 있는 신앙은 세상에서—좀 더 구체적으로 말하자면 자신이 사는 이웃과 지역사회 그리고 일터에서—별로 선한 영향력을 끼치지 못하고 있다. 이는 통계를 통해서도 입증되는데, 기독교윤리실천운동본부가 2013년에 조사하고, 2014년 2월 5일에 발표한

---

1 Mark Gibbs and T. Ralph Morton, *God's Lively People: Christians in Tomorrow's World* (London: Fontana Books, 1971), 60을 참조하라.

자료에 의하면 한국교회에 대한 전반적 신뢰도는 19.4%에 불과했다.[2] 그런데 문제는 이것이 단지 일시적인 현상이 아니라 수년 동안 지속되어온 현상이라는 데 있다.

이런 현상이 나타나는 이유는, 아래에서 좀 더 자세하게 살펴볼 예정이지만, 근본적으로 교회 안에서의 신앙과 교회 밖에서의 신앙이 일치하지 않는 것에 있다. 예수 그리스도에 의한 구원과 변화는 결코 내면에서만 일어나는 것이 아니다. 그것은 외면 곧 인격적 태도와 삶의 자세가 변화되는 것과 맞물려 있다. 내면에서 가치관과 세계관의 변화를 일으킨 믿음은 반드시 삶의 변화로 이어져야만 한다. 이것이 예수 그리스도와 바울이 강조한 신앙의 내용이었다. 그러나 한국교회에서는 이런 내용이 충분히 강조되지 않고 있다.

성직주의의 망령을 추방하라

앞에서 한국교회 평신도들의 잘못된 신앙관을 몇 가지로 정리했는데, 사실 이런 문제들은 근본적으로 평신도의 정체성을 제대로 인식하지 못한 것에 원인이 있다. 지난 2013년에 발표된 한 조사연구 보고서는 한국교회가 겪고 있는 여러 가지 문제가 "그리스도인으로서의 정체성을 잃어버린 것"으로부터 유래한다고 지적한다.[3] 그런데 평신도들이 이렇게 자기정체성을 제대로 인식하지 못하게 된 것을 평신도 각 개인의 잘못으로 돌릴 수는 없다. 왜냐하면 성직주의 clericalism 라고 하는 비성경적인 전통과 관행이 지금까지 그들의 의식을 지배해왔기 때문이다. 따라서 이 문제를 해결하기 위해서는 무엇보다도 그들의 의식과 삶을 뒤덮고 있는 근본적인 원인 곧 성직주의의 망령을 추방해야 한다.

그렇다면 평신도의 정체성은 역사 속에서 어떻게 왜곡되었는가? 기독교

---

2 「2013년 한국교회의 사회적 신뢰도 여론조사 결과발표 세미나 자료집」, 11.
3 『한국기독교분석리포트』 (서울: 도서출판 URD, 2013), 452.

의 사회적 지배를 뜻하는 '크리스텐돔' Christendom 이 확립된 이후 성직자와 평신도의 정체성과 두 집단 사이의 관계는 성경적 원리와 정신을 잃은 채 왜곡된 방향으로 나아갔다. 기원후 3세기 이후에 우월한 계급으로서의 성직자를 지칭하는 말로 '클레로스' kleros 라는 헬라어가 사용되었다. 그런데 본래이 단어가 성경에서 사용된 용법은 달랐다. 그것은 성경에서 직분과 전혀 상관없이 하나님 안에서 누릴 기업과 사명으로 부르심을 받은 사람들을 가리키는 말이었다. (갈 3:29, 엡 1:11, 골 1:12)[4] 성경 시대에 '클레로스'의 복과 사명은 교회 내에서 지도적인 위치에 있는 사람들만이 아니라 교회에 속한 모든 사람에게 주어진 것으로 이해되었던 것이다. 그러니까 목회자이든지 평신도이든지 간에 교회 안의 신자들은 누구나 하나님의 복을 받은 자요 사명을 받은 자로 여긴 것이다.

이와는 달리 기원후 95년 로마의 클레멘트 Clement 에 의해 평신도를 가리키는 말로 처음 사용된 헬라어 '라이코스' laikos 는 성경에 나오지 않는다. 그대신에 이 단어의 근원이 되는 헬라어 '라오스' laos 는 본래 백성을 뜻하는 말로서 성경에서는 단독으로 사용된 적이 없고 항상 다른 단어들과 결합되어 사용되었다. 가장 대표적인 표현으로는 '하나님의 백성' laos tou theou 을 들수 있다.

여기에서 물어야 할 질문은 이것이다. 그렇다면 누가 하나님의 백성인가? 성경적인 관점에서 말하자면, 라오스는 목회자와 평신도 모두를 가리키는 말이다. 목회자도 라오스요, 평신도도 라오스인 셈이다. 폴 스티븐스 R. Paul Stevens 는 이것을 '한 백성 신학' a theology of the whole people of God 이라는 용어로 정리한다.[5] 그러므로 만약 라오스가 성직자에게는 해당되지 않고 평신도에게만 해당된다고 한다면 자칫 성직자는 하나님의 백성이 아닌 결과가 발생한다. 모순이다. 이것은 성경적인 관점이 아니다.

---

4 R. Paul Stevens, *The Other Six Days*, 5.
5 Ibid., 7-8.

성직을 평신도의 직분보다 우월한 것으로 여기는 관념은 이런 역사적인 배경 속에서 출현하였다. 성직주의란 목회자의 지위 또는 역할이 평신도의 그것과 질적으로 다르며, 전자만이 거룩한 직분이라고 여기거나 적어도 전자가 후자보다 훨씬 거룩하고 가치 있다고 생각하는 사고방식을 말한다. 이런 사고방식에 따르면, 성직자는 "성례를 집전하고 가르치고 지도하는 권한을 가지고 있을 뿐만 아니라 그 자체의 구조 안에 다양한 존엄성과 명예와 계급을 가지고 있다. [반면에] 평신도의 권리는 주로 성례와 가르침과 지도를 순종적으로 받는 것으로 규정된다."[6] 니케아회의(AD 325년)에서 공식적으로 확정된 이 성직주의는 결국 현세적 삶을 평가절하하고 오직 종교적 질서와 행위만을 가치 있는 것으로 여김으로써 결국 성직 계급과 평신도를 이원적으로 구분하는 문제를 낳고 말았다.

이 관점은 결국 평신도의 정체성에 심각한 왜곡을 초래하고 말았다. 그것은 단지 종교적 질서와 행위만을 '영적인'spiritual 것으로 규정하며, 창조신학의 관점을 배제하고 구속신학만을 중시하는 오류에 근거하고 있다. 결국 이런 문제들이 오늘날에까지 그대로 영향을 미쳐 오늘날 평신도를 자신의 삶에서 믿음을 실천하는 진정한 그리스도인이 아니라 수동적이고 무기력한 '종교행위자'로 전락시키는 결과를 낳았던 것이다.

오늘날 평신도들은 자신이 사도직을 받은 하나님의 백성의 일원이라는 사실을 전혀 모른 채 살아가고 있다. 그들은 단지 정해진 시공간 안에서만 '종교행위자'로 살아갈 뿐이다. 그들은 주일에만 신자로서 활동하고 주중에는 세속적인 삶을 영위하며 살아간다. 그들은 예배당이 위치한 공간 안에서는 매우 경건하고 친절하지만 그 공간을 벗어나면 아무도 그가 하나님의 선교적 백성임을 모르게 살아간다. 그들은 주일날 예배에 참석하는 것으로, 그리고 강단에서 설교하는 목사를 통해서 은혜를 받는 것으로 충분하다고

---

6 Hendrik Kraemer, *A Theology of the Laity* (Philadelphia, PA: The Westminster Press, 1958), 54-55.

생각한다. 반면에 자신의 일상생활에서 하나님의 뜻 또는 말씀을 실천하는 것과는 상관이 없다고 생각한다. 이런 관점에서는 당연히 선교의식이 존재하지 않거나 약할 수밖에 없다.

깊이 뿌리박힌 관념, 성속 聖俗 이원론

평신도들의 왜곡된 신앙관을 형성하는 데 중요한 역할을 한 신학적 기초 가운데 하나는 성속 이원론이다. 성속 이원론이란 거룩한 것과 세속적인 것을 구분하는 태도를 말한다. 물론 평신도들이 이 용어를 모른다고 할지라도 그들의 신앙의식에는 이 관념이 깊이 뿌리박혀 있다.

그런데 이 성속 이원론은 평신도들의 신앙관념 속에서 다양한 형태로 나타난다. 가장 우선적으로는 교회 안과 교회 밖을 구분하는 태도이다. 많은 평신도들은 교회 안에서 행하는 것을 거룩하고 신앙적인 것으로 여기는 반면에 교회 밖에서의 활동은 하나님과 관계없는 세속적인 것으로 여기는 경향을 보인다. 성직이 세속적인 직업보다 더 좋은 것이라는 생각도 이런 사고에서 생겨난다. 그 결과, 성직은 하나님께로부터 분명한 소명을 받아서 감당하는 직업이고 세속적인 직업은 소명과 아무런 상관이 없다고 생각하게 된다.[7] 목회자들에게만 '주의 종'이라는 호칭을 붙이고 직접적으로 교회와 관련된 일만 '주의 일'이라고 말하는 경향도 성과 속을 구분하는 의식으로부터 나온다.

그러다 보니 많은 평신도들은 교회 안에서는 아주 경건한 모습을 보이다가도 교회 문만 벗어나면 불신자와 같은 언행을 보이게 된다. 물론 성경은 악하고 부정한 세상에 관해서 말하고 있다. 성경에서 말하는 악하고 부정한 세상은 육신의 정욕과 안목의 정욕, 이생의 자랑으로 대표되는 "내면적

---

7 일에 대한 신학적 이해에 관해서는 다음을 참조하라. 팀 켈러, 최종훈 역, 『일과 영성』 (서울: 두란노, 2013).

정신으로서의 세상"(요일 2:15-17)이다.[8] 그러나 성경에는 또 다른 종류의 세상, 다시 말해서 긍정적 의미의 세상에 대해서도 말하고 있다. 이때의 세상은 세상 사람들을 가리키며, 성경에서 이들은 하나님의 사랑의 대상으로 여긴다. (요 3:16) 이런 긍정적인 의미의 세상 개념을 인정한다면, 그리스도인들은 당연히 구원의 대상인 세상으로 들어가 그곳에서 복음의 증인으로 살아야 할 것이다.

공간적인 차원에서 성과 속을 구분하는 사람들은 시간적인 차원에서 성과 속을 구분하는 것도 당연하게 여긴다. 주일과 평일의 구분이 대표적인 예이다. 평신도들 중에는 주일은 거룩하게 여기지만 평일은 세속적인 삶을 사는 시간으로 생각하는 사람이 많다. 그래서 주일에는 주님께 집중하려고 애를 쓰지만 평일에는 자신의 직업에만 충실할 뿐 주님과는 상관없는 삶을 사는 경우가 많은 것이다.

그 결과, 평신도들이 교회에서는 열심히 예배하고 봉사하지만 "증인의 삶과 관련하여 대부분의 시간을 보내는 삶의 현장에서 영적 무력감과 무지함을" 느낄 수밖에 없다.[9] 그러나 선교적 관점에서 생각하면 복음을 나눌 다양한 계층의 사람들을 만나기 위해서는 평일의 가치를 인정해야 한다. 주일에는 복음을 들어야 할 사람들을 만나기 어렵기 때문이다. 그러므로 주일은 하나님을 예배하고 신자들 간에 교제를 통해서 은혜를 나누는 날이라면, 평일은 하나님의 선교적 백성으로서 세상 가운데서 복음의 증인으로 사는 시간이 되어야 한다.

성속 이원론의 부작용은 평신도의 봉사에도 영향을 미친다. 많은 평신도들이 신앙에 의한 봉사를 말하고 있지만 대체로 교회 내에서의 봉사에만 머물고 있는 실정이다. 예배를 돕고, 어린 자녀들을 가르치고, 신자들의 친교 식사를 준비하고, 예배당 이곳저곳을 청소하는 일 등은 모두 기존의 조직과

---

8 송인규, 『평신도신학(1)』 (서울 : 홍성사, 2001), 47-51.
9 Hendrik Kraemer, *A Theology of the Laity*, 37.

시설을 유지하기 위한 것들이다. 그러나 교회를 유지하기만 하려는 사고방식maintenance mentality은 하나님의 선교에 방해요소가 된다.[10] 하나님의 백성은 오히려 세상 안에서 복음의 정신으로 타인을 섬기며 살아야 한다. 그들의 봉사는 교회 안에만 머물 것이 아니라 세상 속으로 확대되어야 한다. 아니, 하나님께서 중요하게 여기는 봉사의 자리는 교회가 아니라 바로 세상이다.

2. 해답은 평신도 사도직이다

앞에서 한국교회 평신도들이 가지고 있는 신앙관의 문제점에 관해 설명하였다. 그들의 왜곡된 신앙관은 주로 성직주의와 성속 이원론에 입각한 여러 가지 문제에 노출되어 있다. 이런 문제들은 결국 평신도들이 하나님의 선교적 백성으로서 자신의 정체성을 제대로 인식하지 못하게 만들고, 더 나아가 세상 속에서 자신의 은사를 따라 하나님의 선교와 연결된 다양한 사역에 참여하고 봉사하지 못하게 만든다. 그렇다면 이들이 자신의 선교적 정체성을 올바로 깨닫고 선교적 그리스도인missional Christians으로서 힘 있게 살아갈 수 있도록 만들기 위해서는 어떤 신학적 작업이 필요한가? 평신도 사도직에 그 해답이 있다.

'사도', 권위 있는 자로부터 전권을 위임받은 '대표자'

많은 평신도들이 성직주의에 빠지고 무기력한 종교인으로 전락하는 데에는 무엇보다도 사도직에 대한 왜곡된 이해가 한몫을 하고 있다. 어떤 의미에서 사도직은 성직주의와 대립되는 개념이라고 볼 수 있다. 그렇다면 사도직은 무엇을 뜻하는가? 사도직을 바르게 이해하기 위해서는 그 용어가 '사

---

10 Stuart Murray, *Church Planting: Laying Foundations* (Scottdale, PA : Herald Press, 2001), 35.

도'라는 말에서부터 왔기 때문에 무엇보다도 먼저 '사도'의 의미를 정확하게 파악해야 한다.

'사도'는 헬라어로 '아포스톨로스'apostolos 라고 하는데, 이는 근본적으로 보냄을 받은 자 또는 파견된 자를 뜻한다. 렝스토프 Karl H. Rengstorf 에 따르면, 이 용어는 일차적으로 "선단船團 또는 군대를 원정군으로 파견하는 것을 의미"했으며, 이차적으로는 "특정한 목적을 위해 파견된 사람들을 가리키는 말로 사용되었다."[11] 본래 이 용어는 단순히 메시지를 전달하는 '메신저' messenger 를 뜻하는 말이었지만 신약성경에서, 특히 사도 바울에 의해 권위 있는 자로부터 전권을 위임받은 '대표자'delegate 또는 '대사'embassador 의 의미가 더 강화된 말로 사용되었다.

사도직의 의미를 알기 위해서는 역사적으로 존재한 열두 사도의 부르심과 사역을 살펴보아야 한다. 잘 알려져 있는 바와 같이, 열두 사도는 예수께서 직접 선택한 사람들이다. (눅 6:13) 그들은 예수에 의해 임명되었으며, 임명된 뒤에는 하나님 나라의 전파를 위해 보내심을 받았다. (눅 9:1-6, 마 28:19-20) 바로 여기에 사도직의 근거가 있다. 그러나 이 사도계승과 사도직의 의미에 관한 문제는 기독교 역사에서 오랫동안 논쟁해왔고 지금도 논쟁할 정도로 간단한 몇 마디로 쉽게 해명될 수 있는 것이 아니다. 아래에서 이 문제에 관해서 좀 더 면밀하게 살펴보자.

평신도 사도직에 주어진 증언의 임무는 영원하다

사도직은 기본적으로 말과 행위로써 하나님의 말씀 곧 복음을 전파하는 사도의 직무를 가리킨다. 그런데 여기에서 '사도의 직무'라고 할 때 그것을 공식적인 직위 office 로 이해할 수도 있고 임무 mission 로 이해할 수도 있다. 사

---

11 Karl H. Rengstorf, "Apostolos," in *Theological Dictionary of the New Testament*, vol. I, eds. G. Kittle and G. Ereidrich, trans. Geoffery W. Bromiley (Grand Rapids, MI: Eerdmans, 1964), 407.

도직과 관련해서 그것이 공식적인 직위를 가리키는지, 아니면 선교적 사명을 가리키는지에 관한 논쟁은 기독교 역사를 통해 끊임없이 이어졌다. 이 문제는 사도계승apostolic succession 곧 누가 1세기의 사도들과 그들의 사도직을 계승하느냐는 것과 깊이 관련되어 있다.

가톨릭 계열에서는 사도직을 '직위'의 개념으로 이해한다. 기독교 역사에서 일찍이 사도직에 관한 논의를 시작한 로마가톨릭, 동방정교회, 영국성공회가 이 이론을 지지한다. 그들은 마태복음 16:18-19을 해석할 때 예수 그리스도께서 베드로 위에 그분의 교회를 세우시겠다고 말씀하셨으며, 그에게 교회를 다스리는 권세를 주셨다고 해석한다.[12] 이런 권세를 가진 베드로가 로마교회의 첫 주교가 되었으며, 그 후 가톨릭교회는 그가 예수로부터 받은 교회의 모든 권한이 주교에게서 주교에게로 이어진다고 믿었다. 그리고 그 권리의 계승은 새 주교를 세울 때 안수례 곧 머리에 손을 얹음으로써 이루어진다고 보았다.[13] 영국성공회 학자인 찰스 고어Charles Gore 역시 주교들이 사도들의 계승자이기 때문에 그들이 "머리에 손을 얹음으로써 성령의 은사를 전달하는 능력을 갖게 된다."라고 주장한다.[14] 이들의 이와 같은 사도계승은 교회를 성직자나 평신도 모두가 동등하게 존중되는 성도의 교제 또는 모임으로 보지 않고 모든 법적 권한을 소유한 주교들의 지배 체제로 보는 이해 방식에 기초하고 있다.

그러나 주교들이 1세기 사도들에 의해 직접적으로 임명된 사도 계승자라는 주장은 상상에 불과하다. 그들이 말하는 사도계승은 1세기 기독교 공동체에서 찾아볼 수 없다. 안수례에 의한 사도계승의 개념은 사도들의 증언에

---

12 William J. McDonald, ed., *New Catholic Encyclopedia*, vol. X (New York: McGraw-Hill, 1967), 695.

13 Daniel G. Reid, ed., "Apostolic Succession," in *Dictionary of Christian in America* (Downers Grove, IL: InterVarsity, 1990), 73.

14 Charles Gore, *The Ministry of the Christian Church*, 2nd edition (London: Rivingtons, 1989), 269.

도 나타나지 않으며, 그 후 여러 세기를 내려오는 동안에도 발견되지 않는다.[15] 그 개념은 기독교 역사에서 교리가 발전함에 따라 새롭게 고안된 창작물이다. 또한 선임 주교가 안수례를 통해 후보자의 머리에 손을 얹음으로써 자동적으로 그에게 성령이 임한다는 생각도 옳지 않다.

사실 주교들이 1세기 사도들이 담당했던 역할을 계승한다는 주장은 열두 사도의 역사적 의미를 무시한 것이다. 열두 사도는 예수 그리스도에 의해 직접 사도로 임명된 자들로서 부활하신 주님을 직접 눈으로 목격한 자들이었다.(고전 15:5) 한스 큉 Hans Küng 은, "예수의 종말론적 메시지에 비추어"볼 때(마 19:28, 계 21:14) 그들은 과거의 이스라엘뿐만 아니라 미래에 이루어질 온전한 새 이스라엘을 대표한다고 말한다.[16] 이 관점에서 열두 사도는 당시에 세워진 교회와 미래에 세워질 교회의 기초로 인식된다. "너희는 사도들과 선지자들의 터 위에 세우심을 입은 자라 그리스도 예수께서 친히 모퉁잇돌이 되셨느니라"(엡 2:20)라는 사도 바울의 진술이 이를 분명하게 설명해준다. 따라서 교회의 기초로서 열두 사도가 가지고 있던 기능과 역할은 역사적으로 유일무이한 것이었다. 그것은 열두 사도 이후의 역사에서 다시는 반복될 수 없는 사건이었다.

그러나 부활의 증인으로서 열두 사도의 경험이 역사적으로 반복되지 않는다고 해서 부활하신 그리스도에 대한 그들의 증언마저 반복되지 않는 것은 아니다. 그들의 증언은 역사 속에서 계속 반복되어야 한다. 몰트만 Jürgen Moltmann 에 따르면, "결과적으로 사도적 계승은 오직 사도들의 증언 책임과 관련될 수 있다."[17] 개신교는 이 증언, 선포의 임무가 진정한 의미의 사도직이며, 이 선교적 위임 the missional commission 은 일부 특정한 교직자들에게만

---

15 Edmund Schlink, *Ökumenische Dogmatik* (Göttingen, Germany: Vandenhoeck and Ruprecht, 1983), 618.

16 Hans Küng, *The Church*, 349.

17 Jürgen Moltmann, *The Church in the Power of the Spirit*, trans. Margaret Kohl (Minneapolis, MN: Fortress, 1993), 312.

주어진 것이 아니라 교회에 속한 모든 그리스도인에게 주어졌다고 믿는다. 이 점에 대해 큉은 다음과 같이 명쾌하게 표현한다. "사도들은 죽었다. 따라서 더는 새로운 사도들이 존재하지 않는다. 그러나 사도적 사명the apostolic mission은 남아 있다."[18] 이 말은 직분으로서의 사도가 더는 존재하지 않지만 사도들에게 주어진 증언의 임무 곧 선교적 사명은 여전히 남아 있다는 뜻이다.

평신도 사도직의 근거가 바로 여기에 있다. 1세기 사도 시대에 그러했던 것처럼 부활의 주님을 증거하고 선포해야 할 사명은 성직자에게만 계승되지 않는다. 그것은 성직자뿐만 아니라 평신도 모두가 계승해야 할 일이다. 우리는 이 사도직을 모든 그리스도인에게 부여된 보편적 사도직이라고 부를 수 있을 것이다.

사도의 은사는 평신도에게도 얼마든지 나타날 수 있다

앞에서 모든 그리스도인이 감당해야 하는 보편적 사도직에 관해서 언급했는데, 이와는 달리 사도를 하나의 은사로 보는 견해도 있다. 은사중지론cessationism의 입장을 견지하는 사람들에게는 불편한 이야기겠지만, 성령의 역사를 중요하게 평가하는 사람들 가운데는 이 견해를 지지하는 자들이 많다—물론 성령주의자들 중에는 사도를 하나의 은사로 보는 이 입장에 대해서 반대하는 사람들도 있다.

사도를 은사로 보는 견해는 주로 에베소서 4:7, 11, "우리 각 사람에게 그리스도의 선물의 분량대로 은혜를 주셨나니 …그가 어떤 사람은 사도로, 어떤 사람은 선지자로, 어떤 사람은 복음 전하는 자로, 어떤 사람은 목사와 교사로 삼으셨으니"라는 말씀에 근거한다. 이 본문은 로마서 12:6-8과 고린도전서 12:4-11과 함께 소위 은사 목록으로 불린다. 로마서와 고린도

---

18 Hans Küng, *The Church*, 355.

전서의 은사들이 주로 행위와 관련되어 있는 것에 비해 에베소서의 은사들이 명사로 표현된 이유는 행위와 존재 곧 임무와 개인을 연결함으로써 다른 여러 가지 은사를 종합할 수 있는 중심적 은사의 기능을 부여하기 위함이었다.[19] 일부에 의해 'APEST'Apostle, Prophet, Evangelist, Shepherd[Pastor], and Teacher로 불리는 이 5중 사역은 최근에 사도직을 해석하는 데 중요한 열쇠가 되고 있다.

사도를 은사로 간주할 수 있는 중요한 근거 중의 하나는 신약성경에 등장하는 사도들이 단지 열두 사도에 국한되지 않는다는 사실에 있다. 흥미롭게도 신약성경에는 두 부류의 사도가 나오는데, 한 부류는 일반적으로 알려진 열두 사도이며, 다른 한 부류는 그들 외에 '사도'로 불린 사람들이다. 신약성경에는 열두 사도 이외에 '사도'로 불린 사람들이 있었는데, 맛디아(행 1:26), 야고보(갈 1:19), 바울(고전 15:8), 바나바(행 14:3-4, 14, 고전 9:5-6), 실라(행 15:22), 안드로니고와 유니아(롬 16:7), 아볼로(고전 4:6-9), 디모데(행 19:22, 살전 1:1-2:6), 에바브로디도(빌 2:25), 디도(고후 7:6, 13, 고후 8:6, 딛 1:5), 두 명의 무명인(고후 8:23)이 그들이다. 이들은 "넓은 의미에서 교회가 선교를 위해 파송하는 사람들"이었으며(고전 8:23, 빌 2:23, 행 14:4, 14), 그들의 임무는 복음을 전하는 일, 헌금 모금, 선교지 목회 등 다양하였다.[20]

사도를 하나의 은사로 볼 때 크게 세 가지 문제가 부상한다. 첫 번째 문제는 이 사도의 은사가 일정한 직분과 결합될 수 있느냐는 것이다. 신약성경에 두 부류의 사도가 존재한다는 사실은 사도직의 이해를 혼란스럽게 만드는 요인이 되고 있다. 소위 신사도운동New Apostolic Movement을 추구하

---

19 Alan Hirsch and Tim Catchim, *The Permanent Revolution: Apostolic Imagination and Practice for the 21st Century Church* (San Francisco: Jossey-Bass, 2012), 25.

20 Harold E. Dollar, "Apostle," in *Evangelical Dictionary of World Missions*, ed. A. Scott Moreau (Grand Rapids, MI: Baker Books, 2000), 73.

는 사람들은 1세기에 이미 열두 사도 이외에 또 다른 사도들이 존재했다는 사실에 근거하여 오늘날에도 사도의 직분이 반복될 수 있다고 주장한다.[21] 또한 피터 와그너 C. Peter Wagner를 중심으로 결성된 '국제사도연맹' The International Coalition of Apostles, ICA에 속한 자들이 이를 지지하고 있다. 그들은 계시를 받고, 표적과 기사를 행하는 등 특별한 능력을 가진 사람들이 1세기에 존재하던 사도들을 계승한다고 주장한다.[22] 따라서 이들은 스스로 자신을 사도로 호칭하기도 하고 다른 사람들에 의해 사도로 불리기도 한다.

그러나 사도직을 특정한 인물들에게 주어진 직분으로 보는 견해는 비성경적이다. 그들의 주장은 열두 사도의 역할과 이차 사도집단에 속한 사람들의 역할 사이에 차이가 있음을 분별하지 못하는 문제점을 노출하고 있다.[23] 게다가 그들은 하나님으로부터 오는 직통계시를 인정하며 건전하지 않은 신비주의를 조장하는 경향을 보인다. 앨런 허쉬 Alan Hirsch와 팀 캐침 Tim Catchim에 따르면, 에베소서 4:11의 은사들은 우리가 소유할 수도 없으며 제도화될 수도 없다.[24] 따라서 그리스도인은 누구나 은사와 부르심을 따라 기능적으로 사역에 임할 뿐이지 결코 사도의 직분을 가질 수 없다.

두 번째 문제는 사도의 역할과 정체성이 무엇이냐는 것이다. 이 문제에 대하여 샘 메트캘프 Sam Metcalf는 사도의 은사를 단순하게 '보냄을 받은 자'로 이해한다. 그런데 정체성과 관련하여 성경에 나오는 사도들에 비견할 수 있는 현대의 사역자들을 찾는 일은 쉽지 않다. 사도는 더 이상 존재하지 않으나 사도적인 사역자들은 얼마든지 가능하다. 어떤 사람들은 선교사가 사도적인 인물에 가장 가까운 유형이라고 말하기도 한다. 특히 바울의 방식은 현장이 동일문화권이든지 타문화권이든지 간에 교회를 개척하는 사역,

---

21 피터 와그너, 임수산 역, 『사도와 선지자』(서울 : Shekinah, 2008), 14-37.

21 피터 와그너, 임수산 역, 『사도와 선지자』(서울 : Shekinah, 2008), 14-37.

22 피터 와그너, 박선규 역, 『오늘날의 사도』(서울 : Shekinah, 2008), 43-51.

23 신사도운동에 대한 비판은 다음을 참조하라. 정이철, 『신사도운동에 빠진 교회』(서울 : 새물결플러스, 2012).

24 Alan Hirsch and Tim Catchim, *The Permanent Revolution*, 102.

새로운 유형의 선교, 전방 선교frontier missions 등 큰 용기와 희생의 자세를 가지고 창의적이고 모험적인 선교 사역에 참여하는 사람들을 가리키는 경우가 많다. 물론 이들의 사역을 복음전도와 교회개척에 한정할 필요는 없을 것이다. 그들의 사역은 마치 예수 그리스도, 존 웨슬리John Wesley, 윌리엄 부스William Booth 등이 펼치던 사역과 같이 그들의 삶의 세계를 변혁하는 다양한 활동을 포함한다.

메트캘프는 확연하게 구별되는 두 가지 사역 방식을 언급하는데, "사도적인 사람들은 문화적·언어적·사회경제적·지리적 장벽을 넘어 예수의 복음을 전파하기 위해 파송된 자들이거나(바울의 방식) 좀 더 큰 선교적 과제를 수행하기 위해 기존 교회의 표현을 역동적이고 활기차게 만드는 데 초점을 맞추는 자들(베드로의 방식)이다."[25] 어떤 방식이든 사도적인 사람들은 기존의 것들을 혁신하고 새로운 것들을 받아들이는 일을 주저하지 않으며, 활발한 관계망을 이용하여 사역을 일으키고 활성화하는 데 탁월한 능력을 보인다.

그런데 핵심은 이 사도의 은사가 일반 평신도들 사이에서도 얼마든지 나타날 수 있다는 것이다.[26] 마이클 프로스트Michael Frost와 앨런 허쉬는 에베소서 4:7에 근거하여 위에서 언급한 5중 사역을 '사역 매트릭스'ministry matrix로 규정하면서 이것이 전체 교회에 속한다고 말한다.[27] 다시 말해서 하나님께서 교회 안의 모든 신자들에게 각자에게 적절한 은사를 주셨기 때문에 그들의 은사 유형을 분석하면 반드시 이 5중 사역 중 어느 하나에 해당한다는 것이다. 이렇게 보면 5중 사역 역시 앞에서 언급한 보편적 사도직과

---

25 Sam Metcalf, *Beyond the Local Church: How Apostolic Movements Can Change the World* (Downers Grove, IL: IVP, 2015), 88.
26 하워드 스나이더 역시 사도를 하나의 은사로 이해하지만 그 은사를 모든 신자에게가 아니라 교회의 지도자들에게 귀속시킴으로써 성직주의의 오류에 빠질 위험성을 드러내고 있다. Howard Snyder, *The Community of the King* (Downers Grove, IL: Inter-Varsity, 1977), 86-90을 참조하라.
27 Michael Frost and Alan Hirsch, *The Shaping of Things to Come*, 171.

마찬가지로 모든 신자에게 적용되는 것이라고 말할 수 있다. 다만 사역 매트릭스의 관점은 모든 신자들이 다섯 가지 은사를 가지지 않고 그중의 하나 또는 일부만을 가진다고 말한다는 점에서 보편적 사도직과는 다르다. 사역 매트릭스의 관점에서 보면 모든 신자들이 사도의 은사를 가지는 것은 아닌 셈이다.

평신도 사도직이 살아 있는 교회, 사도적 교회

사도직을 논의하는 장을 끝내기 전에 사도직과 관련해서 반드시 짚고 넘어가야 할 주제가 있는데, 그것은 '사도적 교회' the apostolic church 라는 개념이다. 앞에서의 논의가 1세기에 존재한 사도의 관점에서 사도직을 해명하고자 했다면, '사도적 교회'에 관한 논의는 교회의 관점에서 사도직을 해명하고자 한다.

앞에서 말한 바와 같이, 사도직은 복음전파를 위해 부르심을 받은 사도의 직무이며, 사도란 특정한 사람들만을 가리키지 않고 교회에 속한 모든 신자들을 가리킨다. 그런데 그 교회가 예수 그리스도에 의해 세상으로부터 부르심을 받은 구원받은 하나님의 백성들의 공동체라고 한다면, 신자들의 모임인 교회는 결코 사도직과 무관하지 않다. 따라서 교회 역시 사도직을 가지고 있으며, 만약 사도직을 감당하지 않는 교회라면 그 교회를 바른 교회라고 말할 수 없다.

이런 맥락에서 기독교 역사에서 많은 학자들이 참된 교회 the true church에 관한 신학적 논의를 전개하였고, 그 결과, 참된 교회는 니케아신경에 확정된 바와 같이 "하나인 거룩하고 보편적이고 사도로부터 이어오는 교회" one holy catholic and apostolic church 로 표현되었다. 이 표현에 근거하여 참된 교회는 네 가지 표지 곧 통일성, 거룩성, 보편성, 사도성을 가지는 것으로 인식된다. (이 네 가지 표지에 관한 설명은 제2장을 참조) 그런데 참된 교회를 구성하는 네 가지 표지 중에서 사도성은 세상을 향해 복음을 전해야 할 사명과 책임을 가리킨다. 바로 이 사도성을 간직하고 자신이 처한 현실에서 그것을 실천하는 교회를 우리는 사도적 교회라고 부른다.

오늘날 사도직과 사도의 은사에 대한 오해가 극심한 가운데 사도적 교회라는 개념 역시 오해를 받을 수 있는 여지가 많다. 내가 풀러신학대학원에서 박사과정을 할 때 멘토 중의 한 분인 에디 깁스 Eddie Gibbs 교수에게 사도적 교회에 관해 쓴 글 하나를 제출한 적이 있는데, 글을 읽고 난 뒤에 그는 내게 확인 차 이렇게 물었다. "자네가 생각하는 사도적 교회는 분명히 피터 와그너 박사의 그것과 다른 것이지?" 그가 이렇게 물은 이유는 당시에 와그너 박사가 신사도운동을 하면서 신학적으로 위험한 발언을 많이 쏟아내고 있었기 때문이다. 그러나 사도적 교회 개념은 와그너의 신사도운동과는 아무런 상관이 없다.

사도적 교회의 의미와 정체성은 분명히 선교적 본질과 사명을 구현하는 데 초점이 맞춰져 있다. 따라서 그것의 신학적 의미를 해명하는 일은 이 장에서 우리가 토론하는 평신도의 선교적 사명과 지평을 이해하는 데 매우 중요하다. 그런데 사도적 교회가 무엇인지 좀 더 자세히 알아보려면 먼저 '사도적'이라는 말의 의미를 명확하게 이해해야 한다. 이 단어의 의미를 이해하는 데에는 크레이그 밴 겔더 Craig Van Gelder 의 설명이 유익하다.

> 교회의 사역은 매우 직접적으로 사도적 이미지에 의해 설명된다. 여기에서 '사도적'이란 말은 가장 기본적으로 '일정한 임무를 수행하도록 강권적으로 보냄을 받은'이라는 뜻으로 번역된다. 사도적인 교회의 기본 이미지는 교회가 하나님에 의해 강권적으로 세상으로 보냄을 받았다는 것을 시사한다.[28]

위의 인용문에서도 알 수 있듯이, '사도적' apostolic 이라는 단어와 '선교적'

---

28 크레이그 밴 겔더, 『교회의 본질』, 83.

missional이라는 단어 사이에는 상당한 정도의 의미 유사성이 있다. 따라서 해롤드 돌라Harold E. Dollar는 "사도는 선교와 매우 유사한 말이다."라고 말하기도 한다.[29] 물론 '사도적'이란 말에는 단지 선교적 의미만 있는 것은 아니다. 그것은 제도적 차원의 가르침과 정치적 권위를 뜻하기도 한다. 밴 겔더에 따르면 사도적 특성을 뜻하는 사도성에는 선교적·파송적 양상뿐만 아니라 기초적·권위적 양상도 있다.[30] 이 두 양상은 서로 유기적인 관계를 갖고 있지만 '사도적'이라고 말할 때 우선적인 의미는 파송됨에 있으며, 따라서 후자가 전자를 위해 존재한다고 볼 수 있다.

사도성의 기초적·권위적 양상은 예수께서 1세기 사도들에게 부여하신 특권과 관련이 있다. 그들에게는 복음 선포의 권세(막 3:14), 악한 영을 내쫓는 권세(막 3:15), 땅에서 매고 풀면 하늘에서도 매고 풀리는 천국 열쇠가 주어졌다.(마 16:19) 사도 바울이 교회가 "사도들과 선지자들의 터 위에"(엡 2:20) 세워졌다고 말한 이유도 여기에 있었다. 그런데 교회가 세워진 이후 이와 같은 사도들의 사역과 권위는 공동체 전체에게로 이양되었으며, 지도자들은 단지 그 권위를 중개하는 역할을 감당할 뿐이었다. 따라서 "교회는 이중적인 의미에서 사도적이다. 첫째, 교회는 현재 성경에 담긴 사도들의 증언과 믿음 위에 세워져 있다. 둘째, 교회는 하나님께서 세상으로 계속 보내시는 도구요 결과물이다."[31]

'사도적'이란 말의 의미를 이렇게 이해하게 되면 '사도적 교회'의 의미도 자연스럽게 드러난다. 사도적 교회는 1세기 사도들이 그랬던 것처럼 신자들이 다양한 조건의 사람들에게 복음을 전하기 위해 보내심을 받은 교회를 뜻한다. 따라서 넓은 의미에서 사도적 교회는 '선교적 교회'the missional church를 뜻한다고도 볼 수 있다. 그러나 엄밀한 의미에서 이 두 용어가 서로 어떤 관

29 Harold E. Dollar, "Apostle," 73.
30 Ibid., 192-195.
31 R. Paul Stevens, *The Other Six Days*, 196-197.

계에 있는지를 말하기 위해서는 이 두 용어가 각각 어떤 의미로 사용되고 있는지를 규명하는 것이 우선되어야 한다.

조지 헌터 George G. Hunter Ⅲ 는 자신의 저서에서 '사도적 교회' 또는 '사도적 회중' the apostolic congregation 이라는 용어를 자주 사용한다.[32] 그의 신학적 입장은 앞에서 언급한 피터 와그너의 입장과 다르다. 두 사람 중에서 나는 헌터의 입장을 지지한다. 완전하지는 않지만, 헌터는 자신의 책에서 사도적 교회에 관해 다음과 같이 설명한다.

나는 다음과 같은 이유 때문에 이 교회들을 '사도적' 교회로 부른다. (1) '사도' 란 용어의 근원적인 의미와 신약성경에 나오는 사도들의 체험과 같이 그 교회의 지도자들은 그들과 그들의 교회가 아직 예수를 믿지 않는 사람들에게 다가가 복음을 전하도록 하나님에 의해 부르심을 받고 보내심을 받았다고 믿는다. (2) 그 교회들의 신학과 메시지는 편협한 교리주의, 막연한 '포용주의적' 유신론, 또는 많은 전통적인 교회들의 관습적인 도덕주의가 아니라 초기 사도적 기독교의 복음에 초점을 둔다. (3) 초기 사도들과 그들의 공동체와 같이 이 교회들은 아주 오래된 옛 메시지의 의미를 제대로 전달하기 위해 대상 주민들의 언어와 문화를 수용한다. (4) 그 교회들은 우리가 초기 사도적 기독교, 재세례파, 경건주의자들, 종교개혁 기독교에 속한 감리교 사도운동들, 그리고 오늘날 성장하고 있는 많은 제3세계 회중들에게서 발견하는 핵심적인 특징과 매우 유사하다.[33]

---

32 피터 와그너 역시 헌터와 비슷한 방식으로 '새로운 사도적 교회'(the new apostolic church)라는 말을 사용하고 있다. 그가 사도적 교회를 정의하는 방식은 헌터의 개념과 상당히 비슷한 점이 많지만 그가 은사주의적 관점에서 '사도적'이라는 용어를 이해하고 있다는 점에서 차이가 있다. 나는 특히 사도의 직분을 지닌 탁월한 목회자들이 사도적 교회들을 이끈다는 그의 주장에 동의하지 않는다. 다음을 참조하라. C. Peter Wagner, "The New Apostolic Reformation," in *The New Apostolic Churches* (Ventura, CA: Regal Books, 1998), 20.

33 George G. Hunter Ⅲ, *Church for the Unchurched* (Nashville, TN: Abingdon, 1996), 28.

이와 같은 설명과 함께 헌터는 사도적 교회의 10가지 특징에 관해 설명한다. 그것들 가운데 핵심적인 것은 다섯 가지 곧 (1) 성경의 원리를 따름, (2) 불신자들에 대한 사랑, (3) 문화적 적합성, (4) 소그룹 중심, (5) 평신도 사역의 활성화이다.[34] 헌터의 사도적 교회는 불신앙의 사람들에게 문화적 경계를 넘어 그들에게 다가가 성육신적인 자세로 그들의 필요를 채워줌으로써 예수 그리스도에게로 안내하는 원초적인 사역을 중시하는 교회를 말한다. 그렇기 때문에 이 사도적 교회는 회심성장 conversion growth 을 중시한다. 사실 사도적 교회의 이 특성은 평신도 사도직의 이해에 매우 중요하다. 왜냐하면 수동적이거나 형식적인 신앙의 미몽에서 깨어난 평신도들이 하나님의 선교적 백성으로서 정체성을 자각하고 다양한 삶의 영역에서 사역을 수행할 때 그것은 그들이 따라야 할 핵심적인 원리로 작용하기 때문이다.

헌터의 사도적 교회론은 최근에 학계에서 자주 논의되는 선교적 교회론과 매우 가깝다. 단도직입적으로 묻는다면, 선교적 교회의 관점에서 헌터의 사도적 교회 개념은 어떻게 평가될 수 있는가? 기본적으로 헌터의 신학은 교회성장학의 관점을 지향하고 있다. 따라서 그의 신학은 최근에 GOCN Gospel and Our Culture Network 그룹 중심으로 논의되고 있는 선교적 교회의 개념과 일치하지 않는 부분이 있다. 선교적 교회론의 관점에서 볼 때 어쩌면 헌터의 사도적 교회론은 한계가 뚜렷할 수도 있다.

그러나 내가 볼 때 반대로 헌터의 신학은 최근의 선교적 교회론이 충분히 말하지 않는 내용을 많이 담고 있기도 하다. 이런 점에서 그의 신학은 선교적 교회론의 관점을 넓혀줄 수도 있다. 다만 그의 사도적 교회론이 최근 선교적 교회론에서 자주 논의되고 있는 일상, 일터, 공적 제자도 등에 관한 신학적 성찰로부터 배운다면 훨씬 더 내용이 풍부해질 것이다.

---

34 Ibid., 29, 32.

3. 평신도의 선교적 지평은 어디까지인가

앞에서 살펴본 결과 사도직은 가톨릭교회와 같이 주교들을 통해서 계승되는 것도 아니고 신사도운동 측과 같이 카리스마적 능력을 가진 특정한 지도자들에게 부여되는 것도 아니다. 그것은 교회 공동체에 속한 모든 신자—목회자이든지 평신도이든지 간에—가 계승한다. 그것이 은사로 인식된다고 해도 결과는 마찬가지다. 그렇다면 평신도들의 사도직은 어떻게 수행되는가? 좀 더 구체적으로 말하자면, 그들의 선교적 지평은 어떤 영역을 포함하는가?

하나님의 뜻을 따라 사명을 감당하는 자는 모두 주의 종이다

평신도가 사도직을 감당하는 일은 무엇보다도 평신도의 소명에 대한 인식으로부터 출발한다. 소명calling, 召命은 하나님께서 믿음의 사람들을 불러 하나님의 일에 참여하게 하는 것을 가리킨다. 사명mission, 使命은 소명 없이는 성립되지 않는다. 부르심이 없는데 어떻게 보내심이 가능하단 말인가? 만약 소명 없이 사명에 관해서 말하는 그리스도인이 있다면 그는 하나님과 상관없이 스스로 사명을 확정했다고 볼 수 있다. 성경에 등장하는 하나님의 수많은 일꾼들은 대부분 하나님의 부르심에 의해서 일을 감당하였다. 아브라함(창 12:1-3), 모세(출 3:4), 사무엘(삼상 3:4), 이사야(사 49:1), 예레미야(렘 1:4-9), 이스라엘 백성(사 41:8-9, 호 11:1), 열두 제자(마 10:1), 바울(행 9:1-19)이 대표적인 인물들이다.

보통의 신자들은 소명이란 목회자 또는 선교사와 같은 사람들에게만 해당되는 것으로 생각한다. 물론 이런 사고방식 자체는 성직주의의 부산물이다. 과연 평신도에게는 소명이 없는가? 그렇지 않다. 만약 평신도들에게 소명이 없다면 결코 평신도의 사도직은 성립될 수 없을 것이다.

송인규에 따르면, 성경에 나타나는 부르심에는 크게 네 종류 곧 (1) 구원이나 중생으로의 부르심, (2) 성숙한 신앙으로의 부르심, (3) 특정한 직분 및 사역으로의 부르심, (4) 삶의 자리로의 부르심이 있다.[35] 이 네 가지는 전체적으로 볼 때 그리스도인의 영적 성장 과정과 관련이 있다. 정상적인 그리스도인이라면 누구나 구원받은 이후에 계속해서 영적으로 성장해야 하며, 그 성장은 하나님의 일을 감당하는 사역과 무관하지 않다.

그런데 이 네 가지 요소는 결코 목회나 선교에 종사하는 사람들에게만 해당된다고 말할 수 없다. 네 가지 중에서 첫 번째와 두 번째 요소는 목회자와 평신도들 모두에게 해당된다고 볼 수 있다. 반면에 세 번째 요소는 목회자나 선교사에게 해당될 가능성이 높으며, 네 번째 요소는 대체로 평신도들에게 해당된다. 특정한 직분으로 부르시는 경우는 열두 제자(마 10:1)와 사도(롬 1:1, 고전 1:1)로 부르시는 경우를 예로 들 수 있으며, 특정한 활동이나 사역으로 부르시는 경우는 열두 제자에게 복음을 전하고 귀신을 제어하는 사명을 주실 때(막 6:7), 선교 사역으로 부르실 때(행 13:2), 복음전도를 위해 부르실 때(행 16:10)를 예로 들 수 있다. 그런데 최근에는 전문인 선교, 기독교 사회단체, 또는 NGO 등이 활성화되면서 평신도들을 특정한 직분 또는 특정한 사역으로 부르시는 경우가 많아졌다.

반면에 삶의 자리로 부르시는 경우는 거의 평신도들에게 해당된다. 사도 바울은 고린도교회에 보내는 편지에서 이 점을 분명히 지적하고 있다.

오직 주께서 각 사람에게 나눠 주신 대로 하나님이 각 사람을 부르신 그대로 행하라 내가 모든 교회에서 이와 같이 명하노라 할례자로서 부르심을 받은 자가 있느냐 무할례자가 되지 말며 무할례자로 부르심을 받은 자가 있느냐 할례를 받지 말라 할례 받는 것도 아무것도 아니요 할례 받지 아니하는 것도 아무것도 아니로되 오직 하나님의 계명을 지킬 따름이니라 각 사람은 부르심을 받은 그 부르심 그대로 지내라 네가 종으로 있을 때에 부르심을 받았느냐 염려하지 말

---

35 송인규, 『평신도신학(1)』, 240-252.

라 그러나 네가 자유롭게 될 수 있거든 그것을 이용하라 또는 자유할 수 있어도 그대로 지내라 주 안에서 부르심을 받은 자는 종이라도 주께 속한 자유인이요 또 그와 같이 자유인으로 있을 때에 부르심을 받은 자는 그리스도의 종이나 너희는 값으로 사신 것이니 사람들의 종이 되지 말라 형제들아 너희는 각각 부르심을 받은 그대로 하나님과 함께 거하라(고전 7:17-24)

이 본문에서 사도 바울은 교회 공동체에 속한 신자들이 구원받았다고 할지라도 자신이 지금까지 살아온 삶의 자리를 지키라고 가르치고 있다. 이는 평신도들이 세상에서 복음의 증인으로 살아갈 것을 지시하고 있는 것이다. 그들은 자신이 살아가는 이웃과 지역사회 안에서, 자신이 매일 만나는 일터의 사람들에게 하나님의 선교적 백성의 정체성을 지키며 살아야 한다.

만일 교회와 그리스도인이 존재하는 목적 가운데 하나가 복음의 증인으로 사는 것이라면 세상 속에서 실제로 그 역할을 수행하는 평신도야말로 하나님의 선교에서 가장 중요한 존재인 셈이다. 사실 한국교회 목회자들은 늘 교회 울타리 안에서 존경과 대접을 받으며 살기 때문에 신자들이 세상 안에서 하나님의 선교적 백성으로서 얼마나 치열한 삶을 살고 있는지 모를 때가 많다.

마지막으로, 소명과 관련해서 종종 많은 사람들이 오해하고 있는 것 하나를 지적하고자 한다. 그것은 특정한 직분 또는 사역으로의 부르심이 삶의 자리로의 부르심보다 우월한 것은 아니라는 점이다. 엄밀한 의미에서 둘 사이에는 기능과 역할의 차이만 있을 뿐 높고 낮은 우열의 차이는 없다.

그런 점에서 전통적인 방식으로 신앙생활을 하는 사람들이 자주 사용하는 '주의 종'이라는 표현에 담긴 왜곡된 생각도 제거되어야 한다. 이 문제에 관해서는 송인규가 매우 자세하게 설명하고 있다.[36] 구약성경에서 '주의 종'

---

36 송인규, 『평신도신학(2)』 (서울 : 홍성사, 2001), 141-142.

또는 '하나님의 종'이라는 호칭은 하나님의 구원 계획을 이루기 위해 선택한 모든 개인과 집단을 가리키는 말로 사용되었다. 어떤 경우에는 아브라함, 모세, 여호수아 등과 같은 개인을 지칭하기도 하였고, 어떤 경우에는 이스라엘 백성 전체를 가리키기도 하였다. 심지어는 이스라엘 백성을 심판하는 도구로 선택된 느부갓네살 왕을 가리키기도 하였다. (렘 25:9)

반면에 신약성경에서는 예수 그리스도(마 12:18, 행 3:13, 4:27)와 모든 그리스도인을 가리켜서 '주의 종'이라고 호칭한다. (롬 6:22, 고전 7:22, 벧전 2:16, 계 19:5, 22:3) 이런 '주의 종' 개념의 보편성은 성령의 임재에 의해 신자들이 그리스도의 죽으심, 장사, 부활에 연합한 자가 되는(롬 6:3-5) 사건을 통해서 가능해졌다. 결국 하나님의 뜻을 따라 사명을 감당하는 모든 주의 일꾼들은 주의 종이 된다. 따라서 평신도 사도직을 감당하는 모든 신자들이 주의 종인 셈이다.

평신도 사도직은 일상적인 삶에서 복음의 증인으로 살아감으로써 성취된다

그렇다면 평신도 사도직은 구체적으로 어떻게 구현되는가? 크게 세 가지 방식 곧 (1) 교회 내에서의 공동체 생활, (2) 가정과 이웃과의 관계를 포함한 개인적인 일상생활, (3) 사회에서의 직장생활로 나눌 수 있다.[37] 그러나 대부분의 전통적인 교회에서는 평신도들에게 교회 내에서의 공동체 생활만을 강조하고 일상생활과 직장생활에 대해서는 그다지 강조하지 않는 경향을 보인다.

사도직은 근본적으로 복음이 전달되는 어떤 방식이나 과정을 통해서 구현된다. 그런데 평신도는 목회자들과는 달리 많은 시간을 이웃, 지역사회, 직장에서 보내기 때문에 그들의 사도직이 바로 그곳에서 구현되어야 하는 것은 지극히 당연한 이치이다. 그들은 그곳에서 세속적인 사람들과 함께 어울려 살아가면서도 뚜렷하게 구별된 삶의 가치들을 드러내고 그들이 내적으

---

37 R. Paul Stevens, *The Other Six Days*, 208.

로 가지고 있는 "소망에 관한 이유"(벧전 3:15)를 묻게 만듦으로써 복음의 증인이 되어야 한다. 체스터와 티미스의 말처럼, 이제 그리스도인들은 "교회와 교회 행사 밖에서 선교해야" 하며, "일상적인 생활 속에서 교회와 선교를 해야 한다. …우리는 교회를 삶, 그야말로 평범한 삶을 나누는 사람들의 공동체로 생각해야 한다. …선교는 근본적으로 일상적인 생활 속에서 수행되어야 한다."[38] 선교를 행사나 프로그램으로 생각하는 시대는 이제 끝났다.

앞에서 언급한 바와 같이, 사도직은 모든 그리스도인에게 주어진 선교적 사명이다. 그런데 그것은 과거에 생각하던 것처럼 공식적인 선교사가 되어 지리적으로 멀리 떨어진 곳으로 가는 것이나 전투적인 전도 활동을 통해서가 아니라 자신의 일상의 삶에서 복음의 증인으로 살아가는 것을 통해서 성취된다. "그는[평신도는] 자신이 감당해야 할 봉사의 자리가 [교회가 아니라] 세계임을 알아야 한다."[39] 사도 바울이 여러 번에 걸쳐 "부르신 그대로 행하라."라고 말한 의도도 여기에 있다. (고전 7:17-24) 일상적 삶의 방식을 통한 평신도 사도직 구현의 중요성에 대해서 앨런 록스버그 Alan J. Roxburgh 는 다음과 같이 말한다.

'사도적'이 된다는 것 being apostolic 은 본래 불신자들에게 효과적으로 복음을 전할 수 있게 된다는 것을 뜻하지 않는다. '선교적'이 된다는 것 being missional 은 본래, 그것이 새로운 의미를 받아들이지 않는 한, 세속적인 상황에서 비그리스도인들이 교회에 나갈 생각을 하게 만드는 것을 뜻하지 않는다. '사도적'이고 '선교적'이 된다는 것은 예수 그리스도의 성육신적 실재에 의해 현재로 뚫고 들어오는 종말론적 미래의 존재론적 실재를 예시하는 특정한 삶의 방식을 구현하는 것을 의미한다.[40]

---

38 Tim Chester and Steve Timmis, *Everyday Church*, 27, 28.
39 Mark Gibbs and T. Ralph Morton, *God's Lively People*, 57.
40 Alan J. Roxburgh, "The Church in a Postmodern Context," 258.

평신도가 자신의 일상적 삶에서 선교적 사명을 감당하는 방식은 자신의 인격과 행위와 말을 통해서 복음의 진리성과 능력을 드러내는 것이다. 그들은 인격과 행위와 말 중에서 상황에 따라 가장 적절한 방식을 선택하겠지만, 일반적인 상황, 특별히 지속적으로 관계 안에 있는 사람에게는 말보다 행위가 더 중요하며, 행위보다는 인격이 더 중요하다. 왜냐하면 "존재가 행동을 결정한다."라는 프로스트와 허쉬의 말처럼 예수를 믿고 변화된 나의 인격이 행위와 말로 드러나기 때문이다.[41] 물론 그들은 성령께서 적절한 기회를 주실 때마다 복음을 선포하고 선한 행위를 해야 한다. 하지만 그 모든 것은 예수 그리스도에 의해 형성된 새로운 자아, 고매한 인격에 기초할 때에만 의미가 있다. 일상생활에서 하나님의 선교적 백성으로 살아가고자 할 때 선교적 영성 missional spirituality이 중요한 이유가 바로 여기에 있다.

또한 평신도가 선교적 삶을 사는 방식은 자신의 직업을 통해서 가능하다. 이미 일의 신학 theology of work을 통해서 하나님께서 평신도의 세속적인 직업을 성직과 다름없이 귀하게 평가하신다는 점이 밝혀졌다. 오히려 하나님의 선교를 위해서는 평신도의 직업과 일이 더 요긴하게 사용될 수 있다. 중요한 것은 평신도들이 무슨 일을 하느냐가 아니라 그들이 어떤 관점에서, 그리고 어떤 자세로 그 일을 하느냐다. 이것을 설명하기 위해서 굳이 직업소명론을 들먹이지 않아도 될 것이다. 그것은 세상에서 가장 하찮게 보이는 일도 하나님께는 거룩한 일로 여겨지며, 그 일을 하는 사람은 성직자와 동일한 대접을 받는다고 설파한 마르틴 루터의 글 하나를 통해서도 충분히 알 수 있다.

만일 집안을 청소하는 하녀가 그리스도 안에서 믿음으로 일한다면 광야에 있는 성 안토니 St. Anthony 보다 더 큰 봉사를 하나님께 하는 것이다. …구두 수선공,

---

41 Michael Frost and Alan Hirsch, *The Shaping of Things to Come*, 147.

대장장이, 농부는 각기 자기들의 일과 직무를 맡고 있으면서도 그들은 다 성별 받은 사제와 주교와 같다. 그들은 각기 자기의 일이나 직무에 의하여 다른 모든 사람들을 이롭게 하고 섬기지 않으면 안 된다. 이것은 마치 몸의 모든 지체들이 서로 섬기는 것과 같으며, 이렇게 하는 것은 공동체의 육적인 또는 영적인 복리를 위하여 여러 가지 일을 행하기 위해서다.[42]

루터의 신학에 선교적 관점이 충분히 있었는지에 관해서는 아직도 논쟁이 계속되고 있다. 하지만 그런 논쟁과 상관없이 그가 평신도의 정체성과 그들이 하는 일의 중요성을 밝힌 것은 아주 높이 평가할 만하다. 전지전능하신 하나님은 모든 일을 단독으로 하실 수 있는 분이지만, 그럼에도 불구하고 "다양한 능력으로, 다양한 재능에 따라 다른 사람들을 섬기는 인간 존재들을 통해서 일하시는 방법을 선택하셨다."[43] 따라서 단순히 전통적인 교회의 신자들이 생각하는 것처럼 교회와 관련된 일 또는 소위 '영적인 일'만을 '주의 일'이라고 말하는 것은 잘못이다.[44] 하나님의 뜻을 이루기 위해서 하는 일이라면 그것이 신앙적 영역에 속하지 않을지라도, 심지어 생계를 위한 일일 지라도 주의 일인 것이다.

평신도가 자신의 직업 영역에서 사도직 곧 선교적 사명을 감당하는 방식은 그리스도의 인격을 닮은 성육신적인 삶이어야 한다. 다시 말해서 삶의 자세 면에서 세속적인 사람들의 일반적인 삶과 구별된, 그야말로 남다른 삶이 요구된다. 그리스도를 믿지 않는 사람들에게 복음을 전하고 그들을 회심시키는 것은 언제나 궁극적인 목표가 되겠지만, 그 과정에서 먼저 그들과 공감을 이루는 것이 중요하다. 이것은 예수께서 그러하셨듯이 자신에게 익숙한

---

42 말틴 루터, 지원용 역, 『말틴 루터의 종교개혁 3대 논문』 (서울 : 컨콜디아사, 2003), 29, 34.

43 Gene Edward Veith, Jr., *God at Work: Your Christian Vocation in All of Life* (Wheaton, IL : Crossway Books, 2002), 14; Armand Larive, *After Sunday: A Theology of Work* (New York : Continuum, 2004)를 참조하라.

44 송인규, 『평신도신학(2)』, 202.

문화의 경계를 넘어 상대방의 문화 속으로 들어가는 것을 말한다. [45] 우리는 그것을 성육신적인 삶이라고 말한다.

그뿐만 아니라 그들이 예수 그리스도와 복음을 발견할 수 있도록 대안적 삶을 보여줘야 한다. 우리가 복음을 전하고자 할 때 그 복음의 실체를 어디에서 발견할 수 있는가? 우리가 불신자들을 교회 공동체로 인도하고자 할 때 그 교회의 본질적인 모습은 어디에서 체험할 수 있는가? "당신이 교회를 위해 뭔가를 '행하기' do 전에 이미 당신 자신이 교회이다." [46] 앨런 허쉬와 랜스 포드 Lance Ford 의 이 말은 그들을 교회로 데려가기 이전에 먼저 자기 자신이 교회의 본질을 드러내야 한다는 것을 뜻한다. 그들은 디아스포라 diaspora 곧 흩어진 교회로서 존재하는 것이다.

평신도의 사도직 수행과 관련해서 일상적 삶을 강조하는 사람들도 있지만, 복음적 관점에서 좀 더 강도 높은 사도직 수행을 말하는 사람들도 있다. 조지 헌터가 그중의 한 사람인데, 그는 "평신도들의 사도직 회복은 성직자들의 사도직 회복보다 더 중요하다." [47] 라고 말하면서 평신도들이 자신이 감당해야 할 사도적 사역을 자각하고 성령에 의지하여 가장 효과적인 방법을 찾아 전도와 선교에 열정을 쏟아야 한다고 말한다. 일반적으로 그가 말하는 사도적 사역은 복음전도를 통한 회심에 초점이 맞추어져 있다. 하지만 회심을 일으키는 사역은 결코 구두 복음전도나 교회개척에 제한되지 않는다. 그것은 회복사역 Recovery Ministries, 양로원, 여성돌봄센터, 생명의 전화 등 사람들의 필요를 채워주는 다양한 봉사활동을 포함한다.

마지막으로, 이런 사역들은 단지 교인수를 늘리려는 통계 중심의 목적을 가지고 수행되어서는 안 된다. 그것은 오히려 희망이 없는 자, 사회의 무

---

45 체스터와 티미스는 평신도들이 자신의 일상에서 선교적 삶을 사는 데 도움이 되는 8가지 방법을 제시하는데, 그것들은 모두 세속적인 사람들과 공감을 이루기 위한 방안이다. 다음을 참조하라. Tim Chester and Steve Timmis, *Everyday Church*, 91-92.

46 Alan Hirsch and Lance Ford, *Right Here Right Now*, 33.

47 George G. Hunter Ⅲ, *How to Reach Secular People*, 113.

기력한 자를 향한 예수의 연민과 사랑의 마음에서 시작되어야 한다.[48] 헌터의 관점에서 볼 때, 사도적 사역에 참여하는 사람들은 결코 제도적 기독교를 유지하는 데 머물지 않는다. 오히려 그들은 의도적으로 세상 속으로 뛰어들어 적극적으로 그곳에서 그리스도의 복음을 증거할 방도를 찾는다. 이런 생각을 가진 평신도 중에는 신학을 배우고 전임사역을 하는 목회자나 목사선교사 못지않게 자신의 고유한 사역을 통해 많은 이들에게 영향력을 미치는 사람들이 많다. 그들의 사역은 철저하게 자신의 삶을 희생하고 모험을 두려워하지 않는 믿음에 근거한다.

4. 한국교회를 향한 평신도 사도직의 도전

19세기 말에 전파된 기독교의 복음은 한국 땅에서 놀라운 결실을 맺었다. 수많은 그리스도인과 교회를 만들어냈으며 한국의 근현대사를 이끌어가는 주도적인 역할을 하였다. 그런데 이런 역사적 업적은 과연 누가 감당한 것일까? 어떤 이들은 신학을 공부한 목회자들이 그 주역이라고 말하지만 천부당만부당한 말이다. 이 모든 일은 이름도 빛도 없이 자기 자리에서 묵묵하게 사명을 감당한 평신도들에 의해 이루어졌다고 봐야 한다. 그들이 교회를 세웠고, 그들이 복음을 전했으며, 그들이 세상에서 소금과 빛처럼 살았기 때문에 오늘의 한국교회가 존재하는 것이다.

그런데도 한국교회에서 평신도의 사도직에 관한 인식은 너무도 부족하다. 신학적인 연구도 빈약한 편이다. 사도직이란 특정한 직위 또는 인물에게만 해당한다고 생각한다. 성직주의에 기초하고 있는 가톨릭 교인들이 그렇게 생각한다면 이해가 가기도 한다. 그런데 개신교 계열에 속한 그리스도인들조차 사도직을 목회자가 하는 일에 국한해서 생각하는 경향이 강하다는

---

48 George G. Hunter Ⅲ, *Radical Outreach: The Recovery of Apostolic Ministry and Evangelism* (Nashville, TN: Abingdon, 2003), 45-48.

사실은 우리를 놀라게 한다.

성경적으로나 신학적으로 볼 때 사도직은 선교적인 사명을 가리키기 때문에 그것은 결코 목회자에게만 해당되지 않는다. 그것은 모든 평신도에게도 해당된다. 그런데 평신도의 사도직은 자신의 일상적인 삶에서부터 사도적 사역에 이르기까지 다양하게 전개된다. 따라서 어느 누구도 평신도와 그들이 하는 일을 무시할 수 없으며, 반대로 그 어떤 평신도도 자신이 하는 일이 바쁘기 때문에 사도직을 감당할 수 없다고 말할 수 없다.

1990년대 이후 한국교회는 계속 몸살을 앓고 있다. 내부적인 문제도 산적해 있는 데다 외부적인 문제, 사회로부터 오는 불신의 따가운 시선까지 견뎌야 하는 어려운 상황에 처해 있다. 이런 문제들의 근본적인 원인은 무엇인가? 나는 교회의 본질을 잃어가고 있는 현실, 특히 교회의 선교적 본질을 놓치고 있는 문제가 이러한 악순환이 시작되는 출발점이라고 본다. 그러므로 오늘의 상황에서 한국교회의 갱신 곧 체질 개선을 위해 평신도 사도직에 관한 논의가 좀 더 활발하게 일어나야 한다. 학자들은 이 주제를 선교적 교회론의 관점에서 심층적으로 연구해야 하며, 목회적으로는 평신도들이 삶의 현장에서 사도직을 구현할 수 있는 구체적인 실천 방안을 모색해야 한다.